elevar las ciencias

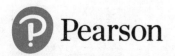

Boston, Massachusetts   **Chandler, Arizona**
Glenview, Illinois   **New York, New York**

¡Eres un autor!

Este libro es para ti. Puedes escribir y dibujar en él.
También puedes anotar tus datos y hallazgos.
¡Eres un autor de este libro!

Escribe tu nombre, escuela, ciudad y estado a continuación.

Mi foto

Nombre _____

Escuela _____

Ciudad, estado _____

Autobiografía _____

_____

_____

Cover: La foto de portada muestra un globo aerostático. FCVR: Anatol Pietryczuk/Shutterstock; BCVR: Marinello/DigitalVision Vectors/ Getty Images.

Credits appear on pages PF34–PF36, which constitute an extension of this copyright page.

Next Generation Science Standards is a registered trademark of Achieve. Neither Achieve nor the lead states and partners that developed the Next Generation Science Standards were involved in the production of this product, and do not endorse it. NGSS Lead States. 2013. Next Generation Science Standards: For States, By States. Washington, DC: The National Academies Press.

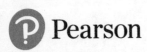 **Pearson**

ISBN-13:   978-0-328-96226-6
ISBN-10:   0-328-96226-0
3   19

Autores del programa

ZIPPORAH MILLER, EdD

Coordinator for K-12 Science Programs, Anne Arundel County Public Schools.
Zipporah Miller currently serves as the Senior Manager for Organizational Learning with the Anne Arundel County Public School System. Prior to that she served as the K-12 Coordinator for science in Anne Arundel County. She conducts national training to science stakeholders on the Next Generation Science Standards. Dr. Miller also served as the Associate Executive Director for Professional Development Programs and conferences at the National Science Teachers Association (NSTA) and served as a reviewer during the development of Next Generation Science Standards. Dr, Miller holds a doctoral degree from University of Maryland College Park, a master's degree in school administration and supervision from Bowie State University, and a bachelor's degree from Chadron State College.

MICHAEL J. PADILLA, PhD

Professor Emeritus, Eugene P. Moore School of Education, Clemson University, Clemson, South Carolina
Michael J. Padilla taught science in middle and secondary schools, has more than 30 years of experience educating middle grades science teachers, and served as one of the writers of the 1996 U.S. National Science Education Standards. In recent years Mike has focused on teaching science to English Language Learners. His extensive leadership experience, serving as Principal Investigator on numerous National Science Foundation and U.S. Department of Education grants, resulted in more than $35 million in funding to improve science education. He served as president of the National Science Teachers Association, the world's largest science teaching organization, in 2005–6.

MICHAEL E. WYSESSION, PhD

Professor of Earth and Planetary Sciences, Washington University, St. Louis, Missouri
An author on more than 100 science and science education publications, Dr. Wysession was awarded the prestigious National Science Foundation Presidential Faculty Fellowship and Packard Foundation Fellowship for his research in geophysics, primarily focused on using seismic tomography to determine the forces driving plate tectonics. Dr. Wysession is also a leader in geoscience literacy and education, including being chair of the Earth Science Literacy Principles, author of several popular geology Great Courses video lecture series, and a lead writer of the Next Generation Science Standards*.

---

*Next Generation Science Standards is a registered trademark of Achieve. Neither Achieve nor the lead states and partners that developed the Next Generation Science Standards were involved in the production of this product, and do not endorse it. NGSS Lead States. 2013. Next Generation Science Standards: For States, By States. Washington, DC: The National Academies Press.

Asesores del programa

Carol Baker
Science Curriculum

Dr. Carol K. Baker is superintendent for Lyons Elementary K-8 School District in Lyons, Illinois. Prior to that, she was Director of Curriculum for Science and Music in Oak Lawn, Illinois. Before that she taught Physics and Earth Science for 18 years. In the recent past, Dr. Baker also wrote assessment questions for ACT (EXPLORE and PLAN), was elected president of the Illinois Science Teachers Association from 2011-2013 and served as a member of the Museum of Science and Industry advisory boards in Chicago. She is a writer of the Next Generation Science Standards. She is a writer of the Next Generation Science Standards. Dr. Baker received her BS in Physics and a science teaching certification. She completed her Master of Educational Administration (K-12) and earned her doctorate in Educational Leadership.

Jim Cummins
ELL

Dr. Cummins's research focuses on literacy development in multilingual schools and the role technology plays in learning across the curriculum. *Elevate Science* incorporates research-based principles for integrating language with the teaching of academic content based on Dr. Cummins's work.

Elfrieda Hiebert
Literacy

Dr. Hiebert is the President and CEO of TextProject, a nonprofit aimed at providing open-access resources for instruction of beginning and struggling readers, and a former primary school teacher. She is also a research associate at the University of California Santa Cruz. Her research addresses how fluency, vocabulary, and knowledge can be fostered through appropriate texts, and her contributions have been recognized through awards, such as the Oscar Causey Award for Outstanding Contributions to Reading Research (Literacy Research Association, 2015), Research to Practice Award (American Educational Research Association, 2013), William S. Gray Citation of Merit Award for Outstanding Contributions to Reading Research (International Reading Association, 2008).

Revisores del contenido

Alex Blom, Ph.D.
Associate Professor
Department Of Physical Sciences
Alverno College
Milwaukee, Wisconsin

Joy Branlund, Ph.D.
Department of Physical Science
Southwestern Illinois College
Granite City, Illinois

Judy Calhoun
Associate Professor
Physical Sciences
Alverno College
Milwaukee, Wisconsin

Stefan Debbert
Associate Professor of Chemistry
Lawrence University
Appleton, Wisconsin

Diane Doser
Professor
Department of Geological Sciences
University of Texas at El Paso
El Paso, Texas

Rick Duhrkopf, Ph.D.
Department of Biology
Baylor University
Waco, Texas

Jennifer Liang
University Of Minnesota Duluth
Duluth, Minnesota

Heather Mernitz, Ph.D.
Associate Professor of Physical Sciences
Alverno College
Milwaukee, Wisconsin

Joseph McCullough, Ph.D.
Cabrillo College
Aptos, California

Katie M. Nemeth, Ph.D.
Assistant Professor
College of Science and Engineering
University of Minnesota Duluth
Duluth, Minnesota

Maik Pertermann
Department of Geology
Western Wyoming Community College
Rock Springs, Wyoming

Scott Rochette
Department of the Earth Sciences
The College at Brockport
State University of New York
Brockport, New York

David Schuster
Washington University in St Louis
St. Louis, Missouri

Shannon Stevenson
Department of Biology
University of Minnesota Duluth
Duluth, Minnesota

Paul Stoddard, Ph.D.
Department of Geology and Environmental Geosciences
Northern Illinois University
DeKalb, Illinois

Nancy Taylor
American Public University
Charles Town, West Virginia

Revisores de seguridad

Douglas Mandt, M.S.
Science Education Consultant
Edgewood, Washington

Juliana Textley, Ph.D.
Author, NSTA books on school science safety
Adjunct Professor
Lesley University
Cambridge, Massachusetts

Maestros revisores

ennifer Bennett, M.A.
Memorial Middle School
Tampa, Florida

Sonia Blackstone
Lake County Schools
Howey In the Hills, Florida

Teresa Bode
Roosevelt Elementary
Tampa, Florida

Tyler C. Britt, Ed.S.
Curriculum & Instructional
  Practice Coordinator
Raytown Quality Schools
Raytown, Missouri

A. Colleen Campos
Grandview High School
Aurora, Colorado

Ronald Davis
Riverview Elementary
Riverview, Florida

Coleen Doulk
Challenger School
Spring Hill, Florida

Mary D. Dube
Burnett Middle School
Seffner, Florida

Sandra Galpin
Adams Middle School
Tampa, Florida

Margaret Henry
Lebanon Junior High School
Lebanon, Ohio

Christina Hill
Beth Shields Middle School
Ruskin, Florida

Judy Johnis
Gorden Burnett Middle School
Seffner, Florida

Karen Y. Johnson
Beth Shields Middle School
Ruskin, Florida

Jane Kemp
Lockhart Elementary School
Tampa, Florida

Denise Kuhling
Adams Middle School
Tampa, Florida

Esther Leonard M.Ed. and L.M.T.
Gifted and Talented Implementation
Specialist
San Antonio Independent School District
San Antonio, Texas

Kelly Maharaj
Science Department Chairperson
Challenger K8 School of Science and
  Mathematics
Elgin, Florida

Kevin J. Maser, Ed.D.
H. Frank Carey Jr/Sr High School
Franklin Square, New York

Angie L. Matamoros, Ph.D.
ALM Science Consultant
Weston, Florida

Corey Mayle
Brogden Middle School
Durham, North Carolina

Keith McCarthy
George Washington Middle School
Wayne, New Jersey

Yolanda O. Peña
John F. Kennedy Junior High School
West Valley City, Utah

Kathleen M. Poe
Jacksonville Beach Elementary School
Jacksonville Beach, Florida

Wendy Rauld
Monroe Middle School
Tampa, Florida

Bryna Selig
Gaithersburg Middle School
Gaithersburg, Maryland

Pat (Patricia) Shane, Ph.D.
STEM & ELA Education Consultant
Chapel Hill, North Carolina

Diana Shelton
Burnett Middle School
Seffner, Florida

Nakia Sturrup
Jennings Middle School
Seffner, Florida

Melissa Triebwasser
Walden Lake Elementary
Plant City, Florida

Michele Bubley Wiehagen
Science Coach
Miles Elementary School
Tampa, Florida

Pauline Wilcox
Instructional Science Coach
Fox Chapel Middle School
Spring Hill, Florida

Tema 1

Las propiedades de la materia

Misión

En esta actividad de la Misión, conocerás a una ingeniera en robótica que te dará un reto de diseño. Tienes que diseñar un procedimiento que pueda usar un chef robot.

Como lo hace un ingeniero en robótica, completarás actividades y laboratorios para aprender cómo identificar sustancias. Usarás lo que aprendiste como ayuda para diseñar un robot que pueda identificar ingredientes.

Busca tus actividades de la Misión en las páginas 2–3, 14, 23, 32–33, 34.

La Conexión con la carrera de ingeniero en robótica está en la página 35.

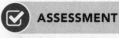 ASSESSMENT

 VIDEO

 eTEXT

 INTERACTIVITY

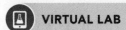 VIRTUAL LAB

 GAME

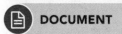 DOCUMENT

El Texto en línea está disponible en español.

LABORATORIO PRÁCTICO

túConectas Lab
4

túInvestigas Lab
7, 17, 27

túDemuestras Lab
40–41

Los cambios en la materia

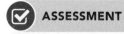 ASSESSMENT

 VIDEO

 eTEXT

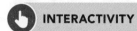 INTERACTIVITY

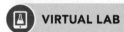 VIRTUAL LAB

 GAME

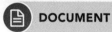 DOCUMENT

El Texto en línea está disponible en español.

Misión

En esta actividad de la Misión de **STEM**, conocerás a una científica de materiales que te dará un reto de diseño. Tienes que diseñar un modelo de camino de piedras para un hábitat en la escuela.

Como lo hace un científico de materiales, completarás actividades y laboratorios para aprender cómo las diferentes combinaciones de materiales pueden hacer que un diseño sea más útil. Usarás lo que aprendiste en las lecciones para diseñar un modelo de camino de piedras.

Busca tus actividades de la Misión en las páginas 44–45, 55, 62, 74–75, 86–87, 88.

La Conexión con la carrera de científico de materiales está en la página 89.

Pregunta esencial

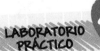

LABORATORIO PRÁCTICO

túConectas Lab
46
túInvestigas Lab
49, 57, 65, 79
túDemuestras Lab
94–95

Tema 3

Los sistemas de la Tierra

Misión

En esta actividad de la Misión, conocerás a una analista de la contaminación del aire que te dará un problema sobre la lluvia ácida. Tienes que elaborar una explicación sobre la lluvia ácida para los habitantes de una ciudad.

Como lo hace un analista de la contaminación del aire, completarás actividades y laboratorios para reunir información acerca de los efectos de la lluvia ácida. Usarás lo que aprendiste en las lecciones como ayuda para desarrollar una explicación acerca de cómo la lluvia ácida puede afectar a las cuatro esferas de la Tierra.

Busca tus actividades de la Misión en las páginas 98–99, 109, 116–117, 128, 130.

La Conexión con la carrera de analista de la contaminación del aire está en la página 131.

 ASSESSMENT

 VIDEO

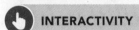 **eTEXT**

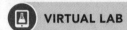 **INTERACTIVITY**

 VIRTUAL LAB

 **GAME**

DOCUMENT

El Texto en línea está disponible en español.

LABORATORIO PRÁCTICO

El agua de la Tierra

Misión

En esta actividad de la Misión, conocerás a una especialista en calidad del agua que necesita de tu ayuda. Quiere desarrollar tecnología para brindar agua potable a una comunidad.

Como lo hace un especialista en calidad del agua, completarás actividades y laboratorios para evaluar diferentes fuentes de agua. Usarás lo que aprendiste en las lecciones para desarrollar tecnología que pueda volver potable el agua no segura.

Busca tus actividades de la Misión en las páginas 140–141, 151, 160-161, 170, 172.

La Conexión con la carrera de especialista en calidad del agua está en la página 173.

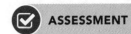 ASSESSMENT

 VIDEO

 eTEXT

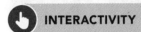 INTERACTIVITY

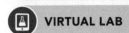 VIRTUAL LAB

 GAME

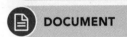 DOCUMENT

El Texto en línea está disponible en español.

Pregunta esencial

LABORATORIO PRÁCTICO

El impacto humano en los sistemas de la Tierra

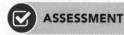 ASSESSMENT

 VIDEO

 eTEXT

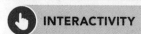 INTERACTIVITY

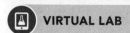 VIRTUAL LAB

 GAME

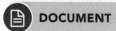 DOCUMENT

El Texto en línea está disponible en español.

Misión

En esta actividad de la Misión, conocerás a una científica ambiental que te dará un reto: hacer que tu escuela sea más ecológica.

Como lo hace un científico ambiental, completarás actividades y laboratorios para identificar los usos eficientes y no eficientes de recursos en tu escuela. Usarás lo que aprendiste en las lecciones para escribir un plan de acción que tu escuela pueda usar para conservar recursos.

Busca tus actividades de la Misión en las páginas 182-183, 193, 203, 210–211, 220, 222.

La Conexión con la carrera de científico ambiental está en la página 223.

LABORATORIO PRÁCTICO

Tema 6

El sistema solar

Misión

En esta actividad de la Misión de **STEM**, conocerás a un técnico astrónomo que te dará un problema de diseño. Tienes que hacer un modelo del sistema solar que quepa en la entrada de tu escuela.

Como lo hace un técnico astrónomo, completarás actividades y laboratorios para diseñar y construir tu modelo de sistema solar. Usarás lo que aprendiste en las lecciones para hacer un modelo del sistema solar que muestre a los planetas con tamaño y ubicación correctos.

Busca tus actividades de la Misión en las páginas 232–233, 243, 252–253, 262, 264.

La Conexión con la carrera de técnico astrónomo está en la página 265.

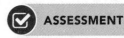 **ASSESSMENT**

 VIDEO

 eTEXT

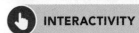 **INTERACTIVITY**

 **VIRTUAL LAB**

 GAME

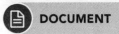 **DOCUMENT**

El Texto en línea está disponible en español.

Pregunta esencial

LABORATORIO PRÁCTICO

Tema 7

5-PS2-1, 5-ESS1-1, 5-ESS1-2

Patrones del espacio

Misión

En esta actividad de la Misión de **STEM**, conocerás al curador de un planetario que te dará una tarea para un museo. Tienes que hacer un folleto que explique los patrones del espacio.

Como lo hace el curador de un planetario, completarás actividades y laboratorios para obtener información para tu folleto. Usarás lo que aprendiste en las lecciones para hacer un folleto que el planetario pueda usar para enseñarles a las personas acerca de los patrones del espacio.

Busca tus actividades de la Misión en las páginas 274–275, 283, 292, 303, 306.

La Conexión con la carrera de curador de planetario está en la página 307.

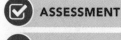 ASSESSMENT

 VIDEO

 eTEXT

 INTERACTIVITY

 VIRTUAL LAB

 GAME

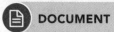 DOCUMENT

El Texto en línea está disponible en español.

Pregunta esencial

LABORATORIO PRÁCTICO

Tema 8

La energía y el alimento

Misión

En esta actividad de la Misión, conocerás a una nutricionista que te dará un reto: planear un menú. Tienes que planear un menú balanceado para un día.

Como lo hace un nutricionista, completarás actividades y laboratorios para reunir información acerca de por qué los animales necesitan energía y cómo la obtienen. Usarás lo que aprendiste en las lecciones para armar un plato para cada una de las comidas que consume una persona en un día.

Busca tus actividades de la Misión en las páginas 316–317, 327, 334–335, 344, 346.

La Conexión con la carrera de nutricionista está en la página 347.

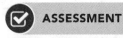 **ASSESSMENT**

 VIDEO

 eTEXT

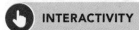 **INTERACTIVITY**

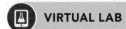 **VIRTUAL LAB**

 GAME

 **DOCUMENT**

El Texto en línea está disponible en español.

Pregunta esencial

LABORATORIO PRÁCTICO

Tema 9

La materia y la energía en los ecosistemas

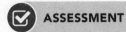 ASSESSMENT

 VIDEO

 eTEXT

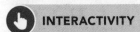 INTERACTIVITY

 VIRTUAL LAB

 GAME

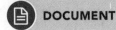 DOCUMENT

El Texto en línea está disponible en español.

Misión

En esta actividad de la Misión, conocerás a una zoóloga que te dará un reto de relaciones públicas. Tienes que hacer un video sobre un animal.

Como lo hace un zoólogo, completarás actividades y laboratorios para reunir información acerca de un animal peligroso o espeluznante. Usarás lo que aprendiste en las lecciones para hacer un video que ayude a mejorar la opinión de las personas sobre ese animal.

Busca tus actividades de la Misión en las páginas 356–357, 367, 376, 384–385, 393, 396.

La Conexión con la carrera de zoólogo está en la página 397.

Pregunta esencial

LABORATORIO PRÁCTICO

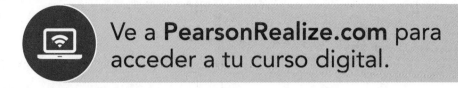

Ve a **PearsonRealize.com** para acceder a tu curso digital.

Elevar las ciencias combina actividades escritas con actividades en línea. En cada lección, encontrarás íconos que indican los recursos en línea.

Productos en línea

Pearson Realize™ es el curso de Ciencias en línea. Incluye:

- Student eTEXT
- Teacher eTEXT
- Project-Based Learning
- Virtual Labs

- Interactivities
- Videos
- Assessment
- Study Tools
- and more

Recursos digitales

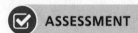 ASSESSMENT

 VIDEO

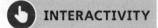 INTERACTIVITY

 VIRTUAL LAB

eTEXT

GAME

Busca estos **íconos** en las páginas de tu libro. Indican que hay más cosas que puedes aprender en línea.

El Texto en línea está disponible en español.

Eleva tu conocimiento

Elevar las ciencias eleva la ciencia a otro nivel y te hace ser dueño de tu aprendizaje. Explora el mundo que te rodea a través de la ciencia. Investiga cómo funcionan las cosas. Piensa críticamente y resuelve problemas. *Elevar las ciencias* te ayuda a pensar como un científico, para que estés preparado para un mundo de descubrimientos.

Explora el mundo

Explora escenarios de la vida real de todo el mundo, a través de Misiones que te hacen profundizar en los temas científicos. Puedes:

- Resolver problemas reales
- Emplear destrezas y conocimientos
- Comunicar soluciones

Haz conexiones

Elevar las ciencias conecta la ciencia con otras materias y te muestra cómo entender mejor el mundo a través de:

- Las matemáticas
- La lectura y la escritura
- El conocimiento

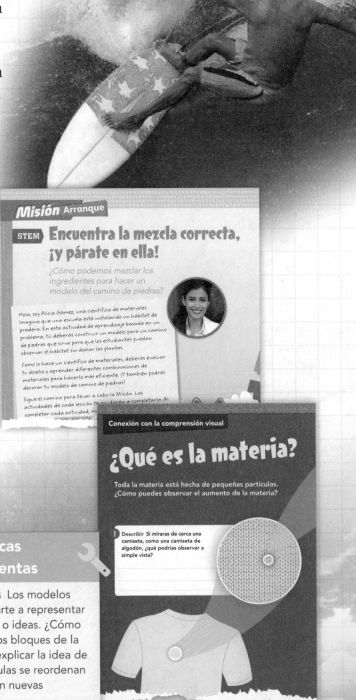

Misión Arranque

STEM Encuentra la mezcla correcta, ¡y párate en ella!

¿Cómo podemos mezclar los ingredientes para hacer un modelo del camino de piedras?

Hola, soy Alicia Gómez, una científica de materiales. Imagina que una escuela está instalando un hábitat de pradera. En esta actividad de aprendizaje basada en un problema, tú deberás construir un modelo para un camino de piedras que sirva para que los estudiantes puedan observar el hábitat sin dañar las plantas.

Como lo hace un científico de materiales, deberás evaluar tu diseño y aprender diferentes combinaciones de materiales para hacerlo más eficiente. ¡Y también podrás decorar tu modelo de camino de piedras!

Sigue el camino para llevar a cabo la Misión. Las actividades de cada lección te ayudarán a completarla. Al completar cada actividad, m[...]

Conexión con la comprensión visual

¿Qué es la materia?

Toda la materia está hecha de pequeñas partículas. ¿Cómo puedes observar el aumento de la materia?

! **Describir** Si miraras de cerca una camiseta, como una camiseta de algodón, ¿qué podrías observar a simple vista?

Matemáticas
► **Herramientas**

Usar modelos Los modelos pueden ayudarte a representar pensamientos o ideas. ¿Cómo puedes usar los bloques de la imagen para explicar la idea de que las partículas se reordenan cuando forman nuevas sustancias?

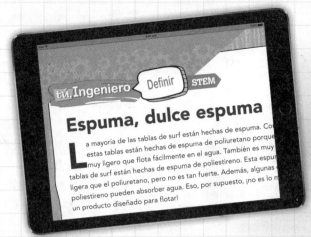

tú Ingeniero ▸ Definir ▸ STEM

Espuma, dulce espuma

La mayoría de las tablas de surf están hechas de espuma. Con estas tablas están hechas de espuma de poliuretano porque muy ligero que flota fácilmente en el agua. También es muy tablas de surf están hechas de espuma de poliestireno. Esta espum ligera que el poliuretano, pero no es tan fuerte. Además, algunas poliestireno pueden absorber agua. Eso, por supuesto, ¡no es lo m un producto diseñado para flotar!

Desarrolla destrezas para el futuro

- Domina el proceso del diseño de ingeniería
- Emplea el pensamiento crítico y las destrezas analíticas
- Conoce las carreras en ciencias, tecnología, ingeniería y matemáticas (STEM)

Enfócate en las destrezas de lectura

Elevar las ciencias crea conexiones con la lectura que te ayudan a desarrollar las destrezas que necesitas para tener éxito. Algunos recursos son:

- Leveled Readers
- Conexiones con la lectura
- Revisiones de lectura

Lectura
▸ Herramientas

Usar evidencia del texto

El agua está formada por la combinación de átomos de estos dos eleme y oxígeno. ¿Es la pequeña de agu una molécula? ¿

☑ **REVISAR LA LECTURA** **Usar evidencia del texto** ¿Por qué crees que los aerogeles podrían usarse para limpiar los derrames de petróleo en tu comunidad? Subraya los datos importantes en el texto que apoyan tu afirmación con evidencia.

Entra a la zona de laboratorios

Los experimentos en los laboratorios prácticos y virtuales te ayudan a probar tus ideas, y las evaluaciones te ayudan a mostrar lo que sabes. Los laboratorios incluyen:

- STEM Labs
- Design Your Own
- Open-ended Labs

Alike and Different: Living Things

Click the pictures. Compare how living things and their parents are alike and different. Write your answer below.

Type your answer here.

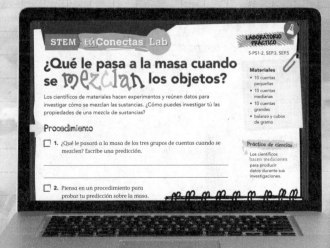

STEM · tú Conectas · Lab

LABORATORIO PRÁCTICO
5-PS1-2, SEP3, SEP5

¿Qué le pasa a la masa cuando se *mezclan* los objetos?

Los científicos de materiales hacen experimentos y reúnen datos para investigar cómo se mezclan las sustancias. ¿Cómo puedes investigar tú las propiedades de una mezcla de sustancias?

Materiales
- 10 cuentas pequeñas
- 10 cuentas medianas
- 10 cuentas grandes
- balanza y cubos de gramo

Procedimiento

☐ 1. ¿Qué le pasará a la masa de los tres grupos de cuentas cuando se mezclen? Escribe una predicción.

☐ 2. Piensa en un procedimiento para probar tu predicción sobre la masa.

Práctica de ciencias

Los científicos hacen mediciones para producir datos durante sus investigaciones.

tú Investigas · Lab

LABORATORIO PRÁCTICO
5-PS1-3, SEP6

¿Cómo puedes usar las propiedades para identificar *sólidos*?

Para identificar una sustancia desconocida, los científicos de materiales comparan sus propiedades con las de sustancias que conocen. ¿Cómo puedes usar las propiedades para identificar tres sustancias?

Procedimiento

☐ 1. Tienes tres sustancias, rotuladas A, B y C. Usa la tabla para diseñar un experimento para identificar las tres sustancias desconocidas. Muestra tu procedimiento a tu maestro antes de empezar.

☐ 2. Identifica cada sustancia desconocida escribiendo su letra debajo del nombre de cada sustancia de la tabla.

Materiales
- 3 sustancias rotuladas A, B y C
- lentes de seguridad
- 3 vasos
- 3 cucharas
- conductímetro
- lupa
- agua
- marcador de cera

Propiedades de los materiales

Azúcar	Sal	Almidón de maíz
sólido blanco	sólido blanco	sólido blanco
cristales irregulares	cristales con forma de cubo	polvo fino
Se disuelve en agua.	Se disuelve en agua.	No se disuelve en agua.
La solución no es muy conductora.	La solución es muy conductora.	No forma una solución.

🥽 Usa lentes de seguridad.

⚠ No te lleves los materiales a la boca.

Práctica de ciencias

Los científicos interpretan datos cuando analizan los resultados de una investigación.

Las propiedades de la materia

Estándares de Ciencias para la Próxima Generación

5-PS1-1 Desarrollar un modelo para describir que la materia está formada por partículas demasiado pequeñas como para ser visibles.

5-PS1-3 Hacer observaciones y mediciones para identificar materiales según sus propiedades.

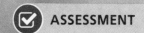
ASSESSMENT

VIDEO

eTEXT

INTERACTIVITY

SCIENCE SONG

GAME

El Texto en línea está
disponible en español.

Pregunta esencial

¿Cómo describes las propiedades de la materia?

Muestra lo que sabes

Todo lo que te rodea está hecho de materia. ¿Cómo puedes distinguir un tipo de materia de otro?

_____

_____

_____

Identifica el **material** misterioso

¿Cómo puede un robot identificar materiales?

Hola, soy María Álvarez, ingeniera en robótica. Mi equipo está construyendo un chef robótico que pueda preparar una comida cuando no hay nadie en casa.

En esta actividad de aprendizaje basada en un problema, investigarás maneras en las que un robot puede distinguir una sustancia de otra. En la Misión, evaluarás maneras de identificar sustancias. Explorarás cómo los ingredientes de cocina están hechos de partículas diminutas. También compararás sustancias basándote en sus propiedades. Finalmente, ¡diseñarás un procedimiento para que use el chef robot!

Sigue el camino para llevar a cabo la Misión. Las actividades de cada lección te ayudarán a completarla. Al completar cada actividad, marca tu progreso para indicar que es una **MISIÓN CUMPLIDA** ✓ . Conéctate en línea para buscar más actividades de la Misión.

Estándares de Ciencias para la Próxima Generación
5-PS1-3 Hacer observaciones y mediciones para identificar materiales según sus propiedades.

VIDEO

Ve un video sobre un
ingeniero en robótica.

Misión Control: Lab 2

Lección 2

Aprende sobre las partículas
que forman la materia a
medida que exploras materiales
que el chef robot usará en recetas.

Misión Control: Lab 3

Lección 3

Usa lo que aprendes sobre
las propiedades de la
materia para comparar
materiales que un chef
robot podría usar en
la cocina.

Misión Control: Lab 1

Lección 1

Aprende sobre las propiedades
de la materia y cómo un
robot podría distinguir una
sustancia de otra en una
cocina.

Misión Hallazgos

Usa tus investigaciones para
escribir un procedimiento para
identificar materiales de cocina
y distinguir uno de otro. Harás
una tabla para guiar al robot.

LABORATORIO PRÁCTICO

5-PS1-3, SEP.3

¿Qué hay en la caja?

Puedes identificar objetos usando tus sentidos. ¿Qué pistas te ayudan a identificar un objeto?

Materiales
- 3 cajas, cada una con un objeto desconocido

Procedimiento

☐ **1.** Cada caja tiene un objeto diferente en su interior. ¿Qué pruebas podrías usar para reunir información sobre los objetos desconocidos?

_____

_____

_____

Práctica de ciencias

Los científicos **hacen observaciones** para responder preguntas.

☐ **2.** Escribe un plan. Muéstraselo a tu maestro antes de empezar. Anota tus observaciones.

Observaciones

Analizar e interpretar datos

3. Usar evidencia ¿Fuiste capaz de identificar todos los objetos? ¿Qué evidencia usaste?

_____

_____

_____

_____

Usar evidencia del texto

Cuando leas, busca evidencia que respalde ideas. Varias estrategias pueden ayudarte a buscar evidencia:

- Piensa en lo que significa el texto.
- Lee el texto nuevamente y subraya o anota puntos importantes.

Lee el texto para descubrir por qué las personas podrían elegir un material de construcción en lugar de otro.

GAME

Practica lo que aprendiste con los Mini Games.

¿Madera o ladrillo?

Las personas usan variedad de materiales para construir casas. A veces, eligen cierto material por cómo luce. También hay otras cosas en las que pensar.

Dos materiales comunes son la madera y el ladrillo. Ambos materiales pueden utilizarse para hacer paredes resistentes para una casa. Las paredes de ladrillo no se queman. No necesitan una capa de pintura para protegerlas de los estados del tiempo. Son fáciles de cuidar.

Algunos constructores prefieren la madera. Construir una casa de ladrillo cuesta mucho más dinero que construir una casa de madera, por lo que comprar una casa de madera no cuesta tanto. La madera también es más fácil de trabajar. Las paredes de una casa de madera son más fáciles de cambiar si el dueño quiere un diseño diferente. La madera es más flexible que el ladrillo, de modo que no se agrieta como podría hacerlo una pared de ladrillo. Pero la madera también tiene algunos problemas. Algunos insectos, como las termitas, comen madera. Las casas de madera también tienen mayores probabilidades de quemarse. La madera debe pintarse para protegerla de la humedad y la podredumbre.

✓ **REVISAR LA LECTURA** **Usar evidencia del texto** Encierra en un círculo "madera" o "ladrillo" en el título para indicar cuál de los materiales de construcción prefieres. Subraya las dos oraciones que respaldan tu afirmación con evidencia.

Observar la materia

observar y medir
propiedades de
materiales.

5-PS1-3

Destreza de lectura
Usar evidencia del texto

Vocabulario
observar
medir
solubilidad

Vocabulario académico
describir

▶ **VIDEO**

Ve un video sobre cómo
las medidas pueden
mostrar las diferencias
entre sustancias.

LOCAL-A-GLOBAL ▶ Conexión

Cuando compras fruta en la tienda de comestibles, ¿cómo
sabes cuánto pagar? Usualmente ves un letrero que dice
que la fruta cuesta una cierta cantidad de dinero por un
kilogramo o una libra. Los kilogramos y las libras son
unidades que usamos para describir lo pesado que es algo.
En la tienda de comestibles, podrías usar libras para decir
cuánto pesa algo. En las ciencias, usamos la unidad del
kilogramo para describir el peso de algo. Las personas de
todo el mundo usan la misma unidad para hablar de peso.

Diferentes unidades estándar describen las cantidades de
otras propiedades, como la distancia y el tiempo. Como todos
están de acuerdo en la cantidad que representa cada unidad,
siempre sabes lo que significa la unidad. Usar unidades
estándar significa que otra persona, no importa dónde viva,
podrá saber la cantidad exacta a la que te refieres.

Explicar ¿Por qué sería difícil comprar comida si no hubiera
unidades para medir la cantidad de algo?

_____

_____

_____

_____

¿Cómo describimos los materiales?

Los científicos suelen usar el conocimiento sobre diferentes materiales para identificar qué es algo. ¿Cómo puedes describir un objeto para que otros lo puedan identificar?

Materiales
- 4 objetos

Materiales recomendados
- regla
- balanza
- cubos de gramo

Procedimiento

☐ **1.** Escoge tres de los objetos. No dejes que nadie los vea. Escribe las propiedades de cada objeto en la columna Propiedades de la tabla. Usa los otros materiales como ayuda para describir las propiedades. No escribas el nombre del objeto.

Práctica de ciencias

Los científicos hacen observaciones para producir datos.

Objeto	Propiedades

☐ **2.** Intercambia notas con otro grupo. Usa las descripciones de ese grupo para identificar todos los objetos.

Analizar e interpretar datos

3. Evaluar ¿Qué información te ayudó a identificar cada objeto? ¿Qué información hubiera hecho más sencillo el identificar los objetos?

_____

_____

_____

Observar propiedades

Todos los tipos de materiales tienen propiedades. Las propiedades son las características de los materiales, como el color o el olor. Algunos materiales podrían tener algunas propiedades que son iguales a las propiedades de otros materiales. Pero no hay dos materiales que tengan exactamente el mismo conjunto de propiedades.

Puedes observar de forma directa muchas de las propiedades de un material. Cuando **observas** algo, usas tus sentidos para reunir información sobre lo que observas. Por ejemplo, usas tus ojos para observar el color y la forma de los materiales del edificio de la fotografía. Usas tus oídos para observar que una cuerda de una guitarra hace un sonido específico. Observas la dureza y la textura de una roca usando tu sentido del tacto. En la cocina, puedes observar las propiedades de los alimentos al probarlos u olerlos. Cuando observas algo, puedes usar la información que reúnes para describir lo que observaste. Cuando **describes** algo, hablas de sus propiedades.

Aplicar Todos los materiales del edificio tienen un conjunto único de propiedades. Encierra con un círculo el material que tiene estas propiedades: blanco, duro, liso y con forma de rectángulo.

Identificar propiedades
Reúne varias monedas e incluye al menos dos que sean de diferentes tipos. Identifica tantas propiedades de cada moneda como sea posible. ¿Son las propiedades del mismo tipo de moneda exactamente iguales? ¿Por qué crees que es así? ¿Qué propiedad es más diferente entre las monedas que no son del mismo tipo?

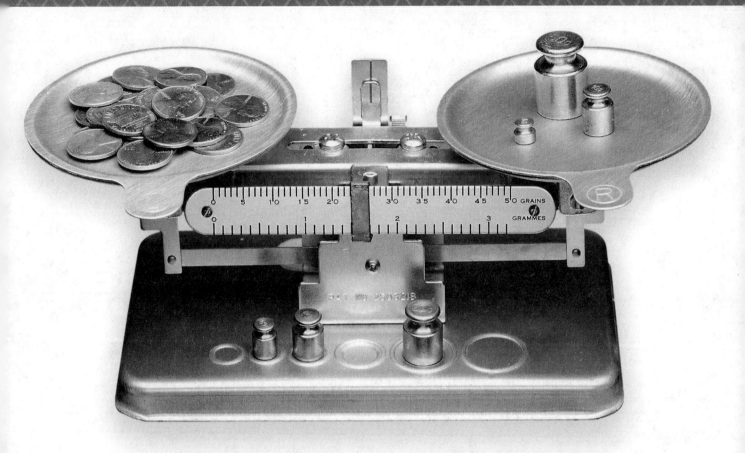

Medir propiedades

Algunas propiedades se observan utilizando instrumentos científicos. Una manera de utilizar instrumentos es medir. Cuando **mides** una propiedad, la comparas con una unidad o un valor estándar para esa propiedad. Todas las unidades de medida son reconocidas en todo el mundo. Por ejemplo, podrías medir la longitud de un objeto usando una regla de un metro. La unidad de medida para la longitud es 1 metro. Si el objeto tiene 3 metros de largo, entonces la longitud medida del objeto es 3 veces la longitud de 1 metro. El metro tiene exactamente la misma longitud en todo el mundo.

Cuando se mide el peso de un objeto, se usa una balanza o una báscula. La balanza compara el peso de un objeto con pesos estándar, como las pesas de gramos que se ven en el platillo derecho de la fotografía. Cada pesa de gramos está marcada con una cantidad específica de gramos o kilogramos.

Otra medida es cuánto espacio ocupa un material. Esta propiedad se mide en litros y mililitros.

Comparar Encierra con un círculo la pesa de gramos del platillo de la balanza que creas que mide la mayor cantidad de monedas.

Práctica de ciencias
▶Herramientas

Hacer preguntas Imagina que necesitas encontrar un material que sea una cubierta segura para el cuarto de los juguetes de un niño. ¿Qué preguntas harías sobre las propiedades de los materiales que estás considerando utilizar?

¿Puedes DISTINGUIRLOS?

Todos los materiales tienen propiedades físicas que puedes usar para describirlos. Puedes usar estas propiedades para distinguir un material de otro. Estos dos bloques tienen la misma longitud, el mismo ancho y la misma altura. Un bloque está hecho de madera. El otro bloque está hecho de acero. ¿Cómo puedes distinguir uno del otro?

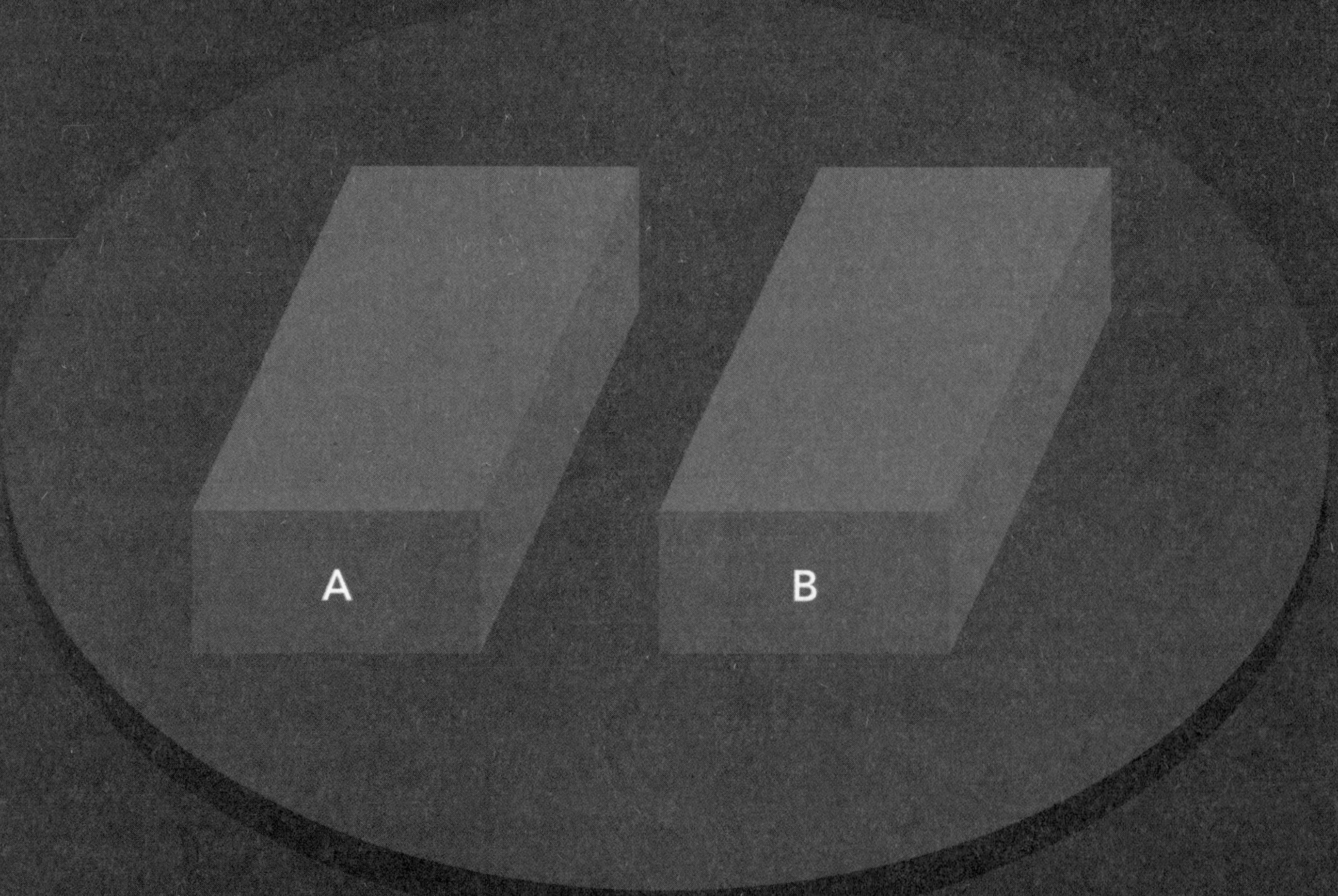

A

B

¿En qué se diferencian sus masas?

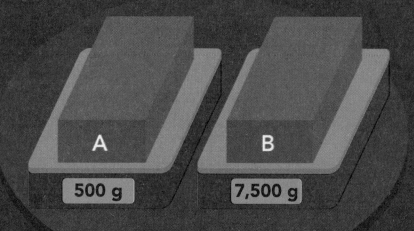

A   500 g

B   7,500 g

¿Qué tan duros son?

A   B

¿Cuál bloque está hecho de madera y cuál está hecho de acero? Sombrea el bloque que pienses que está hecho de acero. Describe cómo puedes identificar los materiales de los bloques.

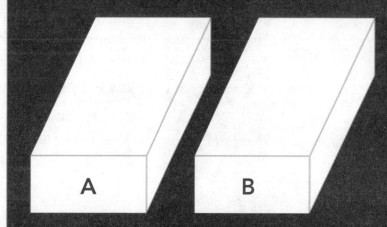

A   B

Conductores del calor y la electricidad

Puedes identificar algunas propiedades de forma directa usando tus sentidos. En otras ocasiones, podrías necesitar observar cómo un material actúa con otros materiales o con energía. Si revuelves una olla de sopa con una cuchara de metal, el mango de la cuchara se calienta. Si la revuelves con una cuchara de madera, el mango no se calienta. Una propiedad del metal es que mueve, o conduce, el calor con facilidad de la sopa a tu mano. Una propiedad de la madera es que no conduce el calor con facilidad.

Así como algunos materiales transmiten calor, otros materiales conducen electricidad. Cuando conectas una lámpara a una batería para que se encienda, usas cables. Probablemente, esos cables estén hechos de un metal llamado cobre. Una propiedad del cobre es que conduce la electricidad. Si conectas la batería y la lámpara con una cuerda en vez de con un cable de cobre, la lámpara no se enciende. Esto es porque una propiedad de la cuerda es que no conduce la electricidad con facilidad.

Inferir ¿Por qué el cable de electricidad de una lámpara tiene una capa de plástico que envuelve el alambre de cobre?

_____

_____

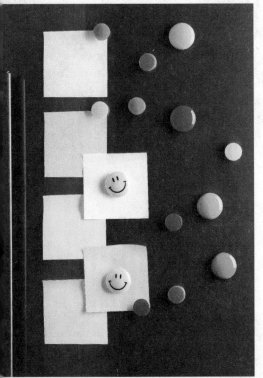

Materiales magnéticos

Otra propiedad de los materiales es si son magnéticos, o si son atraídos por un imán. Muchas personas usan imanes para sostener notas en el refrigerador. Muchas puertas de refrigerador están hechas de acero, el cual es magnético. Los imanes que se pegan a la puerta también son magnéticos. Si el refrigerador estuviera hecho de latón, los imanes no se pegarían a la puerta. El latón no es magnético.

✓ REVISAR LA LECTURA Usar evidencia del texto Si tienes una mezcla de tornillos de acero y tornillos de latón, puedes separarlos con un imán. El imán alzará los tornillos de acero pero no los de latón. Encierra en un círculo la parte del texto que explica por qué los tornillos pueden separarse de esta manera.

Solubilidad

Si alguna vez has nadado en el océano, probablemente sabes que el agua de mar sabe a sal. Sin embargo, no se puede ver la sal en el agua porque la sal se disuelve en agua. Por otro lado, si pones un poco de pimienta en un vaso de agua, la pimienta no se disuelve. Pareciera que la pimienta no cambia en absoluto. Las solubilidades de las dos sustancias son diferentes. La **solubilidad** es una propiedad de un material que se refiere a qué tan bien se disuelve este en otro material, como en el agua. La sal es soluble en agua. La pimienta no lo es. Algunas sustancias son más solubles que la pimienta pero menos solubles que la sal.

Misión Conexión

Algunas sustancias que se usan para cocinar se disuelven en agua. Otras no. El aceite para cocinar y el agua de la botella forman capas porque el aceite no es soluble en agua. ¿Cómo puede la solubilidad ayudar al robot a identificar ingredientes?

_____

_____

_____

☑ Lección 1: Revisión

1. **Sacar conclusiones** Dos bloques de metal brillante y plateado tienen el mismo ancho, la misma longitud y la misma altura. En una balanza, un bloque pesa 1.5 kilogramos. El otro bloque pesa 2.3 kilogramos. ¿Qué puedes concluir sobre los bloques de metal?

_____

_____

2. **Explicar** ¿Qué propiedad de un paño de cocina de tela gruesa lo hace útil para sacar una bandeja caliente de la estufa?

_____

Misión Control Lab

¿Cómo puedes observar la materia?

Un chef robot debería encontrar un modo de usar las propiedades para poder distinguir los ingredientes. ¿Cómo puedes aprender sobre las propiedades de los materiales haciendo observaciones e investigaciones?

Materiales
- lentes de seguridad

Materiales recomendados
- sal
- azúcar
- bicarbonato de sodio
- harina
- arena blanca
- lupa
- vaso de plástico
- agua

Procedimiento

☐ **1.** Escoge dos materiales. ¿Qué dos propiedades de los materiales podrías analizar?

_____

_____

☐ **2.** Haz un plan para poner a prueba las propiedades. Muestra tu plan a tu maestro andes de empezar. Anota tus observaciones en la tabla.

 Usa lentes de seguridad.

 No te lleves los materiales a la boca.

Material	Propiedad 1	Propiedad 2

Práctica de ciencias

Los científicos hacen observaciones para producir datos.

Analizar y evaluar

3. Comparar ¿Cómo podría usar las propiedades el robot para distinguir una sustancia de la otra?

_____

_____

_____

Buscar pistas

Los detectives de la televisión suelen usar evidencia de un laboratorio de criminalística para resolver un crimen. Eso también sucede en la vida real. Los científicos forenses usan pistas de una escena del crimen para descubrir qué sucedió y quién fue el responsable. Estos investigadores le prestan gran atención a los detalles. La pista más pequeña, como un solo cabello humano, puede ser clave para resolver un crimen.

Los técnicos que trabajan en escenas del crimen podrían recoger pequeños trozos de suciedad y tierra que encuentren en la escena. ¿Por qué lo harían? Cuando caminas afuera, pedazos de tierra, arena o incluso piedritas se pegan a las suelas de tus zapatos. Antes de entrar, sacudes tus pies para evitar ensuciar. Tal vez alguien no fue tan cuidadoso en la escena del crimen. Sus huellas podrían resolver el crimen. Todos los tipos de suelo tienen partículas con diferentes propiedades: tamaño, forma y tipos de materiales. Al comparar las propiedades del suelo de la escena con las propiedades de la tierra de un zapato, los científicos forenses pueden saber por dónde caminó alguien. Esa podría ser justo la información que un detective necesita.

¿Qué información podrías obtener al observar la huella de un pie?

_____

_____

Representar la materia

Destreza de lectura

Usar evidencia del texto

Vocabulario

átomo
teoría atómica
compuesto
molécula

Vocabulario académico

concluir

▶ VIDEO

Ve un video sobre cómo representar la materia.

INGENIERÍA ▶ Conexión

La sal es un recurso natural que la gente necesita en su dieta. La sal que usas en la cocina puede venir de un depósito de sal. En estos depósitos, la sal es usualmente una masa sólida y grande, como una roca. Se usan herramientas para romperla en pedazos más pequeños. Incluso estos pedazos son muy grandes para usarlos en la comida. Pero la sal se puede triturar en pedazos lo suficientemente pequeños para que se puedan usar con un salero, o también se puede usar un molinillo para moler la sal.

Predecir ¿Qué pasaría si continuaras moliendo la sal?

_____

_____

Dividir la materia

Cuando mueles la sal, divides pedazos grandes de sal en pedazos más pequeños. Estos pedazos continúan siendo sal. Los granos pequeños tienen formas similares a los pedazos más grandes. Tienen el mismo sabor. Puedes volver a molerlos con una cuchara y hacer sal en polvo.

¿Cómo puedes detectar la materia sin verla?

Los científicos de materiales estudian todo tipo de materia.
¿Cómo puedes mostrar evidencia de materia que no puedes ver?

Procedimiento

☐ **1.** Jala el émbolo de la jeringa hasta la última marca. Observa la jeringa. Escribe una descripción de lo que piensas que está adentro de la jeringa.

_____

_____

_____

☐ **2.** Escoge materiales de la lista para probar si hay materia en la jeringa. Escribe un procedimiento para probar si la jeringa contiene materia. Muestra tu procedimiento a tu maestro antes de empezar.

☐ **3.** Anota tus observaciones.

Analizar e interpretar datos

4. **Usar evidencia** ¿De qué manera los datos que obtuviste son evidencia de que la jeringa contiene materia?

_____

_____

_____

_____

_____

_____

Materiales
- lentes de seguridad
- 2 jeringas de plástico

Materiales recomendados
- globos
- manguera de plástico
- vaso de agua
- popote de plástico

Usa lentes de seguridad.

Práctica de ciencias

Los científicos **crean argumentos** basados en la evidencia.

Observaciones

Partículas que desaparecen

¿Puedes hacer que desaparezca la materia? Llena un vaso transparente con agua. Luego revuelve una cucharada de sal en el agua. ¿Qué crees que sucedió con las partículas de sal? ¿Cómo puedes explicar tus observaciones?

Átomos

Desde lejos, un castillo de arena en la playa se ve como un objeto sólido. Si lo ves más de cerca, verás que está hecho de pequeñas partículas de arena. Los diminutos granos de arena se combinan para formar un castillo.

Explicar ¿Cuál crees que sería el pedazo más pequeño en que se podría romper la arena? ¿Por qué lo crees?

_____

_____

Toda la materia está hecha de elementos. Un elemento está formado por un tipo de átomo únicamente. La parte más pequeña de un elemento que mantiene las propiedades de ese elemento se llama **átomo**. Todas las sustancias están hechas de átomos. Los átomos no se pueden ver en un microscopio común porque son demasiado pequeños. Sin embargo, hay instrumentos especiales que pueden mostrar cómo están organizados los átomos en una sustancia determinada.

Los átomos de un elemento son diferentes de los átomos de cada uno de los otros elementos. Toda la materia que te rodea está formada por átomos. La idea de que todo está hecho de pequeñas partículas se conoce como la **teoría atómica**. El pedazo más pequeño de arena contiene más átomos que la cantidad total de granos de arena que forman el castillo completo.

Moléculas

La mayoría de las cosas que te rodean son **compuestos**, que son materia hecha de dos o más elementos. Los átomos de los elementos que forman un compuesto están conectados de una forma particular. La sal de mesa es un compuesto formado por los elementos sodio y cloro.

Las partículas más pequeñas de un compuesto que mantienen las propiedades de ese compuesto son llamadas **moléculas**. Por ejemplo, el dióxido de carbono es una molécula que tiene solo tres átomos. Las moléculas pueden estar hechas de muchos átomos.

Identificar Encierra en un círculo la molécula de dióxido de carbono en el diagrama.

Lectura
▶ **Herramientas**

Usar evidencia del texto

El agua está formada por la combinación de átomos de estos dos elementos: hidrógeno y oxígeno. ¿Es la partícula más pequeña de agua un átomo o una molécula? ¿Por qué?

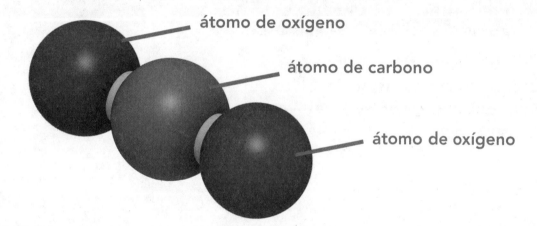

átomo de oxígeno

átomo de carbono

átomo de oxígeno

Misión Conexión

Incluso cuando se los mezcla, los elementos y las moléculas mantienen sus propiedades. Explica por qué.

_____

_____

_____

_____

_____

¿Qué es la materia?

Toda la materia está hecha de pequeñas partículas.
¿Cómo puedes observar el aumento de la materia?

! **Describir** Si miraras de cerca una camiseta, como una camiseta de algodón, ¿qué podrías observar a simple vista?

_____

_____

_____

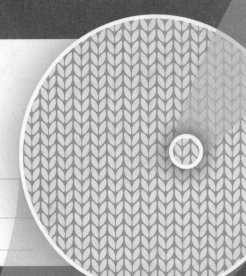

Inferir ¿Por qué no puedes ver los nudos del
tejido de la camiseta a simple vista?

_____

_____

_____

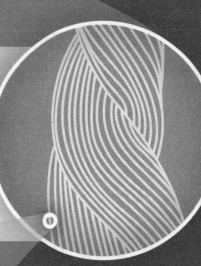

Comparar Los científicos usan el aumento
para poder ver las fibras del hilo de cerca.
¿Por qué las fibras de esta imagen se ven
diferentes que las fibras sin aumento?

_____

_____

Inferir Dibuja cómo crees
que se verían los átomos de
la camiseta si pudieras verlos.
¿Por qué no los puedes ver?

átomo de
oxígeno

átomo de
hidrógeno

átomo de
hidrógeno

Mismos átomos, distinta materia

Cuando el mismo tipo de átomos de una molécula se combina en diferentes cantidades, se forman moléculas diferentes. Por ejemplo, una molécula de agua tiene un átomo de oxígeno y dos átomos de hidrógeno. Hay otra molécula que también está hecha de átomos de hidrógeno y oxígeno. Sin embargo, tiene dos átomos de hidrógeno y dos átomos de oxígeno. Aunque esta molécula también tiene solamente hidrógeno y oxígeno, es una sustancia diferente al agua. Es el peróxido de hidrógeno.

Cambiar los tipos de átomos de una molécula también da como resultado una molécula diferente. El dióxido de carbono es el gas que exhalamos al respirar. El dióxido de azufre es un gas venenoso con un olor irritante. Debido a que las propiedades de estas dos sustancias son diferentes, puedes concluir que sus moléculas son diferentes. Cuando **concluyes** algo, usas datos y hechos para hacer una afirmación.

☑ Lección 2: Revisión

1. **Concluir** La sal de mesa es un compuesto formado por átomos de sodio y cloro. Basándote en la tabla, ¿qué puedes concluir sobre las propiedades de los compuestos y de los elementos de los que están hechos?

Algunas propiedades de tres sustancias			
Propiedad	**Cloro**	**Sodio**	**Sal de mesa**
Estado (a temperatura ambiente)	gas	sólida	sólida
Color	verde	plateada	blanca
Toxicidad	venenosa	venenosa	no venenosa

_____

_____

2. ☑ **REVISAR LA LECTURA** **Usar evidencia del texto** ¿De qué está hecha la materia? Usa la definición de _teoría atómica_ para responder.

_____

_____

¿Cómo *sabes* que la materia está todavía ahí?

Cuando mezclas dos sustancias, la apariencia de la materia puede cambiar. ¿Siguen ahí los mismos átomos?

Materiales
- lentes de seguridad
- 3 vasos de plástico
- 3 tazones pequeños
- 3 cucharas
- sal
- azúcar
- bicarbonato de sodio
- agua
- marcador de cera

Procedimiento

☐ **1.** Rotula de esta manera tres vasos de plástico: *Azúcar*, *Sal*, *Bicarbonato*. Pon la misma cantidad de agua en cada vaso.

☐ **2.** Añade una cucharada de azúcar en el vaso que dice *Azúcar* y revuelve hasta que se disuelva. Haz lo mismo con la sal y el bicarbonato de sodio. Usa cucharas diferentes para cada uno. Anota tus observaciones.

_____

_____

☐ **3.** ¿Cómo puedes saber si los materiales originales están todavía en los vasos? Escribe un procedimiento. Muéstrale tu plan a tu maestro antes de empezar. Anota tus observaciones.

 Usa lentes de seguridad.

 No te lleves los materiales a la boca.

Práctica de ciencias

Los científicos **usan evidencia** para apoyar sus conclusiones.

Observaciones

Evaluar el diseño

4. Sintetizar ¿Presentan tus observaciones alguna evidencia de que la materia está hecha de partículas pequeñas? Explica por qué.

_____

_____

tú.Ingeniero Definir STEM

INTERACTIVITY

Conéctate en línea para encontrar ayuda para tu proceso de diseño.

Chef robot

¿Qué imagen te viene a la cabeza cuando piensas en un robot? Muchas personas "ven" un robot que luce algo parecido a una persona. Algunos robots están diseñados de esa manera. Otros son muy diferentes. Un robot puede lucir como una serpiente, un cangrejo, un tractor o un brazo o mano humanos. La forma de un robot depende de lo que se pretende que haga el robot.

Un robot es una máquina que usa uno o más sensores para reunir información sobre sus alrededores. Esto se parece a la manera en la que las personas observan o miden. El robot registra la información que reúne. Luego realiza una acción basado en esa información. Se ha colocado información en el robot para que sea capaz de "decidir" qué hacer. Algunos robots arman partes en fábricas o buscan personas luego de una catástrofe. Algunos robots incluso le ayudan a los médicos a realizar cirugías.

¿Te gustaría ser la persona que diseña un chef robot?

Defínelo

Piensa en lo que un chef robot necesita hacer. ¿Qué herramientas necesitará usar para mezclar ingredientes y cocinar una comida?

☐ Escribe los pasos que un robot seguirá para hornear un pan.

☐ ¿Cómo sabrá tu robot que tiene los ingredientes correctos?

☐ Dibuja tu robot y rotula las partes.

Las propiedades de la materia

Puedo...

Identificar materiales en función de sus propiedades.

5-PS1-3

Destreza de lectura
Usar evidencia del texto

Vocabulario
temperatura
masa
volumen

Vocabulario académico
organizar

 VIDEO

Ve un video sobre las propiedades de la materia.

STEM ⟩ Conexión

Supón que estás jugando al fútbol en una tarde de invierno. Cuando anochece, olvidas llevar tu pelota dentro. Durante la noche, el aire se enfría mucho. Por la mañana, la pelota se ve distinta. No está tan redonda como antes. Se siente blanda. Cuando pateas la pelota, no llega tan lejos. Es como si le faltara aire, pero no tiene pérdidas. Durante el día, la pelota se calienta y recupera la forma que tenía ayer.

La cantidad de aire de la pelota no cambió durante la noche, pero el volumen de aire sí. Las partículas de aire que hay dentro de la pelota ejercen presión desde adentro. Eso es lo que hace que la pelota se infle. A medida que las partículas se enfriaron durante la noche, bajó la cantidad de presión que ejercían sobre la pelota. En consecuencia, la pelota se encogió. Cuando las partículas volvieron a calentarse al día siguiente, volvieron a ejercer presión sobre la pelota.

📖 **Reflexiona** ¿Alguna vez hiciste un deporte en un día frío? ¿Qué es lo que más te gustó de jugar en el frío?

túInvestigas Lab

¿Cómo puedes usar las propiedades para identificar **sólidos**?

Para identificar una sustancia desconocida, los científicos de materiales comparan sus propiedades con las de sustancias que conocen. ¿Cómo puedes usar las propiedades para identificar tres sustancias?

Materiales

- 3 sustancias rotuladas A, B y C
- lentes de seguridad
- 3 vasos
- 3 cucharas
- conductímetro
- lupa
- agua
- marcador de cera

Procedimiento

☐ 1. Tienes tres sustancias, rotuladas A, B y C. Usa la tabla para diseñar un experimento para identificar las tres sustancias desconocidas. Muestra tu procedimiento a tu maestro antes de empezar.

☐ 2. Identifica cada sustancia desconocida escribiendo su letra debajo del nombre de cada sustancia de la tabla.

 Usa lentes de seguridad.

 No te lleves los materiales a la boca.

Propiedades de los materiales

Azúcar	Sal	Almidón de maíz
sólido blanco	sólido blanco	sólido blanco
cristales irregulares	cristales con forma de cubo	polvo fino
Se disuelve en agua.	Se disuelve en agua.	No se disuelve en agua.
La solución no es muy conductora.	La solución es muy conductora.	No forma una solución.

Práctica de ciencias

Los científicos **interpretan datos** cuando analizan los resultados de una investigación.

Analizar e interpretar datos

3. **Usar evidencia** ¿Qué evidencia usaste para identificar cada sustancia desconocida?

_____

_____

_____

_____

tú, Científico

Colorante vegetal en el agua

Con ayuda de un adulto, llena un tazón con agua caliente y un tazón con agua fría. Pon una gota de colorante en cada tazón. ¿Qué diferencias observas? ¿Cómo puedes explicar tus observaciones?

Los estados de la materia

Los científicos organizan toda la materia en función de su estado. Cuando **organizas** algo, lo clasificas. Los tres estados principales de la materia son sólido, líquido y gas. El agua es sólida cuando es hielo. Es líquida cuando puedes beberla. La forma gaseosa del agua se llama vapor de agua. El estado de un material se debe al movimiento de sus átomos o moléculas. Un material puede pasar de un estado a otro a medida que cambia el movimiento de sus partículas. El agua es un sólido cuando está muy fría y sus partículas vibran sin cambiar de lugar. Se convierte en líquido cuando se calienta y sus partículas se mueven más. El agua se convierte en gas cuando se calienta mucho y sus partículas se mueven muy rápido.

Sólido	Líquido	Gas

 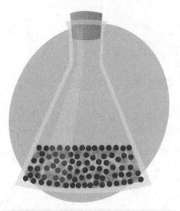 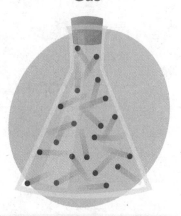

Las partículas de un sólido no cambian de posición entre sí fácilmente. Vibran, o se mueven hacia atrás y hacia delante, sin cambiar de lugar.

Las partículas de un líquido pueden cambiar de lugar entre sí.

Las partículas de un gas se mueven muy rápido y se distribuyen de manera pareja en el espacio disponible.

¡Represéntalo!

Supón que eres una partícula. Con tus compañeros, representa cómo se mueven las partículas de un sólido, un líquido y un gas. ¿Cómo mostraste cada estado de la materia?

_____

_____

_____

Temperatura

La **temperatura** de un objeto es un indicador de qué tan rápido se mueven sus partículas. A mayor temperatura, más rápido se mueven. Se usan distintas escalas para medir la temperatura. En el ámbito de las ciencias, lo más probable es que veas la temperatura a la que se derrite una sustancia expresada en grados Celsius (°C). En una receta, la temperatura de cocción suele expresarse en grados Fahrenheit (°F). Las dos unidades son indicadores precisos de la temperatura.

Reunir datos Este termómetro para alimentos muestra la temperatura de la carne. ¿Qué temperatura tiene? Asegúrate de identificar si la temperatura está en grados Fahrenheit o Celsius.

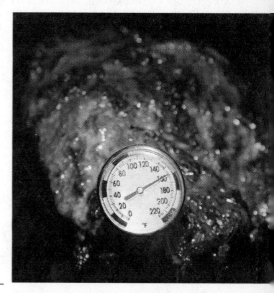

_____

_____

Masa y volumen

La cantidad de materia en una sustancia es su **masa**. Los científicos a menudo miden la masa en gramos (g) o kilogramos (kg). Para descubrir la masa de un objeto, puedes compararlo con otros objetos que tengan una masa conocida. En una balanza, los lados estarán desequilibrados, como se ve en la foto, si las masas son diferentes.

La cantidad de espacio que ocupa un objeto es su **volumen**. El volumen puede medirse en mililitros (mL). Los materiales sólidos y líquidos tienen un volumen definido. Ocupan una cantidad determinada de espacio. Los gases también tienen volumen. El volumen de un gas cambia para ocupar todo el espacio disponible.

Inferir Describe la relación entre masa y volumen.

_____

_____

_____

_____

_____

_____

_____

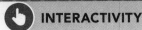

INTERACTIVITY

Completa una actividad
acerca de las
propiedades físicas.

Conceptos transversales
▶ **Herramientas**

Estabilidad y cambio Uno
de los principales objetivos de
la ciencia es entender cómo
cambian las cosas. Piensa en las
propiedades analizadas en estas
páginas. ¿Con qué facilidad crees
que pueden cambiar? Ordénalas
desde la más fácil de cambiar a la
menos fácil de cambiar.

Color

Las propiedades físicas de un material se pueden observar,
medir y describir sin cambiar el material. El color es una
propiedad física de la materia. El color es una propiedad fácil de
identificar porque puedes determinar el color de algo viéndolo.
A menudo es posible organizar distintos tipos de materia en
función de las semejanzas y las diferencias de color.

Aplicar Da un ejemplo de un caso en el que usar el color para
identificar una sustancia sería importante.

_____

_____

_____

Misión Conexión

¿Crees que el color y la textura son propiedades importantes para un
camino de piedras? Explica tu respuesta.

_____

_____

_____

Textura y dureza

Cuando tocas un objeto sólido, sientes al tacto si es liso, irregular, acanalado, poroso o áspero. Esa estructura de la superficie que puedes sentir con el tacto es la textura. La dureza es otra propiedad de los sólidos que se puede sentir. Si algo es duro, tiende a mantener su forma si uno lo presiona o lo golpea. Si es blando, tiende a doblarse.

✓ **REVISAR LA LECTURA** **Usar evidencia del texto** ¿Qué es la textura? Describe la textura del ladrillo y del cobre.

_____

_____

_____

_____

_____

_____

_____

_____

_____

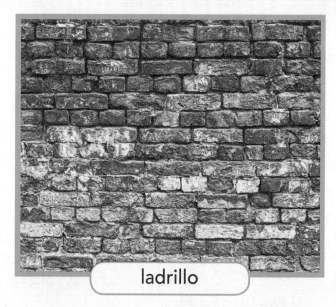

ladrillo

cobre

✓ **Lección 3: Revisión**

1. **Analizar** Un ladrillo pesado pesa más que un almohadón mullido, pero el almohadón ocupa más espacio. ¿Qué objeto tiene más materia? ¿Cómo lo sabes?

_____

_____

2. **Explicar** ¿Por qué un sólido llena solo parte de un frasco cerrado y un gas con la misma masa llena todo el frasco?

_____

_____

Misión Control Lab

¿Cómo puedes comparar las propiedades de la materia?

Antes de programar el robot, debemos comprender las propiedades de los materiales que el robot va a detectar. ¿Cómo puedes estudiar las propiedades de materiales conocidos?

Materiales recomendados

- vasos
- agua
- lupa
- bloque de madera
- moneda de metal
- azúcar
- sal
- harina
- bicarbonato de sodio
- arena blanca
- papel
- cuchara

Procedimiento

1. Elige cuatro objetos de la lista de materiales. Anota los objetos elegidos en la primera columna de la tabla.

2. Elige tres propiedades físicas distintas de los objetos que pondrás a prueba. Anota las propiedades en la fila superior de la tabla.

3. Haz un plan para probar las propiedades. Escribe tu plan y muéstraselo a tu maestro para que lo apruebe.

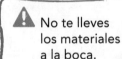

⚠ No te lleves los materiales a la boca.

Práctica de ciencias

Los científicos usan evidencia para apoyar explicaciones.

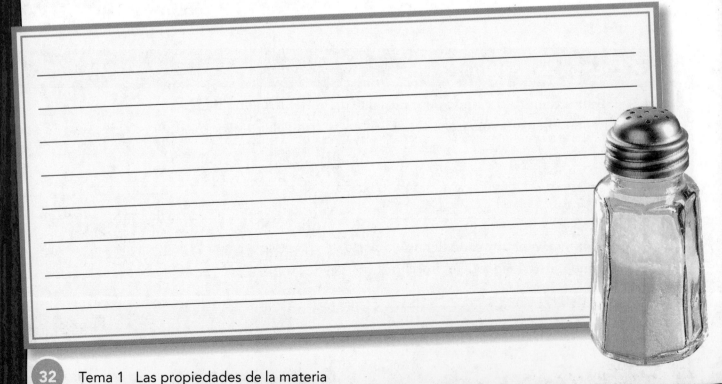

4. Prueba las tres propiedades. Anota tus datos y observaciones en la tabla.

Propiedades de los materiales

Material	Propiedad 1 _____	Propiedad 2 _____	Propiedad 3 _____
1			
2			
3			
4			

Analizar e interpretar datos

5. Evaluar Supón que tienes una muestra desconocida y sabes que es uno de los cuatro materiales que probaste. ¿Cómo puedes identificar qué material es usando las propiedades que probaste?

_____

_____

_____

_____

6. Evaluar ¿Qué otra propiedad podrías usar para saber cuál de las cuatro sustancias tienes? Explica tu respuesta.

_____

_____

_____

STEM Identifica el
material misterioso

*¿Cómo puede un robot
identificar materiales?*

Diseñar un procedimiento

Has aprendido sobre las propiedades de la materia. Ahora desarrollarás pruebas que un chef robot pueda realizar para estar seguro de que está usando el material correcto en una receta.

Varios ingredientes comunes de la cocina son blancos y sólidos. Estos incluyen la harina, la sal, el azúcar y el bicarbonato de sodio. Escribe un procedimiento para poner a prueba un material desconocido e identificarlo como uno de estos sólidos blancos.

Procedimientos

_____

_____

_____

_____

_____

_____

_____

Crear explicaciones

¿Tus pruebas le permitirán al robot identificar el material si es uno de los cuatro ingredientes nombrados arriba? ¿Cómo lo sabes?

_____

_____

_____

_____

_____

Ingeniero en robótica

Los ingenieros en robótica diseñan y construyen robots nuevos, los programan para realizar tareas específicas y encuentran nuevas cosas para que hagan. Muchos robots realizan tareas en fábricas. Los ingenieros en robótica diseñan estos robots para que puedan manejar herramientas. También escriben programas de computación que le indican a las partes móviles qué hacer.

Podrías ver un robot simple que aspira el piso. Se han probado carros sin conductor que llevan pasajeros por caminos. Los robots ayudan a los médicos en los hospitales, manejan equipos en granjas y juegan con niños. Todos estos robots fueron diseñados y construidos por ingenieros en robótica.

Los ingenieros en robótica usan las matemáticas y las ciencias en su trabajo diario. Estos ingenieros deben ser creativos para encontrar nuevas maneras de usar los robots para hacer tareas. Los robots han viajado a las profundidades del océano, han ingresado a edificios en llamas y hasta han explorado volcanes. Los ingenieros encuentran la mejor manera de diseñar un robot para cada tarea.

> 📖 **Reflexiona** ¿Cómo usan el pensamiento creativo los ingenieros al diseñar un robot?

1. Usar diagramas Marisol quiere hacer un modelo de la disposición de las partículas que forman un cubo de hielo y las partículas que forman el agua líquida. Encontró en el libro de una biblioteca los diagramas que aparecen debajo.

¿Cuál es la mejor manera en la que puede usar estos diagramas para hacer un modelo de las partículas de un cubo de hielo y del agua?

A. Usar el diagrama A para hacer un modelo del cubo de hielo y el diagrama B para hacer un modelo del agua.

B. Usar el diagrama A para hacer un modelo del cubo de hielo y el diagrama C para hacer un modelo del agua.

C. Usar el diagrama B para hacer un modelo del cubo de hielo y el diagrama A para hacer un modelo del agua.

D. Usar el diagrama B para hacer un modelo del cubo de hielo y el diagrama C para hacer un modelo del agua.

Estados de una sustancia

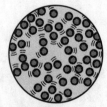  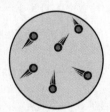

Diagrama A   Diagrama B   Diagrama C

2. Vocabulario ¿Cuál de los enunciados es siempre verdadero para un compuesto?

A. Es un material sólido.

B. Tiene más de un tipo de átomo.

C. Se derrite cuando lo calientas sobre un quemador.

D. Es parte de una mezcla de diferentes sustancias.

3. Resumir ¿Cuáles son tres propiedades de una sustancia que puedes determinar solo con mirarlas?

_____

_____

_____

_____

_____

4. Predecir El cloruro de potasio es un compuesto que es muy soluble en agua. ¿Qué les sucederá a las partículas de cloruro de potasio si se revuelve una cucharada de cloruro de potasio en un vaso de precipitados con agua?

_____

_____

_____

_____

_____

_____

_____

5. Explicar ¿Qué les sucede a las moléculas de agua a medida que calientas el agua en un sartén?

A. Las moléculas se expanden.

B. Las moléculas se mueven más rápido.

C. Las moléculas se acercan más.

D. Las moléculas se rompen y se separan en átomos.

6. Interpretar Estos cilindros son herramientas que se usan para medir sustancias. ¿Qué propiedad de los líquidos miden?

A. color

B. masa

C. índice de reflexión

D. volumen

7. Diferenciar ¿En qué se diferencian la medición de una propiedad y una observación que no es una medición?

_____

_____

_____

_____

_____

Pregunta esencial *¿Cómo describes las propiedades de la materia?*

Muestra lo que aprendiste

Tanto la harina como el bicarbonato de sodio son polvos blancos con partículas muy pequeñas. ¿Qué prueba puedes usar para saber si una muestra es harina o bicarbonato de sodio?

_____

_____

_____

_____

_____

_____

_____

Lee esta situación y responde las preguntas 1 a 5.

A un científico de un laboratorio de manufactura le dieron una sustancia para identificar. Se sabía que la sustancia era uno de cuatro posibles químicos. La tabla muestra algunas propiedades de cuatro sustancias posibles. El equipo para la investigación incluía vasos de precipitados, agua, vinagre, una lupa y un medidor de conductividad.

Propiedades de sustancias				
Propiedad	**carbonato de calcio**	**sulfato de calcio**	**bicarbonato de sodio**	**fructosa**
Solubilidad en agua	no soluble	no soluble	soluble	soluble
Color	blanco	blanco	blanco	blanco
Aspecto de la partícula	polvo	cristales	polvo	cristales
Formación de burbujas en vinagre	sí	no	sí	no
Solución conductora	No forma solución.	No forma solución.	sí	no

1. **Evaluar** La tabla muestra las pruebas y los resultados del científico. Alguien del laboratorio sugirió que sería importante observar el color de la sustancia. Explica por qué el color sería o no una observación útil en esta investigación.

   _____

   _____

   _____

2. **Evaluar** El científico observó una sustancia desconocida usando una lupa. Estaba hecha de cristales. ¿A qué conclusión se podría llegar basándose en esta observación?

   A. La sustancia es carbonato de calcio.

   B. La sustancia no es fructosa.

   C. La sustancia podría ser bicarbonato de sodio.

   D. La sustancia puede ser fructosa o sulfato de calcio.

3. **Reunir datos** Si el científico piensa que la sustancia puede ser bicarbonato de sodio o fructosa, ¿qué prueba se podría usar para decidir cuál es?

   A. Disolver la sustancia en agua.

   B. Observar el color de la sustancia.

   C. Medir la conductividad de una solución de la sustancia.

   D. Observar la sustancia con la lupa para ver si tiene una forma de cristal.

4. **Planear una investigación** El científico consideró empezar con pruebas que pudieran identificar la sustancia en un paso. ¿Podría alguna de las pruebas hacer una identificación en una sola prueba? De ser así, identifica cuál o cuáles sustancias podrían ser identificadas con esa prueba.

_____

_____

_____

_____

5. **Evaluar** El científico anotó estas observaciones.

Propiedad	Observación
Solubilidad en agua	soluble
Color	blanco
Aspecto de la partícula	polvo
Formación de burbujas en vinagre	sí
Solución conductora	sí

¿Cuál era la sustancia desconocida?

   A. carbonato de calcio

   B. sulfato de calcio

   C. bicarbonato de sodio

   D. fructosa

tú Demuestras Lab

¿Cómo sabes lo que es?

Cuando los científicos analizan sustancias, hacen observaciones. Luego comparan la sustancia con una sustancia cuyas propiedades se conozcan. ¿Cómo puedes identificar materiales desconocidos al comparar resultados de pruebas con propiedades que se conozcan?

Procedimiento

1. ¿Qué pruebas harás para identificar las sustancias desconocidas? Debes usar al menos dos pruebas diferentes.

_____

_____

_____

_____

_____

2. Escribe un procedimiento para las pruebas de las sustancias desconocidas. Usa todos los materiales de la lista. Muestra tu procedimiento a tu maestro antes de empezar.

_____

_____

_____

_____

_____

Materiales
- lentes de seguridad
- 2 vasos de plástico
- 2 sustancias desconocidas
- lupa
- agua
- imán
- cuchara
- medidor de conductividad

 No te lleves los materiales a la boca.

 Usa lentes de seguridad.

Práctica de ciencias

Los científicos hacen observaciones para responder preguntas.

3. Anota tus datos.

Sustancia	Apariencia	Magnético	Soluble	Conductor
sal	cristales blancos	no	sí	sí
azúcar	cristales blancos	no	sí	no
limaduras de hierro	pedazos oscuros	sí	no	no
carbón activado	pedazos oscuros	no	no	no
desconocida #1				
desconocida #2				

Analizar e interpretar datos

4. Evaluar ¿Qué propiedades de las sustancias usaste para identificar las sustancias desconocidas?

_____

_____

_____

5. Usar evidencia ¿Tu prueba pudo mostrar diferencias entre los cuatro materiales conocidos? Da evidencia para respaldar tu respuesta.

_____

_____

_____

6. Sacar conclusiones ¿Pudiste identificar las dos sustancias desconocidas? Explica tu respuesta.

_____

_____

Los cambios en la materia

Estándares de Ciencias para la Próxima Generación

5-PS1-2 Medir y representar cantidades con gráficas para aportar evidencia de que, sin importar el tipo de cambio que ocurra al calentar, enfriar o mezclar sustancias, el peso total de la materia se conserva.

5-PS1-4 Realizar una investigación para determinar si la mezcla de dos o más sustancias produce nuevas sustancias.

ASSESSMENT

VIDEO

eTEXT

INTERACTIVITY

VIRTUAL LAB

GAME

El Texto en línea está disponible en español.

Pregunta esencial

¿Qué evidencia tenemos de que la materia cambia?

Muestra lo que sabes

En cierto momento, el exterior de estos botes se veía diferente. ¿Qué crees que causó que la apariencia de estos botes cambiara?

_____

_____

_____

Encuentra la mezcla correcta, ¡y párate en ella!

¿Cómo podemos mezclar los ingredientes para hacer un modelo del camino de piedras?

Hola, soy Alicia Gómez, una científica de materiales. Imagina que una escuela está instalando un hábitat de pradera. En esta actividad de aprendizaje basada en un problema, tú deberás construir un modelo para un camino de piedras que sirva para que los estudiantes puedan observar el hábitat sin dañar las plantas.

Como lo hace un científico de materiales, deberás evaluar tu diseño y aprender diferentes combinaciones de materiales para hacerlo más eficiente. ¡Y también podrás decorar tu modelo de camino de piedras!

Sigue el camino para llevar a cabo la Misión. Las actividades de cada lección te ayudarán a completarla. Al completar cada actividad, marca tu progreso para indicar que es una **MISIÓN CUMPLIDA** ✔. Conéctate en línea para buscar más actividades de la Misión.

Misión Control 1

Lección 1

Aprende sobre los estados de la materia y sus propiedades para ayudarte a crear una lista de criterios y restricciones que guíen el desarrollo de tu modelo del camino de piedras.

Estándares de Ciencias para La Próxima Generación
5-PS1-4 Realizar una investigación para determinar si la mezcla de dos o más sustancias produce nuevas sustancias.

Misión Control: Lab 4

Lección 4

Usa lo que aprendiste sobre las mezclas
y las soluciones al revisar la fórmula del
"hormigón" para obtener el mejor
resultado. Luego construye tu modelo del
camino de piedras.

Misión Control: Lab 3

Lección 3

Busca información sobre los cambios
químicos y cómo afectan el modelo de
"hormigón" que harás.

Misión Hallazgos

Usa tu modelo para pensar en otras
características importantes de un
camino de piedras de hormigón.
Sugiere cómo cambiarías tu modelo.
Vuelve a probar tu modelo.

Misión Control 2

Lección 2

Aplica lo que aprendiste sobre
los cambios físicos de la materia
para dibujar un modelo para tu
camino de piedras.

STEM - túConectas Lab

¿Qué le pasa a la masa cuando se mezclan los objetos?

Materiales

- 10 cuentas pequeñas
- 10 cuentas medianas
- 10 cuentas grandes
- balanza y cubos de gramo

Los científicos de materiales hacen experimentos y reúnen datos para investigar cómo se mezclan las sustancias. ¿Cómo puedes investigar tú las propiedades de una mezcla de sustancias?

Procedimiento

☐ 1. ¿Qué le pasará a la masa de los tres grupos de cuentas cuando se mezclen? Escribe una predicción.

_____

_____

Práctica de ciencias

Los científicos **hacen mediciones** para producir datos durante sus investigaciones.

☐ 2. Piensa en un procedimiento para probar tu predicción sobre la masa. Usa todos los materiales de la lista. Comenta el procedimiento con tu maestro antes de empezar.

☐ 3. Haz una gráfica de barras para mostrar tus datos. Rotula las barras en el eje de las *x*. Escribe las unidades en el eje de las *y*.

Analizar e interpretar datos

4. **Usar evidencia** ¿Qué le pasa a la masa de los objetos cuando se mezclan?

_____

_____

_____

_____

_____

_____

_____

Observaciones

Cuentas	Pequeñas	Medianas	Grandes	Mezcla
Masa (g)				

Masa (g)

Tamaño de las cuentas

Usar evidencia del texto

Cuando lees con atención, estás buscando evidencia. Usa estas estrategias para ayudarte a buscar evidencia.

- Haz una primera lectura.
- Haz una lectura detallada.
- Subraya los datos importantes.

Lee el texto para descubrir cómo los científicos de materiales pueden ayudar a remover la contaminación de petróleo del medio ambiente.

 GAME

Practica lo que aprendiste con los Mini Games.

Derrames petroleros y aerogeles

Pequeñas cantidades de petróleo acaban en los arroyos y ponen en peligro el medio ambiente. Una manera de limpiar este petróleo es con los aerogeles, que son sólidos hechos de gel.

Para hacer aerogeles, los científicos de materiales quitan el líquido del gel y lo reemplazan con gas. Este proceso cambia las propiedades físicas del gel. A los aerogeles se los llama también "humo helado" porque son transparentes y son los sólidos más ligeros que existen. Algunos aerogeles son muy absorbentes. Los científicos de materiales han mezclado los aerogeles con agua y aceite de maíz para probar su capacidad para limpiar el petróleo. En una investigación, ¡el aerogel absorbió siete veces su peso en petróleo!

REVISAR LA LECTURA Usar evidencia del texto ¿Por qué crees que los aerogeles podrían usarse para limpiar los derrames de petróleo en tu comunidad? Subraya los datos importantes en el texto que apoyan tu afirmación con evidencia.

_____

_____

_____

_____

Los estados de la materia

Identificar las diferencias entre los tres estados de la materia.

5-PS1-2

Destreza de lectura
Usar evidencia del texto

Vocabulario
sólido
líquido
gas

Vocabulario académico
diferenciar

▶ **VIDEO**

Ve un video sobre los estados de la materia.

LOCAL-A-GLOBAL ▷ Conexión

Piensa en una prenda que uses cuando sales en un día caluroso. Está hecha de un material liviano que te protege de la luz solar y de las picaduras de insectos. Si estuvieras en el Polo Sur, sin embargo, te vestirías de otra manera. No hay días calurosos en el Polo Sur. La temperatura siempre es tan baja que toda el agua está congelada. Alrededor del polo hay grandes llanuras de hielo, o agua sólida. Los exploradores y los científicos que viajan cerca del Polo Sur necesitan ropa que conserve el calor.

Relacionar Explica por qué es necesario que las personas que viajan al Polo Sur usen ropa que las proteja del frío.

_____

_____

_____

túInvestigas Lab

¿Es el pegote **sólido** o **líquido**?

La mayoría de los materiales que hay a tu alrededor son claramente sólidos, líquidos o gases. ¿Pueden existir sustancias que sean difíciles de clasificar?

Procedimiento

☐ **1.** En el tazón, agrega una taza de almidón de maíz a 100 mL de agua. Mezcla las sustancias con las manos o con la cuchara de madera. Si la mezcla es fácil de revolver, agrega un poco más de almidón. Si parte del almidón queda en forma de polvo, agrega un poco más de agua. También puedes agregar un par de gotas de colorante vegetal.

☐ **2.** Cuando el almidón y el agua estén totalmente mezclados, revuelve lentamente con la cuchara. Luego, revuelve muy rápido. Anota tus observaciones.

☐ **3.** Toma parte de la mezcla con la mano. Trata de formar una bola. Sigue presionando la mezcla mientras la amasas. Luego, deja de presionar la mezcla mientras la sostienes sobre el tazón. Anota tus observaciones.

☐ **4.** ¿Qué otras investigaciones podrías hacer con la mezcla?

_____

_____

_____

_____

Materiales

- agua
- almidón de maíz
- cuchara
- tazón
- lentes de seguridad
- taza para medir
- cilindro graduado, 50 mL

Materiales recomendados

- colorante vegetal

 Usa lentes de seguridad.

 No te lleves los materiales a la boca.

Práctica de ciencias

Los científicos usan evidencia para crear explicaciones.

Observaciones

Analizar e interpretar datos

5. Clasificar ¿Puedes clasificar la mezcla como líquido o como sólido? Explica tu respuesta.

_____

_____

_____

¿Qué estados de la materia puedes ver?

Estás rodeado de distintos estados de la materia: sólidos, líquidos y gases. Estudia los distintos estados de la materia que ves en esta imagen.

Los sólidos están siempre a tu alrededor.

❗ Identifica dos sólidos que veas. Describe cómo puedes identificar que esos objetos son sólidos.

Los gases siempre están ahí, aunque a menudo no pueden verse.

❗ Identifica dos objetos que veas que interactúan con gases. Describe cómo puedes identificar los gases.

_____

_____

Los líquidos suelen estar cerca.

❗ Identifica tres líquidos que veas. Describe cómo puedes identificarlos como líquidos.

_____

_____

_____

_____

_____

_____

¿Sólido + líquido = gas?

El bicarbonato de sodio es un sólido, y el vinagre es un líquido. Tal vez ya sepas que esas dos sustancias reaccionan cuando se mezclan. En una bolsa de plástico grande con cierre hermético, mezcla una cucharada de bicarbonato de sodio con cuatro cucharadas de vinagre. Cierra la bolsa inmediatamente. ¿Qué pasa con la bolsa? ¿Cómo puedes explicar esa observación?

Sólidos

Sólido, líquido y gas son los tres estados de la materia. La mayoría de las sustancias pueden existir en cualquiera de los tres estados, según la temperatura. Un **sólido** puede identificarse porque tiene forma definida. Cuando en un vaso pones un sólido, como un cubo de hielo, este no se expande para cubrir el fondo del vaso. Un cubo de hielo es sólido y mantiene su forma en el vaso. A medida que se calienta, el cubo de hielo puede derretirse. Cuando pasa eso, deja de ser un sólido.

✓ **REVISAR LA LECTURA** **Usar evidencia del texto** El hielo es un sólido que puede tener distintas formas, como triturado, en cubos o en polvo. Explica cómo es posible. Respalda tu respuesta con evidencia del texto.

_____

_____

_____

_____

Líquidos

Cuando un cubo de hielo se derrite, forma agua, que es un líquido. Un **líquido** es una sustancia con volumen definido, pero sin forma definida. Si viertes líquido de un tazón redondo y poco profundo a un vaso largo, su forma cambia mucho. La nueva forma coincide con el interior del vaso, mientras que el volumen del líquido en el tazón y en el vaso es el mismo.

Los líquidos fluyen desde un lugar hacia otro a menos que algo los mantenga en un lugar. Por ejemplo, el agua de la cascada cae porque nada la detiene.

Reflexiona ¿Cuál de las cosas que aprendiste en esta lección te ayudó a entender algo que observaste en el pasado pero no pudiste explicar? Escribe tus ideas en tu cuaderno de ciencias.

Misión Conexión

Describe cómo el estado de la materia afecta la utilidad de los materiales usados para un camino de piedras.

_____

_____

_____

_____

_____

Gas

Todo el tiempo estás rodeado de materia. El aire que respiras es materia en forma de gas. Si mueves tu mano rápidamente, puedes sentir la materia aunque no la veas.

El **gas** es una forma de materia sin forma ni volumen definidos. Puedes **diferenciar**, o decir qué diferencias hay, entre un gas, un líquido y un sólido porque los gases siempre llenan el volumen del recipiente que los contiene. Aunque algunos gases tienen un color que puede verse, la mayoría de los gases comunes son incoloros. Puedes detectarlos por el efecto que tienen en otros objetos. Si soplas a través de un popote en un vaso de agua, puedes ver las burbujas de gas que se forman en el agua. El aire en movimiento es lo que hace que una turbina eólica gire.

Clasificar ¿Cuál es una de las características de los gases?

_____

_____

_____

Práctica de ciencias
► Herramientas

Diseñar soluciones Los ingenieros diseñan soluciones para los problemas aplicando el conocimiento científico. Supón que debes mover un bote de juguete a través de un estanque. ¿Cómo puedes usar tu conocimiento de los gases para mover el bote?

☑ Lección 1: Revisión

1. **Comparar y contrastar** Alguien deja un cubo de hielo en un frasco y lo deja sobre la mesa. El cubo de hielo se derrite. La tapa del frasco está cerrada herméticamente. El frasco está en una ventana soleada, y toda el agua líquida se convierte en gas. Describe las diferencias entre los tres estados de la materia.

_____

_____

_____

2. **Explicar** El mercurio es un metal que a veces se usa en los termómetros porque fluye con facilidad y adopta la forma del tubo del termómetro. Explica por qué es posible usar el mercurio en un termómetro, pero no otros metales.

_____

_____

Es un tema de materiales

Algunos tipos de materia pueden ser útiles para hacer un camino de piedras. Otros tipos de materia no funcionarían tan bien. Responde las siguientes preguntas para definir algunas de las propiedades que necesitarán los materiales de tu camino de piedras.

1. Para tu proyecto del camino de piedras, describe qué cosas necesitas que haga la piedra. Haz una lista con algunos de los criterios que te ayudarán a pensar qué tipo de diseño funcionaría.

_____

_____

_____

2. Identifica qué estado de la materia tiene más probabilidades de satisfacer tus criterios. ¿Todos los materiales con ese estado de la materia que identificaste satisfacen los criterios de tu diseño? Explica tu respuesta.

_____

_____

_____

_____

3. ¿Qué otras características son importantes en los materiales que usarás?

_____

_____

_____

MISIÓN CUMPLIDA ✓ 55

Los cambios físicos

Puedo...

Usar evidencia para mostrar que la materia se conserva durante un cambio físico.
Explicar cómo la temperatura puede afectar un cambio físico.

5-PS1-2

Destreza de lectura
Usar evidencia del texto

Vocabulario
cambio físico

Vocabulario académico
establecer

 VIDEO

Ve un video sobre los cambios físicos.

STEM Conexión

Cuando se construye un edificio, los ingenieros y los constructores usan distintos materiales. Los edificios modernos que tienen más de unos pocos pisos de alto suelen construirse con vigas de acero y hormigón. Estos materiales son sólidos y duraderos. Incluso si los materiales son sólidos, es posible que las personas quieran demoler un edificio. Tal vez no esté diseñado para los usos modernos. Un edificio más alto o más moderno podría ser una mejor manera de usar la tierra. Cuando un edificio se demuele utilizando maquinaria pesada, el material del que está hecho no cambia. El hormigón sigue siendo hormigón, aunque se lo rompa en pedazos muy pequeños. Las vigas siguen siendo de acero, aunque estén dobladas y deformadas. Los materiales no cambian, pero su forma sí.

Inferir ¿Cómo puedes mostrar que los materiales de construcción no cambian cuando el edificio es demolido?

_____

_____

_____

túInvestigas Lab

¿A qué propiedades afecta la temperatura?

Cuando los científicos de materiales desarrollan materiales nuevos, deben tener en cuenta cómo afecta la temperatura las propiedades de esos materiales. ¿A qué propiedades afecta la temperatura?

Materiales
- papel de aluminio
- pedazo angosto de goma
- cubos de azúcar
- lentes de seguridad
- agua
- vasos de plástico
- cuchara
- tazón grande de agua con hielo
- tazón grande de agua caliente

Procedimiento

☐ 1. Usa todos los materiales. Piensa una manera de probar cómo afecta la temperatura a la solubilidad y la flexibilidad y al brillo del material. En la tabla, identifica qué sustancia usarás para probar cada propiedad.

☐ 2. Escribe un procedimiento para probar cada propiedad. Muestra tu plan a tu maestro antes de empezar. Anota tus observaciones.

Usa lentes de seguridad.

No te lleves los materiales a la boca.

Observaciones

	Azúcar	Papel de aluminio	Goma
Propiedad probada			
Observaciones			

Práctica de ciencias

Los científicos **reúnen datos** para responder preguntas.

Analizar e interpretar datos

3. **Comparar** ¿Qué cambios físicos se vieron afectados por la diferencia de temperatura y cuáles no se vieron afectados por esa diferencia?

_____

_____

_____

_____

Cambios de forma

La materia a menudo cambia de tamaño y de forma. Un **cambio físico** es un cambio de algunas propiedades de la materia que no genera un nuevo tipo de materia. Un helado derretido, un papel cortado y un cristal roto son ejemplos de cambios físicos.

Algunos cambios físicos hacen que la materia adopte otra forma. Si dejas caer un teléfono celular, la pantalla de cristal puede romperse. El cristal sufrió un cambio físico. Algunas de sus propiedades han cambiado, pero las propiedades que hacen que sea un cristal siguen siendo las mismas. Sigue siendo duro y transparente. Todavía no reacciona si se mezcla con la mayoría de las sustancias. Cortar papel y estirar una banda elástica también son cambios físicos. Después de romper un cristal o estirar una banda elástica, sigues teniendo cristal y goma. La masa de las partes de la pantalla de teléfono rota es igual a la masa de la pantalla intacta.

Explicar ¿Cómo puedes ver que un cambio físico no forma una nueva sustancia?

_____

_____

Misión Conexión

¿Por qué usarías un material que no es probable que sufra cambios físicos para el camino de piedras?

_____

_____

_____

_____

_____

Cambios de temperatura

La temperatura de un objeto o un material es una de sus propiedades físicas. Un cambio de temperatura es un cambio físico. Un objeto frío se siente distinto al tacto que cuando está caliente. Cuando la temperatura de un objeto cambia, otras propiedades físicas pueden cambiar al mismo tiempo. Puedes **establecer**, o demostrar, este concepto con un globo. Si pones uno de estos globos inflados en el congelador, se encogerá. Eso se debe a que el volumen de aire cambia cuando cambia la temperatura del aire. Después de sacar el globo del congelador, se calentará y recuperará el tamaño original.

Las vías de tren de la foto se ven dobladas. Ese cambio de forma se produjo cuando las vías se calentaron. El metal se expandió. Algunas secciones de la vía no pudieron expandirse más porque chocaban contra otras secciones. Eso hizo que las vías se doblaran. En climas muy calurosos, las personas deben inspeccionar las vías a menudo para que no dejen de ser seguras.

Causa y efecto Las vías de metal se encogen a medida que se enfrían. ¿Por qué crees que la reducción de tamaño no hace que las vías se doblen?

_____

_____

_____

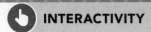

INTERACTIVITY

Completa una actividad
acerca de los cambios
físicos de los alimentos.

Práctica de ciencias
▶ **Herramientas**

Crear explicaciones
El agua se congela a los
0 °C/32 °F. A mayor
temperatura, el agua es líquida.
¿Cómo puedes usar esa
información para predecir el tipo
de precipitación que caerá en un
día determinado?

Un cambio en el estado físico

Otro cambio físico de las sustancias es el cambio del estado
físico. A medida que los líquidos se enfrían, las partículas se
desaceleran. Cuando la temperatura es lo suficientemente baja,
las partículas solo pueden vibrar en su lugar. No pueden cambiar
de lugar entre sí, por lo que el líquido se convierte en sólido. Ese
cambio se denomina congelación. Ocurre lo opuesto cuando
se calienta un sólido. A medida que sus partículas tienen más
energía, vuelven a cambiar de lugar entre sí. El sólido se derrite
para formar un líquido.

La congelación y la fusión ocurren a la misma temperatura.
Cuando un líquido se convierte en sólido, esa temperatura se
denomina punto de congelación. Se denomina punto de fusión
cuando un sólido se convierte en líquido. Cada sustancia tiene
su propio punto de fusión. El punto de fusión puede usarse para
identificar un material.

El punto de fusión del agua es 0 °C. Debajo de esa temperatura,
el agua es hielo sólido. Por encima de esa temperatura, el agua es
un líquido.

Aplicar conceptos Rotula el líquido, el sólido y el gas de las fotos.
Predice la temperatura de cada estado.

_____

_____

_____

Cambios de las partículas

La evaporación se produce cuando las partículas dejan un líquido y se convierten en gas. Las partículas se evaporan y abandonan un líquido cuando están en la superficie del líquido y se mueven hacia arriba con suficiente velocidad. Eso explica cómo se secan los charcos de lluvia y la ropa húmeda.

Si la temperatura de un líquido es lo suficientemente alta, las partículas se convierten en gas no solo en la superficie, sino en todo el líquido. A medida que las partículas de gas suben rápidamente a través de un líquido, se forman burbujas de gas debajo de la superficie del líquido. El punto de ebullición de un líquido es la temperatura a la que esto ocurre. Como en el caso del punto de fusión, cada sustancia tiene su propio punto de ebullición. El punto de ebullición puede usarse para identificar una sustancia. El punto de ebullición del agua es de 100 °C.

☑ REVISAR LA LECTURA **Usar evidencia del texto** ¿Cómo puedes usar el punto de fusión o el punto de ebullición para identificar una sustancia?

_____

_____

_____

_____

☑ Lección 2: Revisión

1. **Inferir** La fusión es un cambio físico. ¿Cómo se compara la masa del agua que forma un cubo de hielo que se derrite con la masa del cubo de hielo?

_____

_____

2. **Explicar** ¿Cómo sabes que un cambio de material es un cambio físico?

_____

_____

_____

Propiedades del camino de piedras

Para tu camino de piedras, es recomendable que uses un material que no cambie con facilidad. Dibuja un modelo del aspecto que tendrá una piedra de tu camino. Aplica lo que aprendiste acerca de los cambios físicos a medida que dibujes tu modelo. Ten en cuenta el tamaño, la forma y el estado físico de la piedra. Rotula algunas de sus propiedades.

Diseño

¡Cuidado con las rocas que vuelan!

Los meteoritos son pequeños pedazos de roca y metal que atravesaron el espacio y cayeron a la Tierra. En muchos sentidos, los meteoritos se parecen a otras rocas de la Tierra. Aun así, encontrar un pedazo de materia que atravesó el espacio puede ser emocionante. Se encontraron más de 50,000 meteoritos en la Tierra. ¡Tal vez haya uno en tu jardín, esperando que lo descubras!

Puedes usar las propiedades físicas de una roca para saber si es un meteorito. Casi todos los meteoritos están hechos principalmente de hierro y de níquel, por lo que muchas veces atraen a los imanes. También puedes observar la forma. Si la roca es redonda como una piedra lisa, no es un meteorito. A menudo, a medida que el meteorito viaja por el espacio, distintas partes se derriten o se evaporan. Eso hace que la mayoría de los meteoritos tengan forma irregular. Hasta pueden parecer quemados. Los meteoritos también son mucho más pesados que otras rocas con el mismo tamaño. Si tu roca pasa todas estas pruebas, podría ser un meteorito. Sin embargo, la única manera de estar seguro es pedir a un laboratorio que pruebe sus propiedades.

Conectar ¿Qué hace que este meteorito sea distinto de las rocas que se originaron en la Tierra?

_____

_____

Los cambios químicos

Puedo...

Usar evidencia para mostrar que la materia se conserva durante un cambio químico.

5-PS1-2, 5-PS1-4

Destreza de lectura
Usar evidencia del texto

Vocabulario
cambio químico
conservación
  de la materia
reacción química

Vocabulario académico
respaldar

 VIDEO

Ve un video sobre los cambios químicos.

STEM Conexión

Es posible hacer carbón a partir de materiales como restos de comida y pasto cortado. Los científicos de materiales pueden determinar qué cantidad de cada material hay que usar. Los ingenieros en manufactura convierten esa materia en carbón, agua y otros líquidos y gases. Ponen la materia en un gran recipiente metálico y la calientan. Después de aproximadamente 2–3 horas, se forma el carbón.

Describir Explica cómo cambia la materia cuando los ingenieros fabrican carbón.

_____

_____

Nuevas sustancias

Si tomas un pedazo de carbón y lo rompes, los pedazos más pequeños siguen siendo carbón. Sin embargo, si quemas el carbón pasa algo distinto. Quemar algo es un ejemplo de un cambio químico. Un **cambio químico** es un cambio que produce una o más sustancias nuevas. Cuando el carbón se quema, se produce un cambio por el cual el carbón y el oxígeno forman nuevas sustancias. Esas nuevas sustancias son cenizas y gases que no puedes ver.

LABORATORIO PRÁCTICO

5-PS1-2, SEP.5

¿Cómo puedes identificar cambios químicos?

Los científicos de materiales hacen investigaciones para obtener evidencia de que su producto hace lo que debería. ¿Qué evidencia puedes buscar para mostrar que se produjo un cambio químico cuando se mezclan las sustancias?

Procedimiento

☐ **1.** Escribe una hipótesis sobre el cambio químico que se produce cuando se mezclan sustancias.

_____

_____

☐ **2.** Elige al menos un líquido y un material seco. Escribe un procedimiento para poner a prueba tu hipótesis acerca del cambio químico. Recuerda pensar en las variables. Muestra tu procedimiento a tu maestro antes de empezar.

☐ **3.** Anota tus observaciones.

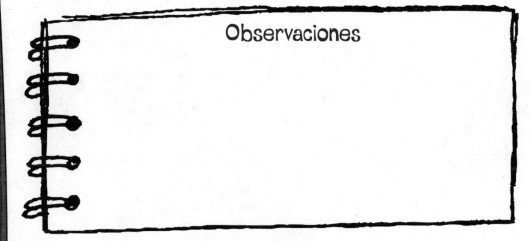

Observaciones

Analizar e interpretar datos

4. Usar evidencia ¿Cómo respaldan la hipótesis tus datos?

_____

_____

Materiales

- lentes de seguridad
- vasos de plástico
- cucharas
- cilindro graduado, 50 mL

Materiales recomendados

Materiales secos
- azúcar
- bicarbonato de sodio
- sal

Materiales húmedos
- vinagre
- agua
- jugo de limón

 Usa lentes de seguridad.

 No te lleves los materiales a la boca.

Práctica de ciencias

Los científicos **reúnen datos** cuando investigan una pregunta científica.

Veamos qué cambios se producen en otro ejemplo conocido: cuando horneamos un pastel.

☑ REVISAR LA LECTURA **Usar evidencia del texto** Encierra en un círculo la evidencia que muestra que hornear un pastel implica un cambio químico.

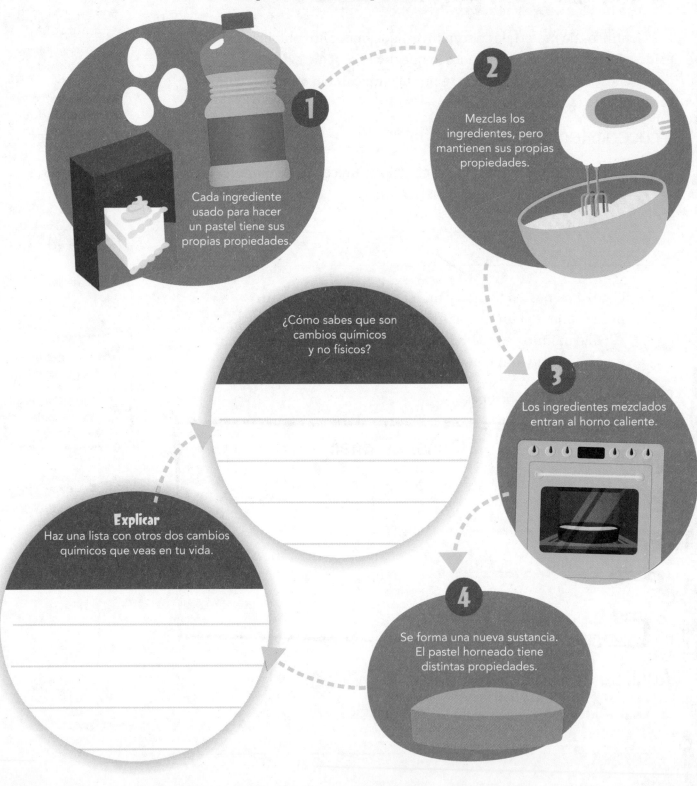

1 Cada ingrediente usado para hacer un pastel tiene sus propias propiedades.

2 Mezclas los ingredientes, pero mantienen sus propias propiedades.

¿Cómo sabes que son cambios químicos y no físicos?

3 Los ingredientes mezclados entran al horno caliente.

Explicar
Haz una lista con otros dos cambios químicos que veas en tu vida.

4 Se forma una nueva sustancia. El pastel horneado tiene distintas propiedades.

Las partículas y los cambios químicos

Cuando se produce un cambio químico, las partículas que forman las sustancias originales se reordenan para formar nuevas sustancias. No siempre es fácil saber si una sustancia cambió químicamente. Algunas evidencias de un cambio químico pueden ser la liberación de calor o luz, un cambio de color, un nuevo olor, burbujas de gas o la formación de un sólido.

Puedes usar bloques para construir para representar un cambio químico. En la imagen, cada bloque representa una partícula de materia. Se conectan para formar nuevas sustancias. Puedes conectarlos de otras maneras para formar otras sustancias.

Matemáticas
▶Herramientas

Usar modelos Los modelos pueden ayudarte a representar pensamientos o ideas. ¿Cómo puedes usar los bloques de la imagen para explicar la idea de que las partículas se reordenan cuando forman nuevas sustancias?

¡Represéntalo!

Los bloques están armados para mostrar dos sustancias distintas. Dibuja cómo podrías reordenar los bloques para formar otras dos sustancias. Usa los seis bloques.

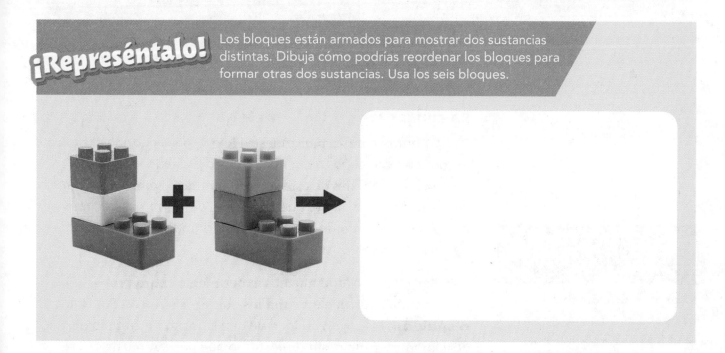

Al igual que los bloques para construir, las partículas que forman la materia se reordenan durante un cambio químico. En el siguiente ejemplo, cada círculo representa un tipo de partícula distinto en dos sustancias. Después de que se produce un cambio químico, las mismas partículas están en dos sustancias nuevas, pero están organizadas de otra manera.

sustancias originales   nuevas sustancias

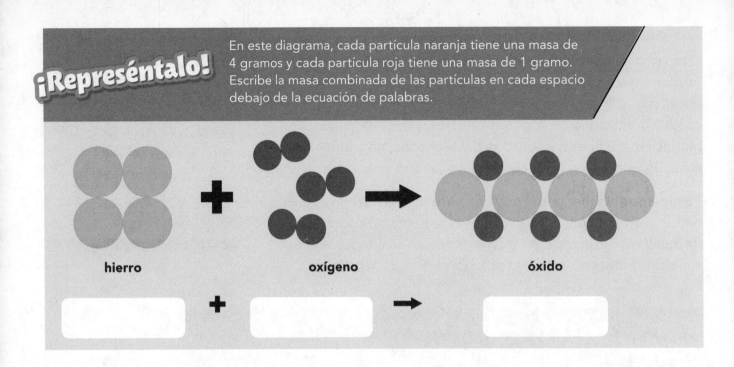

En este diagrama, cada partícula naranja tiene una masa de 4 gramos y cada partícula roja tiene una masa de 1 gramo. Escribe la masa combinada de las partículas en cada espacio debajo de la ecuación de palabras.

hierro   +   oxígeno   →   óxido

La conservación de la materia

El diagrama de partículas muestra lo que pasa cuando el hierro se combina con el gas oxígeno. El hierro y el oxígeno son las sustancias originales de este cambio químico. La nueva sustancia que se forma es el óxido. Puedes usar el diagrama para comparar la masa combinada de las sustancias originales con la masa de la nueva sustancia.

Los científicos hicieron muchos experimentos para probar si la masa cambia durante los cambios químicos o físicos. Sus datos **respaldan**, o apoyan, la idea de que la masa no cambia después de cualquier cambio, sin importar lo que pase. A partir de esa evidencia, los científicos desarrollaron la ley de **conservación de la materia**. La ley plantea que en cualquier cambio químico o físico, la masa total de la materia no cambia.

En un cambio químico, todas las partículas que forman las sustancias originales terminan en las nuevas sustancias. Entonces, la masa combinada de las sustancias antes de un cambio químico es igual a la masa combinada de las sustancias después del cambio químico.

Lectura
▶Herramientas

Usar evidencia del texto

Los científicos usan evidencia para respaldar una afirmación. Puedes observar el óxido en un clavo. La nueva sustancia, óxido, es la evidencia de un cambio químico. Lee acerca de la ley de conservación de la materia en estas páginas. Busca evidencia y úsala para respaldar lo que afirma la ley.

Mira los clavos. Los clavos nuevos brillantes están hechos de hierro. Con el tiempo, los clavos pueden oxidarse. La oxidación es un proceso químico. Es un cambio que se produce cuando el hierro de la superficie del clavo se combina con el oxígeno del aire para formar óxido.

Cuando observas que una o más sustancias se convierten en una o más sustancias nuevas, observas una **reacción química**. Los clavos se oxidan a causa de una reacción química. El hierro de los clavos y el oxígeno del aire reaccionan para formar óxido.

✓ REVISAR LA LECTURA **Usar evidencia del texto** Si midieras la masa de los clavos antes y después de que se oxiden, ¿sería la misma masa? Explica tu razonamiento.

_____

_____

_____

_____

_____

_____

INTERACTIVITY

Completa una actividad acerca de los cambios químicos.

Misión Conexión

Usa la ley de conservación de la materia para explicar qué crees que pasará con las sustancias que mezclarás para hacer masa para modelar.

_____

_____

_____

_____

¿Se conserva la materia?

Lee la información de cada paso para ver qué pasa durante una reacción química. Escribe una ecuación matemática que represente cómo se comparan las masas de las sustancias originales y de la nueva sustancia.

1

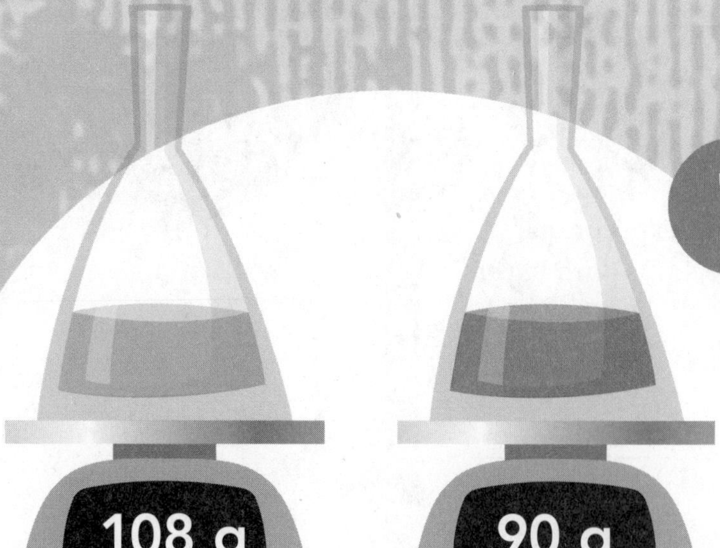

Cada frasco tiene una sustancia distinta. Lee la masa en las balanzas. La masa que muestra cada balanza es la masa de la sustancia. La masa del frasco no está incluida.

108 g

Masa de la sustancia A

90 g

Masa de la sustancia B

**Dos nuevas
sustancias**

El color de la sustancia
líquida es distinto de los
colores de las sustancias
A y B. También puede verse
una nueva sustancia sólida.
Estas observaciones
ofrecen evidencia de un
cambio químico.

3

?

Escribe la masa total de las dos
sustancias nuevas. (No tengas
en cuenta la masa del vaso
de precipitados). Pista: Usa la
información del paso 1.

_____

2

**Las sustancias A
y B se mezclan.**

Cuando las sustancias A
y B se vierten juntas, se
mezclan.

La masa y el crecimiento de las plantas

También se producen cambios químicos en los seres vivos. ¡Prueba esto! Pon una toalla de papel húmeda en una bolsa con cierre hermético. Pon una semilla en la toalla y cierra la bolsa. Mide la masa de la bolsa. Espera hasta que la semilla germine y la planta tenga algunas hojas. Vuelve a medir la masa. Verás que la masa no cambió. La masa de la planta aumenta a medida que crece porque usa la materia del agua y el aire que hay dentro de la bolsa. El agua y el aire pierden masa a medida que la planta crece.

Ejemplos de cambios químicos

En la cocina se producen cambios químicos todo el tiempo. Puede producirse un cambio químico cuando un chef hace queso fresco. Para hacer queso fresco, el chef agrega jugo de limón a la leche entera. Una vez que se mezclan esos dos ingredientes líquidos, empiezan a formarse partes sólidas. Esas partes sólidas, que se conocen como cuajadas, son los pedazos del queso fresco. Se forman por un cambio químico. Para preparar el queso y que se pueda comer, el chef separa la cuajada del líquido.

Se fabrican distintos tipos de queso a partir de las cuajadas. Por ejemplo, para hacer quesos suaves y fibrosos, como el mozzarella, las cuajadas se amasan. Muchos quesos están "estacionados". Durante el estacionado, que puede durar meses, las bacterias del queso lo cambian químicamente. El gouda es un ejemplo de un queso estacionado.

Escríbelo Lee el párrafo anterior con atención. Identifica la idea principal. En tu cuaderno de ciencias, explica cómo el autor usa los detalles clave para respaldar la idea principal.

Tal vez hayas advertido otro cambio químico. Con el tiempo, algunas monedas de 1¢ pasan de tener el color del cobre a ser verdes. Ese cambio de color se produce por un cambio químico. El cobre de la moneda se combina con el oxígeno del aire para formar una sustancia verde. La sustancia verde es óxido de cobre.

Identificar ¿De qué dos sustancias está hecho el óxido de cobre?

_____ ✚ _____ ➡ **óxido de cobre**

Explicar ¿Crees que la moneda vieja tendrá la misma masa que una moneda nueva? Explica tu razonamiento.

_____

_____

_____

_____

☑ Lección 3: Revisión

Kolab anotó las propiedades de dos sustancias líquidas, A y B. Luego las mezcló en un vaso de precipitados, y los líquidos cambiaron de color. Anotó las propiedades de las sustancias mezcladas.

Sustancia	Color	Olor	Masa
A	incolora	ninguno	3.6 gramos
B	incolora	desagradable	2.1 gramos
A + B	amarilla	ninguno	?

1. ☑ **REVISAR LA LECTURA** **Usar evidencia del texto** ¿Es este un cambio químico? ¿Cómo lo sabes?

_____

_____

2. **Analizar** Escribe la masa de la mezcla de las sustancias A y B. ¿Cómo puede usarse esa masa como evidencia de la conservación de la materia?

_____

_____

¿Cómo puedes hacer masa para modelar?

Es hora de hacer la pasta que usarás para construir el modelo de tu camino de piedras. Mira la lista de materiales recomendados y decide qué materiales utilizarás, y en qué cantidades. ¿Cómo afectará a la masa el uso de distintas cantidades de materiales?

Materiales

- tazón
- bolsas con cierre hermético
- balanza y pesas
- cuchara
- guantes de plástico

Materiales recomendados

- agua
- harina
- aceite de cocina
- sal
- arena
- purpurina
- colorante vegetal

 No te lleves los materiales a la boca.

 Usa guantes de plástico.

Diseñar el modelo

☐ **1.** Haz una lista de los criterios que debe cumplir tu camino de piedras.

_____

_____

_____

Práctica de ingeniería

Los ingenieros desarrollan modelos para probar si un diseño cumple con criterios específicos.

Mi fórmula

_____

_____

_____

_____

_____

_____

_____

☐ **2.** Elige tus materiales y anótalos en la tarjeta de fórmulas.

☐ **3.** Haz dos fórmulas distintas cambiando las cantidades de materiales.

☐ **4.** Mide cada material y anota la cantidad en la tarjeta.

☐ **5.** Muestra la tarjeta de fórmulas a tu maestro antes de empezar.

☐ **6.** Prepara las distintas fórmulas.

☐ **7.** ¿Cómo puedes probar qué formula cumple mejor con tus criterios?

Evaluar el modelo

8. Usar evidencia ¿Muestran tus resultados si se produjo un cambio químico? Respalda tu respuesta con evidencia.

_____

_____

_____

_____

9. Evaluar ¿Qué fórmula cumple con tus criterios del modelo del camino de piedras? Respalda tu respuesta con evidencia.

_____

_____

_____

_____

10. Usar modelos ¿Cómo se compara tu masa para modelar con el hormigón que se usa para hacer caminos de piedra?

_____

_____

_____

_____

tú, Ingeniero ⟩ Definir ⟩ STEM

Espuma, dulce espuma

La mayoría de las tablas de surf están hechas de espuma. Comúnmente estas tablas están hechas de espuma de poliuretano porque es un material muy ligero que flota fácilmente en el agua. También es muy fuerte. Otras tablas de surf están hechas de espuma de poliestireno. Esta espuma es más ligera que el poliuretano, pero no es tan fuerte. Además, algunas espumas de poliestireno pueden absorber agua. Eso, por supuesto, ¡no es lo más deseable en un producto diseñado para flotar!

Recientemente, un grupo de químicos e ingenieros diseñaron un nuevo tipo de espuma para las tablas de surf. Esta espuma no es solamente más ligera que cualquier otra, sino que también dura más tiempo y flota mejor.

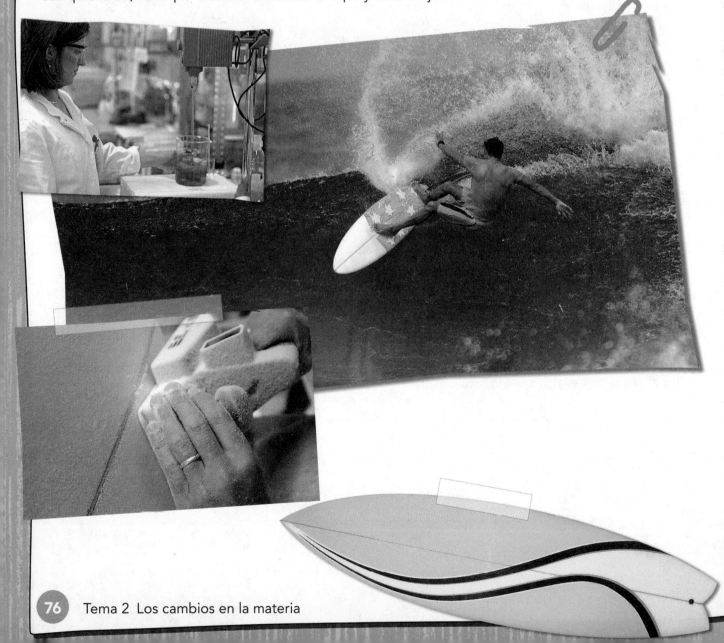

Defínelo

Para elaborar las espumas se usan una serie de cambios químicos y físicos. Las espumas se utilizan en el diseño de muchos productos como automóviles, cascos, cojines y recipientes para comida. Hay muchos tipos de espumas y todas tienen diferentes propiedades. Supón que trabajas para una compañía que construye juegos para áreas infantiles en los parques. La compañía quiere construir un nuevo juego para niños pequeños.

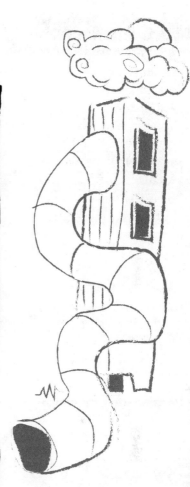

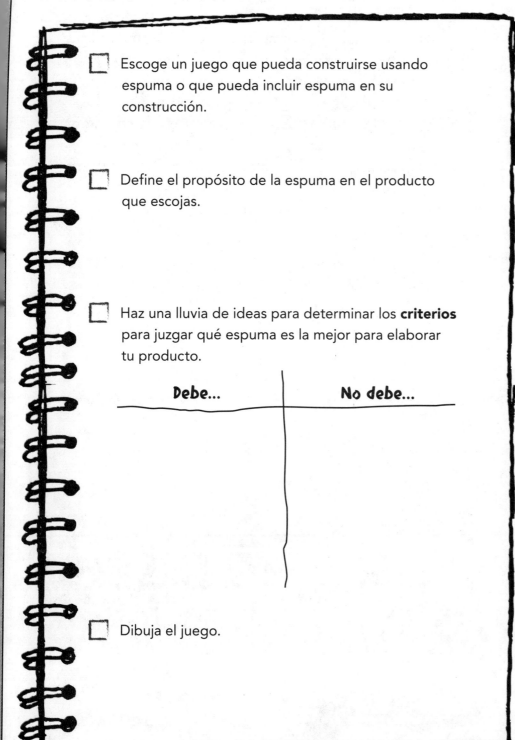

- ☐ Escoge un juego que pueda construirse usando espuma o que pueda incluir espuma en su construcción.

- ☐ Define el propósito de la espuma en el producto que escojas.

- ☐ Haz una lluvia de ideas para determinar los **criterios** para juzgar qué espuma es la mejor para elaborar tu producto.

Debe...	No debe...

- ☐ Dibuja el juego.

Las mezclas y las soluciones

Puedo...

Explicar qué pasa cuando se mezclan distintas sustancias.

Explicar cómo retardar o acelerar el proceso de disolución cuando se mezclan materiales en agua.

Demostrar que es posible separar mezclas de sólidos.

5-PS1-2, 5-PS1-4

Destreza de lectura
Usar evidencia del texto

Vocabulario
mezcla
solución

Vocabulario académico
componente

▶ VIDEO

Ve un video sobre las mezclas y las soluciones.

CURRÍCULO Conexión

Si miras una pintura al óleo a la distancia, puede parecerte que hay grandes partes con el mismo color. En la mayoría de las pinturas, las cosas cambian si te acercas. Hay muchos colores distintos lado a lado, a menudo organizados como pequeñas manchas de color. ¿Cómo tienen tantos colores para trabajar los artistas? ¿Tienen que comprar cientos de colores y matices para poder tener siempre el que necesitan? No, los artistas empiezan con unos pocos colores básicos de pintura. Luego, los mezclan para lograr el color exacto para un lugar específico del lienzo. Combinando esos colores básicos en distintos grupos y en distintas cantidades, el artista puede formar cualquier color que puedas imaginar.

Aplicar La mayoría de los paquetes de colorante vegetal incluyen solo cuatro colores. ¿Cómo puedes formar distintos colores de glaseado para un pastel?

_____

_____

LABORATORIO PRÁCTICO

5-PS1-4, SEP.3

¿Cómo puedes s p r r una mezcla?

Conocer las propiedades físicas de la materia ayuda a los científicos a separar sustancias individuales de un material. ¿Cómo puedes usar las propiedades físicas para separar las partes de la mezcla misteriosa?

Materiales
- mezcla
- vasos de plástico
- agua
- tamiz
- imán en una bolsa de plástico con cierre hermético
- lentes de seguridad
- cuchara

Procedimiento

☐ **1.** Observa la mezcla. ¿Qué partes de la mezcla puedes identificar?

_____

_____

_____

 Usa lentes de seguridad.

 No te lleves los materiales a la boca.

☐ **2.** Diseña un plan para separar los componentes. Usa todos los materiales. Muestra tu procedimiento a tu maestro antes de empezar.

☐ **3.** Separa los componentes de la mezcla y anota tus observaciones.

Práctica de ciencias

Los científicos **realizan investigaciones** para aportar evidencia.

Analizar e interpretar datos

4. Usar instrumentos ¿Cómo te ayudó el imán a separar los componentes de la mezcla?

_____

_____

_____

_____

_____

_____

_____

Observaciones

¡Represéntalo!

Mira los objetos de las imágenes. Dibuja los materiales que forman cada mezcla.

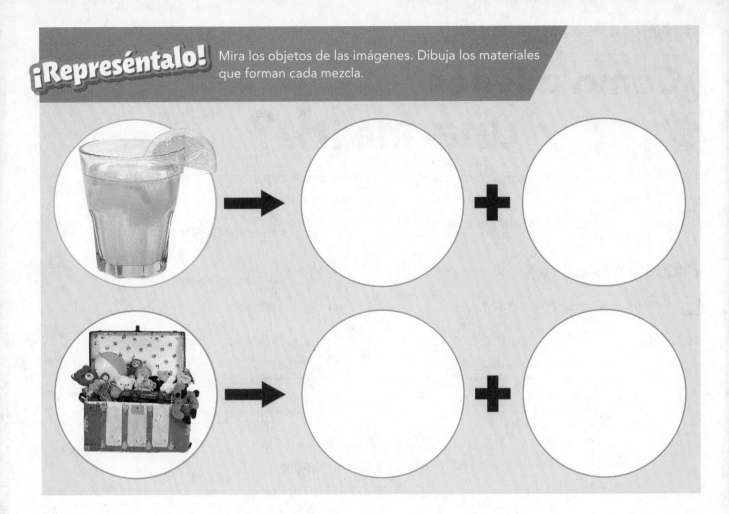

Mezclas

Si mezclas cacahuates y pasas, cada sustancia mantiene sus propias propiedades. En una **mezcla**, distintos materiales se ponen juntos, pero cada material mantiene sus propiedades. En la mezcla de cacahuates y pasas, puedes separar los dos materiales con facilidad. Las distintas partes de una mezcla pueden separarse de las demás partes. Cuando se mezclan arena y bloques, puedes separar los bloques de la mezcla tomándolos. También podrías usar un colador para separar las partes.

Algunas mezclas no pueden separarse tan fácilmente como los cacahuates y las pasas. Por ejemplo, el mineral de hierro es una roca que es una mezcla de distintas sustancias. Una de esas sustancias es el hierro. Existen grandes fábricas que separan el hierro de los demás **componentes**, o partes, de la mezcla. Para hacerlo, usan grandes cantidades de energía para convertir el hierro en líquido y separarlo de los demás componentes.

Soluciones

Si pones sal en el agua, la sal y el agua forman una mezcla. Sin embargo, aparentemente, la sal desaparece. Eso se debe a que el agua salada es una solución. Una **solución** es una mezcla en la que las sustancias se distribuyen de manera pareja y no bajan hasta el fondo del recipiente. La sustancia que se disuelve en una solución se denomina soluto. La sustancia en la que se disuelve el soluto se llama solvente. Cuando la sal se disuelve en el agua, las partículas de sal individuales se separan del sólido y se distribuyen de manera pareja en el agua. El agua del océano es un ejemplo conocido de una solución de sal y agua. El agua tiene gusto salado porque hay sal disuelta en el agua. Puedes hacer que un sólido se disuelva más rápido en un líquido revolviendo o calentando la solución. Triturar un sólido en partes más pequeñas también ayuda a que se disuelva más rápido.

No todas las soluciones se hacen disolviendo un sólido en un líquido. Dos líquidos pueden formar una solución. Por ejemplo, el aceite vegetal que se usa para cocinar puede ser una solución de aceite de soja y aceite de girasol. Un gas también puede disolverse en un líquido. Por ejemplo, el agua puede contener oxígeno y dióxido de carbono disueltos.

☑ **REVISAR LA LECTURA** **Usar evidencia del texto** Encierra en un círculo las palabras o frases de esta página que respalden la explicación de cómo cambiar la velocidad del proceso de disolución.

Misión Conexión

Cuando hagas tu camino de piedras, podrías incluir piedritas o arena gruesa como componente. ¿Cómo podrías saber si esos materiales son parte de una mezcla o de una solución?

_____

_____

_____

¿Cuándo es una mezcla también una solución?

Algunas mezclas tienen partes que pueden separarse con facilidad.

Dibuja las partes que forman la mezcla.

INTERACTIVITY

Completa una actividad acerca de las mezclas y las soluciones.

En una solución, las partes se mezclan de manera pareja y no pueden separarse con facilidad.

Dibuja las partes que forman la solución.

Separar soluciones

Los componentes de una solución conservan sus propiedades, pero a menudo no pueden separarse con tanta facilidad como otras mezclas. Eso se debe a que los componentes de una solución están mezclados de forma pareja. No puedes sacar partes de un material de la mezcla. No puedes sacar un componente sólido con un filtro de papel. Las partículas están distribuidas y son parte del líquido. Sin embargo, es posible separar las partes de una solución. Para separar las partes de una solución, se usan las propiedades físicas de las sustancias que hay en la solución.

¡Planéalo! ¿Cómo puedes separar la sal y el agua de una solución de agua salada? Identifica las propiedades que podrías usar. Luego, escribe un plan para separar los materiales.

_____

_____

_____

_____

_____

_____

_____

_____

Mezclas y soluciones

Recuerda que todas las soluciones son mezclas, pero no todas las mezclas son soluciones. Puedes ver la diferencia si observas la mezcla con atención. Una solución es igual en todas sus partes. Por ejemplo, el jugo de manzana transparente es una solución. Todas las muestras del jugo son exactamente iguales, y no hay partículas separadas en la mezcla. El jugo de naranja recién exprimido no es una solución. Puedes ver pedazos de naranja en la mezcla. Si pasas el jugo por un filtro de papel antes de verterlo en un vaso, se separa. En el vaso habrá un líquido transparente, y el filtro tendrá la pulpa de naranja sólida. No puedes separar una solución filtrándola. Para separar una solución, tienes que causar un cambio físico en uno o más de sus componentes.

Inferir Si separas el jugo de naranja filtrándolo, ¿el líquido del vaso es una solución? ¿Por qué?

_____

_____

Explícalo Las mezclas y las soluciones son importantes para la vida diaria de las personas. En tu cuaderno de ciencias, identifica mezclas o soluciones que uses todos los días. ¿Por qué son importantes para ti?

☑ Lección 4: Revisión

1. **☑ REVISAR LA LECTURA** **Usar evidencia del texto** El azúcar está formado por finos cristales blancos. La sal también. Una mezcla de sal y azúcar está formada por finos cristales blancos. Si se mezclan bien, ¿forman el azúcar y la sal una solución? ¿Cómo lo sabes?

_____

_____

2. **Explicar** ¿Puede una solución tener más de dos componentes? Explica tu respuesta.

_____

_____

Misión Control Lab

¿Cómo puedes hacer una fórmula **nueva** y **mejorada**?

Analiza qué tan bien cumple con los criterios y las restricciones de tu problema de ingeniería tu modelo del camino de piedras. ¿Cómo afecta al modelo usar distintos materiales o distintas cantidades de materiales?

Materiales
- tazón
- bolsas con cierre hermético
- balanza y pesas
- cuchara
- guantes de plástico

Materiales recomendados
- agua
- harina
- aceite de cocina
- sal
- arena
- purpurina
- colorante vegetal
- piedritas
- alambre de cobre

Diseñar el modelo

☐ **1.** Escribe cualquier criterio que tu modelo no haya cumplido.

_____

_____

☐ **2.** Elige tus materiales y haz una lista con ellos en la tarjeta de la fórmula.

 No te lleves los materiales a la boca.

 Usa guantes de plástico.

Práctica de ingeniería

Los ingenieros rediseñan una solución después de hacer pruebas para buscar una solución que cumpla criterios específicos.

Mi nueva fórmula

_____

_____

_____

_____

_____

_____

☐ **3.** Escribe una nueva fórmula cambiando los materiales o las cantidades que usarás en el modelo. Mide cada material y anota la cantidad en la tarjeta.

☐ **4.** Muestra la tarjeta con la fórmula a tu maestro antes de empezar.

☐ **5.** Prepara la nueva fórmula.

Evaluar el modelo

6. Probar Decide cómo pondrás a prueba tu nuevo modelo para determinar si cumple mejor con los criterios y las limitaciones. Escribe tu prueba.

_____

_____

_____

_____

7. Evaluar ¿Mejoró el modelo con tu nueva fórmula? Respalda tu respuesta con evidencia.

_____

_____

_____

_____

8. Usar modelos ¿Cómo se compara tu nuevo modelo con el hormigón que se usa para hacer caminos de piedras?

_____

_____

_____

_____

_____

INTERACTIVITY

Organiza los datos para apoyar tus hallazgos de la Misión.

STEM

Encuentra la mezcla correcta, ¡y párate en ella!

¿Cómo podemos mezclar los ingredientes para hacer un modelo del camino de piedras?

Identificar factores y volver a probar

Cuando hiciste masa para modelar, proporcionaste los criterios. Discute con un grupo si tu modelo del camino de piedras cumple los criterios que decidiste.

Comenta cómo cambiarías tu modelo para mejorarlo. Escribe el procedimiento para probar el modelo mejorado. Vuelve a probar tu modelo.

Procedimiento para volver a probar

_____

_____

_____

_____

Crear explicaciones

¿Mejoró tu modelo con el cambio que hiciste? ¿Cómo lo sabes?

_____

_____

_____

¿Crees que si hicieras el mismo cambio al camino de piedras de hormigón obtendrías un producto mejor? ¿Por qué?

_____

_____

Científico de materiales

Los científicos de materiales desarrollan muchos de los productos que usamos. Estos científicos desarrollan nuevos materiales y encuentran maneras de mejorar los que ya existen. Ellos evalúan maneras en las que los productos pueden ser mejores, más ligeros o más fuertes. Por ejemplo, un científico de materiales podría desarrollar un casco que sea ligero y resistente. Muchos de los materiales usados para construir bicicletas o patinetas fueron desarrollados por científicos de materiales para mejorar la capacidad de moverse rápido y resistir los rigores del uso.

Los científicos de materiales suelen trabajar en laboratorios. Identifican las necesidades, evalúan los problemas y piensan en las soluciones posibles. Diseñan productos, prueban prototipos e identifican las mejoras que se deben hacer. También se comunican con otros científicos al desarrollar su trabajo.

> 🔖 **Reflexiona** En tu cuaderno de ciencias, describe de qué manera actuaste como científico de materiales en el desarrollo de tu modelo.

☑ Evaluación

1. Diferenciar ¿En qué se diferencia un sólido de un líquido? ¿En qué se diferencian un sólido y un líquido de un gas??

_____

_____

_____

_____

_____

_____

_____

_____

_____

_____

2. Vocabulario ¿Qué proceso es un ejemplo de un cambio químico?

A. El pan se tostó.

B. El aceite empapa una camisa.

C. Una niña hace una burbuja de jabón.

D. El colorante rojo se disuelve en agua.

3. Resumir ¿Qué les sucede a las partículas de las sustancias cuando ocurre un cambio químico?

_____

_____

_____

4. Describir ¿Qué enunciado describe algo que solamente ocurre durante un cambio físico?

A. Se forman nuevas sustancias.

B. Las propiedades químicas cambian.

C. Las sustancias ganan o pierden masa.

D. Las propiedades de las sustancias permanecen iguales.

5. Explicar ¿Qué enunciado describe lo que sucede cuando el azúcar se disuelve en agua?

A. Las partículas de azúcar se adhieren a las partículas de agua.

B. Se forma una nueva sustancia con nuevas propiedades.

C. Las partículas de azúcar se convierten en otro tipo de partículas.

D. Las partículas de ambas sustancias se distribuyen de manera pareja.

6. Interpretar ¿Qué fotografía muestra evidencia de un cambio físico y un cambio químico?

A.

B.

C.

D.

7. Describir ¿Cómo sabes que un cambio químico ha ocurrido?

_____

_____

_____

_____

_____

_____

_____

_____

_____

Pregunta esencial ¿Qué evidencia tenemos de que la materia cambia?

Muestra lo que aprendiste

Varios cambios ocurrieron cuando mezclaste los ingredientes para hacer la masa para modelar. De acuerdo con la evidencia que viste, ¿qué clase de cambios se llevaron a cabo?

_____

_____

_____

_____

_____

_____

_____

Lee esta situación y responde las preguntas 1 a 5.

Una joven científica encontró 2 litros de una solución de líquido blanco en un frasco de vidrio que no estaba rotulado. Quiso saber cuáles eran algunas de las propiedades de la sustancia. Entonces, la sometió a pruebas. Sus resultados están en la tabla.

Propiedad de la sustancia misteriosa	Observación
Color	blanco
Olor	levemente dulce
Punto de ebullición	100.5 °C
Reacción con un ácido	La solución se separó en un líquido transparente y materia blanca sólida, se produjo un olor agrio.

1. **Usar las matemáticas** La científica añadió 0.5 gramos de un sólido a 2 gramos del líquido. ¿Puedes predecir el peso total de las sustancias luego de ser mezcladas? Explica tu respuesta y, si es posible, indica el peso.

_____

_____

_____

_____

2. **Causa y efecto** ¿Qué conclusión puedes sacar acerca de lo que ocurrió con la solución cuando se la mezcló con un ácido?

A. La solución se separó solo gracias a un cambio físico.

B. La solución se descompuso en sus partículas más pequeñas.

C. La solución se convirtió en nuevas sustancias por un cambio químico.

D. La solución atravesó un cambio físico.

3. **Reunir datos** ¿Qué evidencia apoya tu respuesta a la pregunta 2?

   A. El líquido queda solo cuando se descompone la materia.

   B. Se observaron nuevas sustancias con nuevas propiedades.

   C. El olor agrio es evidencia de productos de desecho.

   D. Parte de la solución líquida cambió al estado sólido.

4. **Causa y efecto** La científica notó que salía un gas de la solución mientras esta hervía. Al terminar, notó que la masa era menor que al principio. ¿Cómo puedes explicar este fenómeno?

   A. Parte de la materia de la solución se destruyó al ser hervida.

   B. El hervor causó un cambio químico que alteró las propiedades de la solución.

   C. El hervor causó un cambio de estado de líquido a gas.

   D. El hervor causó que la solución se uniera a sí misma, lo que aumentó la densidad de la solución.

5. **Evaluar** ¿Qué opción es evidencia de que ocurrió un cambio químico?

   A. Aparecieron nuevas sustancias al mezclar otras sustancias.

   B. La solución se volvió sólida cuando su temperatura bajó a los −5 °C.

   C. El volumen de la solución aumentó cuando se la calentó.

   D. Se observó que salía gas de la solución cuando se la calentó.

¿Cómo cambia la masa cuando haces **pegote**?

Cuando los científicos de materiales mezclan ingredientes, producen datos que muestran lo que sucede con la masa. Hacen observaciones sobre cualquier cambio que ocurre al mezclar los ingredientes. ¿Qué crees que suceda si mezclas pegamento, agua y solución de bórax?

Materiales

- 3 tazas de medir
- pegamento blanco
- balanza
- cubos de gramo
- colorante vegetal
- agua
- solución de bórax
- cuchara
- lentes de seguridad

Procedimiento

1. Haz un pegote usando 30 mL de pegamento, 15 mL de agua con colorante y 15 mL de solución de bórax. ¿Qué le sucederá a la masa de los ingredientes después de convertirse en pegote? Escribe una hipótesis.

_____

_____

_____

_____

_____

2. Escribe un procedimiento para probar tu hipótesis sobre la masa. Usa todos los materiales de la lista. Muestra el procedimiento a tu maestro antes de empezar.

_____

_____

_____

_____

_____

_____

_____

_____

 Usa lentes de seguridad.

 No te lleves los materiales a la boca.

 Lávate las manos cuando termines.

Práctica de ciencias

Los científicos *hacen mediciones* para producir datos cuando investigan.

3. Haz una tabla para mostrar tus datos. Tu tabla debe presentar evidencia relacionada con tu hipótesis.

Analizar e interpretar datos

4. Calcular Suma las masas del pegamento, el agua y la solución de bórax. ¿Cómo se compara esta suma a la masa del pegote?

_____

_____

_____

_____

Observaciones

Sustancia	Masa de la sustancia y la taza (g)	Masa de la sustancia (g)
Pegamento		
Agua con colorante		
Solución de bórax		
Pegote		

5. Usar evidencia ¿Ocurrió una reacción química? Proporciona evidencia para respaldar tu respuesta.

_____

_____

_____

_____

6. Sacar conclusiones ¿Se apoya tu hipótesis en los datos que obtuviste? Explica tu respuesta.

_____

_____

_____

_____

Los sistemas de la Tierra

Lección 1   La geósfera y la biósfera

Lección 2   La hidrósfera y la atmósfera

Lección 3   Interacciones entre los sistemas de la Tierra

Estándares de Ciencias para la Próxima Generación

5-ESS2-1 Desarrollar un modelo usando un ejemplo para describir maneras en que la geósfera, la biósfera, la hidrósfera y/o la atmósfera interactúan.

3-5-ETS1-1 Definir un problema de diseño sencillo que refleje una necesidad o un deseo que incluya criterios específicos para el éxito y restricciones de materiales, tiempo o costo.

ASSESSMENT

VIDEO

eTEXT

INTERACTIVITY

VIRTUAL LAB

GAME

El Texto en línea está
disponible en español.

Pregunta esencial

¿Cómo puedes hacer un modelo de
las interacciones entre los sistemas
de la Tierra?

Muestra lo que sabes

Los sistemas de nuestro planeta funcionan juntos. ¿Qué necesitan los seres vivos
para sobrevivir?

_____

_____

_____

Misión Arranque

Conecta *las* esferas

¿Cómo puede la lluvia ácida afectar las esferas de la Tierra?

Hola, mi nombre es Logan Reynolds. Soy analista de la contaminación en el aire. Recientemente hubo reportes de lluvia ácida cerca de nuestra ciudad. Los habitantes de la ciudad deben entender los efectos de la lluvia ácida.

Voy a reunir datos para confirmar los reportes. Mientras tanto, necesito que eduques a las personas de la ciudad acerca de la lluvia ácida. En esta actividad de aprendizaje basada en un problema, vas a desarrollar una explicación de cómo la lluvia ácida puede afectar las cuatro esferas de la Tierra.

Sigue el camino para llevar a cabo la Misión. Las actividades de cada lección te ayudarán a completarla. Al completar cada actividad, marca tu progreso para indicar que es una MISIÓN CUMPLIDA ✓. Conéctate en línea para buscar más actividades de la Misión.

Misión Control 1

Lección 1

Explora las características de la lluvia ácida. Explica los efectos que tiene sobre el suelo y las plantas.

Estándares de Ciencias para la Próxima Generación
5-ESS2-1 Desarrollar un modelo usando un ejemplo para describir maneras en que la geósfera, la biósfera, la hidrósfera y/o la atmósfera interactúan.

VIDEO

Ve un video sobre la contaminación.

Misión Control 3

Lección 3

Investiga los procesos naturales en las distintas esferas. Predice cómo pueden cambiar esos procesos.

Misión Control: Lab 2

Lección 2

Haz un modelo físico de las cuatro esferas de la Tierra.

Misión Hallazgos

¡Termina la Misión! Usa lo que aprendiste para explicar los efectos de la lluvia ácida en las cuatro esferas. Describe las interacciones entre las esferas para informar a la ciudad.

¿Cómo puedes hacer un modelo de la Tierra?

Los científicos usan modelos para entender la composición de la Tierra. ¿Cómo puedes representar cómo se ve la Tierra?

Materiales recomendados

- papel de colores
- tijeras
- pegamento
- marcadores
- lápices de colores
- crayones
- plastilina

Procedimiento

☐ **1.** Basándote en lo que sabes acerca de la Tierra, diseña un modelo del planeta. Usa cualquiera de los materiales para hacer el modelo.

☐ **2.** Muestra tu plan a tu maestro antes de construir el modelo.

_____

_____

_____

✂ Ten cuidado cuando uses las tijeras.

Analizar e interpretar datos

3. Usar modelos ¿Cómo puedes usar tu modelo para explicar cómo se ve la Tierra?

_____

_____

_____

Práctica de ciencias

Los científicos **usan modelos** para estudiar objetos muy grandes.

4. Comparar y contrastar Intercambia tu modelo con el de otro grupo. ¿Qué diferencias y semejanzas notaste entre los dos modelos?

_____

_____

_____

5. Evaluar ¿Qué características hacen que un modelo de la Tierra se parezca más a la Tierra?

_____

_____

Causa y efecto

Los científicos buscan relaciones de causa y efecto para entender por qué ocurren las cosas. Exploran lo que pasa en algunas situaciones.

GAME

Practica lo que aprendiste con los Mini Games.

- Una causa es la razón por la que pasa algo.
- Un efecto es lo que pasa.

Lee el texto acerca del agua en la Tierra.

La población y la disponibilidad de agua

Todos los seres vivos de la Tierra, incluidos los seres humanos, necesitan agua dulce. El agua dulce es un recurso renovable, porque la lluvia puede reponer el agua que usamos. Sin embargo, la cantidad de agua es limitada, y en algunos lugares la usamos a un ritmo mayor que el ritmo en que se repone. En la Tierra viven unas 7,400,000,000 personas. Ese número aumenta rápidamente. A medida que la población humana aumenta, también aumenta la necesidad de agua.

En algunos lugares de la Tierra hay mucha agua. En otros hay muy poca. Sin embargo, toda el agua de la Tierra está conectada. Todos pueden ayudar a conservar el agua: aunque tengan mucha. Si todos ayudan a ahorrar agua, habrá más agua para todos.

REVISAR LA LECTURA Causa y efecto

Encierra en un círculo la causa de la creciente necesidad de agua en la Tierra.

La geósfera y la biósfera

Describir cómo está
formada la geósfera.
Describir cómo está
formada la biósfera.

5-ESS2-1

Destreza de lectura
Causa y efecto

Vocabulario
biósfera
geósfera
litósfera

Vocabulario académico
sistema

▶ **VIDEO**

Ve un video sobre la
geósfera y la biósfera.

CURRÍCULO › Conexión

El arado es uno de los desarrollos agrícolas más importantes
de la historia. Los agricultores usan el arado para arar,
o remover, la tierra. Antes de la invención del arado, los
agricultores usaban palos cavadores para quitar la maleza y
romper la capa de mantillo. Los arados hacen que remover
y romper la tierra sea más fácil. La mayoría de las plantas
crecen mejor en el suelo arado. Las plantas reciben agua y
nutrientes más fácilmente en un suelo que ha sido arado.
Cuando las plantas crecen mejor, producen más alimento. La
invención del arado tuvo un gran impacto en la vida humana.

Resumir ¿Cómo ayuda el arado a que las plantas crezcan mejor?

_____

_____

túInvestigas Lab

¿Cómo se mueve el agua a través del suelo?

Los científicos pueden usar modelos para investigar el mundo natural en un contexto controlado. ¿Cómo puedes representar la interacción de la tierra y el agua?

Materiales

- 2 vasos de papel
- 2 muestras de suelo diferentes
- cilindro graduado
- agua
- 2 tazones pequeños

Procedimiento

☐ 1. Observa las muestras de suelo. ¿En qué se diferencian?

_____

_____

_____

 Lava tus manos.

☐ 2. Escribe un plan para descubrir si el agua fluye de la misma manera a través de las dos muestras de suelo. Usa todos los materiales. Muestra tu plan a tu maestro antes de empezar. Asegúrate de cambiar solo una variable por vez. Registra tus observaciones.

Práctica de ciencias

Los científicos **usan modelos** para investigar el mundo natural.

Observaciones

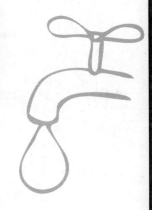

Analizar e interpretar datos

3. **Sacar conclusiones** Usa los resultados de tu investigación para explicar cómo las diferencias del suelo afectan el movimiento del agua.

_____

_____

Lectura
▸Herramientas

Causa y efecto
Identificar relaciones de causa y efecto te permite entender los procesos de los sistemas de la Tierra. Identifica la causa y el efecto del primer párrafo.

Los sistemas de la Tierra

La Tierra está formada por cuatro sistemas principales: la geósfera, la biósfera, la hidrósfera y la atmósfera. Cada **sistema** es una colección de partes que funcionan juntas. Distintos procesos mueven los materiales de la Tierra dentro de los sistemas y entre los sistemas. Si una parte de un sistema se daña o falta, el sistema no funciona tan bien. Es posible que no funcione en absoluto. Por esa razón, otros sistemas pueden verse afectados.

La Tierra es el único planeta de nuestro sistema solar con estos cuatro sistemas. Por ejemplo, siete de los planetas tienen una atmósfera, o una capa de gases que rodea el planeta. Sin embargo, solo la Tierra tiene una biósfera. La **biósfera** es un sistema de la Tierra que incluye todos los seres vivos, incluidos los seres humanos.

Explicar Di cuatro componentes distintos de la biósfera.

_____

_____

La geósfera y la biósfera

La biósfera de la Tierra incluye los seres vivos del aire, de la tierra y del agua. El puma de la foto es solo uno de los millones de tipos de seres vivos que forman parte de la biósfera. La biósfera puede albergar a tantos tipos de seres vivos gracias a sus interacciones con las demás esferas.

La gran roca de la foto es parte de la geósfera de la Tierra. La **geósfera** es el sistema de la Tierra que incluye las rocas, el suelo y los sedimentos. Las rocas de la superficie de la Tierra son fáciles de ver, pero también hay rocas bajo la superficie. Algunas de esas rocas están fundidas, o derretidas. Hay rocas en toda la Tierra, desde la superficie hasta el centro.

☑ **REVISAR LA LECTURA** **Causa y efecto** ¿Por qué puede la biósfera albergar a tantos tipos de seres vivos? Subraya la causa.

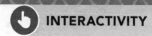

INTERACTIVITY

Completa una actividad acerca de la geósfera y la biósfera.

Matemáticas
► Herramientas

Graficar La geósfera de la Tierra tiene miles de kilómetros de espesor. El núcleo interno tiene 1,220 km de espesor. El núcleo externo tiene 2,260 km de espesor. El manto tiene 2,866 km de espesor. Y la corteza continental tiene solo unos 25 km de espesor, en promedio. Haz una gráfica de barras para mostrar las capas de la Tierra. Basándote en la gráfica, compara el espesor del manto y el espesor de la corteza.

Misión Conexión

¿Cómo puede verse afectada la biósfera si una sustancia peligrosa ingresa a la geósfera?

_____

_____

_____

_____

¿Cuáles son las partes de la geósfera y la biósfera de la Tierra?

El manto representa aproximadamente el

84%

del volumen total de la Tierra.

Biósfera

corteza

1-100 km

manto

2,866 km

núcleo externo

líquido 2,260 km

núcleo interno

sólido 1,220 km

Geósfera

Todos los seres vivos forman la biósfera. La mayoría de los objetos inertes son parte de la geósfera. El aire, el agua y el Sol son objetos inertes, pero no forman parte de la geósfera.

! **Describir** ¿Cómo crees que interactúan la geósfera y la biósfera?

_____

_____

_____

_____

La Tierra está formada por distintas capas. Una manera de hacer un modelo de un objeto con capas es hacer un corte transversal. Con ayuda de un adulto, usa un tazón para hacer un modelo que muestre las capas de la Tierra.

La litósfera

Una parte importante de la geósfera es la litósfera. La **litósfera** está formada por las partes exteriores rocosas de la Tierra, e incluye la corteza y la parte exterior y rígida del manto. Debajo de la litósfera, la roca sólida del manto puede moverse y fluir. La litósfera no es solo la capa exterior de la tierra. También forma el fondo del océano. La litósfera puede ser mucho más gruesa debajo de un continente que debajo del océano. Puede tener más de 200 km (124 millas) de espesor debajo de los continentes.

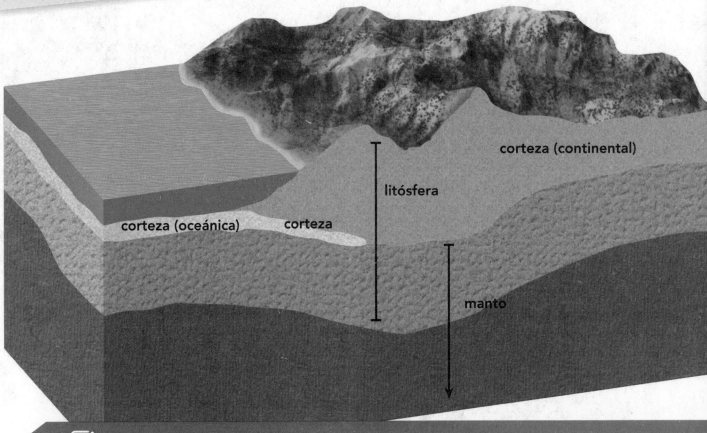

corteza (continental)

litósfera

corteza (oceánica)   corteza

manto

✅ Lección 1: Revisión

1. Describir Describe la litósfera. Incluye en tu respuesta cómo se relaciona con la geósfera.

_____

_____

_____

2. Identificar ¿Cómo está formada la biósfera?

_____

Lluvia de ácido

La lluvia es importante para la salud de todos los seres vivos. Sin agua, ningún ser vivo podría sobrevivir. Sin embargo, las precipitaciones pueden ser perjudiciales. El agua de lluvia recoge partículas cuando cae por el aire. Si el aire contiene determinados contaminantes, la lluvia se contamina. Cuando la cantidad de algunos contaminantes que hay en la lluvia es alta, la precipitación se denomina lluvia ácida. La lluvia ácida se ve igual que la lluvia normal, pero puede ser nociva para los sistemas de la Tierra.

La lluvia ácida puede afectar todas las esferas de la Tierra. La lluvia ácida puede entrar a los arroyos, los lagos y otros cuerpos de agua. Eso hace que el agua sea más ácida. La lluvia ácida también puede llevarse algunos minerales del suelo, como el aluminio, mientras fluye hacia los cuerpos de agua. Algunos organismos acuáticos pueden sobrevivir en agua contaminada por la lluvia ácida y los minerales del suelo. Otros organismos, sin embargo, no pueden. La lluvia ácida también puede afectar a los organismos terrestres que beben el agua contaminada o comen organismos que viven en el agua. Los organismos que necesitan suelo también pueden verse afectados cuando la lluvia ácida se lleva minerales. La lluvia ácida también afecta la atmósfera, porque las mismas partículas que forman parte de la lluvia ácida pueden combinarse con otros gases del aire. Eso cambia el tipo de gases que hay en la atmósfera.

¿Cómo puede el efecto de la lluvia ácida sobre el suelo afectar los cultivos y las otras plantas de una comunidad?

_____

_____

_____

La hidrósfera y la atmósfera

Puedo...

Describir cómo está formada la atmósfera.
Describir cómo está formada la hidrósfera.

5-ESS2-1

Destreza de lectura
Causa y efecto

Vocabulario
atmósfera
hidrósfera

Vocabulario académico
distinguir

▶ **VIDEO**

Ve un video sobre la hidrósfera y la atmósfera.

INGENIERÍA ▶ Conexión

Un invernadero es una estructura hecha de cristal. No solo las paredes son de cristal. ¡También el techo! Las personas usan los invernaderos para cultivar plantas, porque dentro del invernadero hace calor todo el año. El calor proviene de la energía solar. La luz solar ingresa al invernadero a través del cristal. Aunque la luz solar puede atravesar el cristal, el calor del invernadero no puede salir. Eso hace que el invernadero se caliente. Ocurre un proceso similar con la capa de aire que rodea la Tierra. Las personas construyen invernaderos para lograr ese efecto a pequeña escala.

📓 **Escríbelo** En tu cuaderno de ciencias, escribe cómo usarías un invernadero.

túInvestigas Lab

¿Cómo funciona un invernadero?

Los científicos realizan investigaciones con modelos para entender procesos. ¿Cómo puedes hacer un modelo para demostrar por qué los invernaderos conservan el calor todo el año?

Materiales
- termómetro
- ventana con luz solar
- agua
- dos frascos, uno con tapa

Procedimiento

☐ **1.** Escribe una hipótesis acerca de si el aire en un frasco cerrado se calentará más rápido que el aire de un frasco abierto.

_____

_____

☐ **2.** Haz un plan para poner a prueba tu hipótesis. Usa todos los materiales.

☐ **3.** Muestra tu plan a tu maestro antes de empezar. Registra tus observaciones.

Práctica de ciencias

Los científicos desarrollan y prueban modelos para obtener evidencia.

Observaciones

Analizar e interpretar datos

4. Evaluar ¿Cómo representa tu modelo lo que pasa con el aire que rodea la Tierra?

_____

_____

_____

Conexión con la comprensión visual

¿Cuáles son las partes de la **hidrósfera** de la Tierra?

Toda el agua que está sobre la superficie de la Tierra, o debajo o arriba de ella, forma la **hidrósfera**. La mayor parte del agua de la Tierra es salada, y solo una pequeña proporción es agua dulce. Los seres humanos y muchos otros seres vivos necesitan agua dulce para sobrevivir.

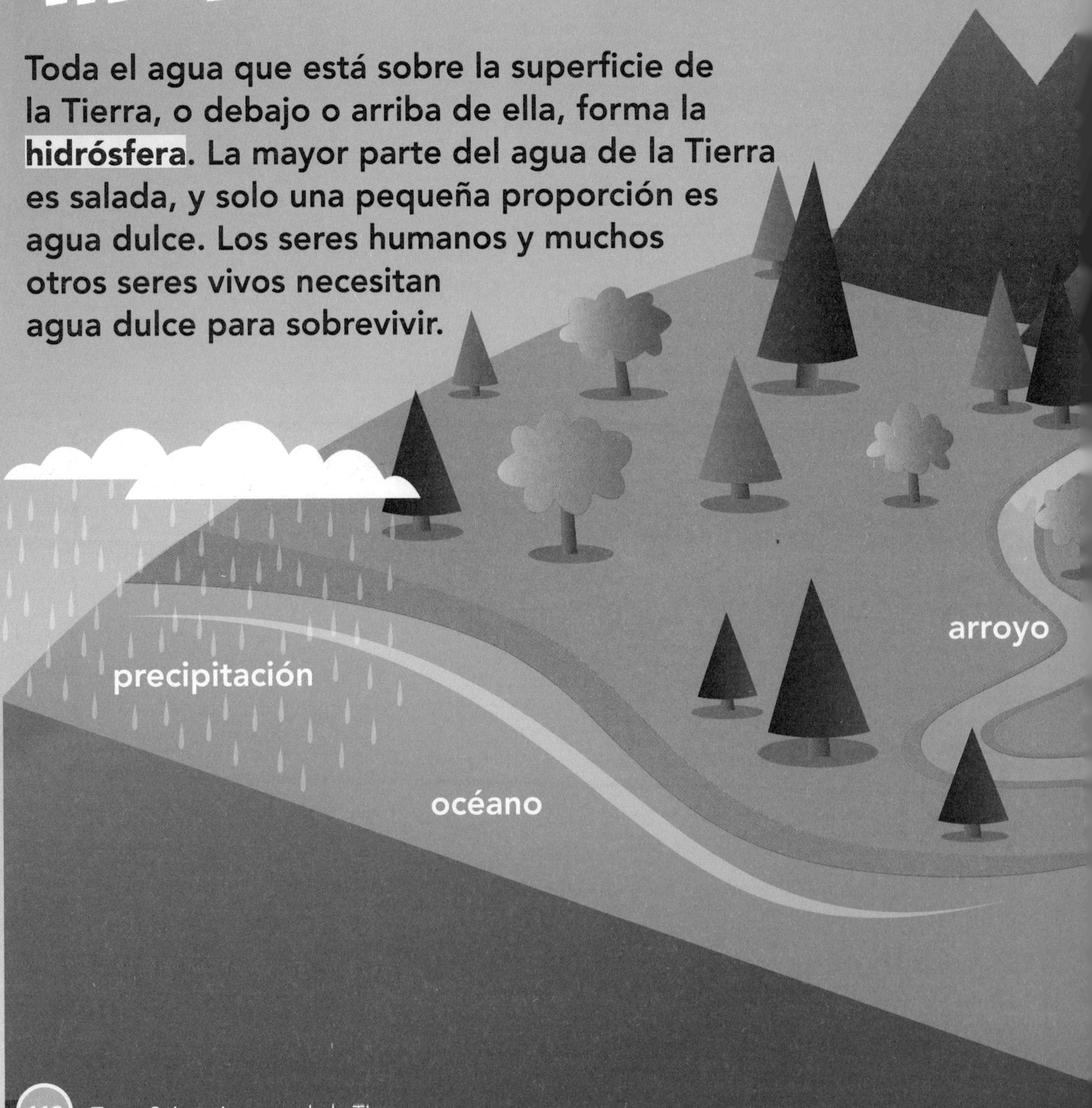

arroyo
precipitación
océano

vapor de agua

hielo y
nieve

> **!** **¿Qué otras esferas de la Tierra interactúan con la hidrósfera?**
>
> _____
>
> _____
>
> _____

lago

agua subterránea

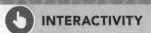
La atmósfera

La **atmósfera** es la capa formada por distintos gases que rodea la Tierra. Los gases más abundantes son el nitrógeno y el oxígeno. Otros gases, como el argón, el dióxido de carbono y el vapor de agua, también forman parte de la atmósfera.

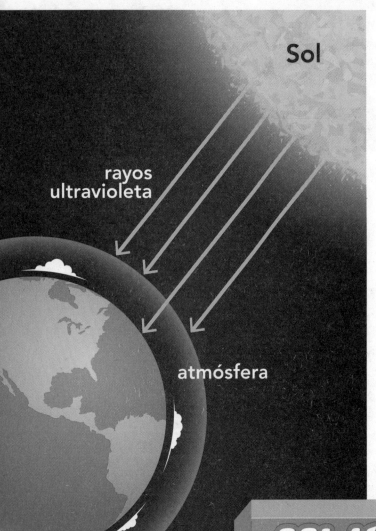

Sol

rayos ultravioleta

atmósfera

Mira las flechas del diagrama. Muestran que la atmósfera de la Tierra absorbe la mayor parte de los rayos ultravioleta del Sol. Esos rayos son perjudiciales para los seres vivos. ¿Alguna vez te quemaste por estar al sol? Los rayos ultravioleta son los culpables. La atmósfera permite que la mayor parte de la luz solar visible pase y caliente la superficie de la Tierra. La atmósfera también captura parte del calor que abandona la superficie de la Tierra. Eso permite que la atmósfera tenga una temperatura suficiente para la vida.

✓ **REVISAR LA LECTURA** **Causa y efecto**
Imagina que la atmósfera tuviera la mitad del espesor que tiene ahora. ¿Qué efecto podría tener eso sobre la biósfera?

_____

_____

_____

Misión Conexión

¿Cómo interactúan la hidrósfera y la atmósfera? ¿Cómo lo mostrarías en un modelo?

_____

_____

_____

_____

La hidrósfera y la atmósfera juntas

La hidrósfera y la atmósfera interactúan constantemente. Por ejemplo, tanto la lluvia como la nieve son algo habitual en muchas partes del mundo. La temperatura del aire afecta el tipo de precipitación que cae.

Otro ejemplo de la interacción de la hidrósfera y la atmósfera es un huracán. Un huracán es una gran tormenta tropical que gira. Los huracanes llegan con vientos muy destructivos y mucha lluvia. Se forman cuando una gran cantidad de vapor de agua ingresa al aire a causa de la evaporación del agua cálida del océano. Si las condiciones son correctas, una tormenta tropical genera nubes que se mueven en espiral, como las de la foto. La velocidad y el patrón de los vientos de la tormenta permiten **distinguir**, o ver diferencias, entre una tormenta y un huracán.

Práctica de ciencias
► Herramientas

Analizar e interpretar datos
Investiga en qué lugares de los Estados Unidos hubo grandes huracanes en los últimos 10 años. Identifica cualquier patrón que veas. ¿Cómo afectaron esos huracanes las demás esferas de la Tierra?

☑ Lección 2: Revisión

1. **Identificar** ¿Cuál es una de las formas en las que la atmósfera interactúa con la hidrósfera?

_____

_____

2. **Hacer conexiones** ¿Cómo está formada la atmósfera de la Tierra?

_____

_____

Misión Control — Lab

¿Dónde están las esferas de la Tierra?

Es hora de empezar a trabajar en los modelos que usarás en tu actividad de Misión: Hallazgos. Haz un modelo que muestre las cuatro esferas de la Tierra. Recuerda incluir detalles importantes de cada esfera en tu modelo.

Materiales recomendados

- papel de colores
- caja de zapatos
- marcadores de colores
- pegamento
- cinta adhesiva
- plastilina
- tijeras

 Ten cuidado al usar las tijeras.

Procedimiento

☐ **1.** Haz una lista de detalles importantes para incluir en tu modelo.

_____

_____

☐ **2.** Dibuja un diseño para tu modelo. Rotúlalo con los materiales que usarás para cada parte.

☐ **3.** Muestra tu dibujo a tu maestro antes de construir tu modelo.

Práctica de ciencias

Los científicos desarrollan modelos para mostrar las partes de un sistema.

Mi diseño

Analizar e interpretar datos

4. **Explicar** ¿Qué esferas están dentro de otras esferas? Explica tu respuesta.

_____

_____

_____

_____

_____

_____

5. **Comparar y contrastar** Observa los modelos de los demás estudiantes. ¿De qué maneras fue mejor tu modelo? ¿Qué cosas muestran mejor los otros modelos?

_____

_____

_____

_____

_____

tú,Ingeniero Mejorar STEM

INTERACTIVITY

Conéctate en línea para aprender cómo los cambios en las esferas de la Tierra afectan la estabilidad.

Un nuevo hogar

Actualmente, la mayoría de los zoológicos se construyen para educar a las personas. Son lugares importantes en los que los científicos pueden estudiar los animales. Muchos zoológicos también administran proyectos de conservación para garantizar que distintos animales no desaparezcan de la Tierra. Los científicos, diseñadores e ingenieros que construyen zoológicos tratan de dar a los animales hábitats que se parezcan a sus hábitats naturales.

Un hábitat popular de algunos zoológicos es el bosque lluvioso. El hábitat llamado Lied Jungle, de Omaha, Nebraska, fue uno de los primeros y más grandes bosques lluviosos techados del mundo. Es tan alto como un edificio de ocho pisos. Dentro hay cascadas y arroyos. La temperatura siempre es cálida. El techo está especialmente diseñado para que pase la luz solar. En esta exhibición de zoológico viven unos 90 tipos de animales y muchos tipos de plantas.

Mejóralo

Imagina que estás a cargo de mejorar el hábitat de bosque lluvioso de un zoológico. El zoológico quiere agregar un nuevo tipo de animal, que vive naturalmente en el bosque lluvioso, pero el bosque lluvioso del zoológico no tiene todo lo que el nuevo animal necesita. El hábitat se construyó principalmente para aves de bosque lluvioso. El foco se puso en tener los tipos de árboles correctos. El nuevo animal vive en el suelo del bosque lluvioso. El hábitat está cubierto de tierra, algunas rocas y plantas. Tu trabajo es cambiar el hábitat de bosque lluvioso, a fin de que el nuevo animal pueda vivir allí.

☐ Elige un animal que viva en el suelo del bosque lluvioso para agregar al hábitat de bosque lluvioso del zoológico. Identifica los criterios que deben cumplirse para que el animal pueda sobrevivir en el hábitat mejorado. Si necesitas ayuda para identificar criterios, haz una lluvia de ideas con otro estudiante o investiga.

_____

_____

_____

_____

_____

_____

☐ Haz una lluvia de ideas sobre las restricciones que deben tenerse en cuenta para que el hábitat mejorado cumpla con las necesidades de todos los animales del bosque lluvioso del zoológico. Comenta estas preguntas cuando hagas la lluvia de ideas.

• ¿Qué cambios podrían ser buenos para el nuevo animal pero negativos para otros animales?

• ¿Podría el cambio del hábitat ser bueno también para otros animales?

☐ Dibuja un diagrama que muestre cómo mejorarías el hábitat de bosque lluvioso. Rotula los cambios más importantes que harías.

Interacciones entre los sistemas de la Tierra

Describir cómo interactúan entre sí los sistemas de la Tierra.

5-ESS2-1

Destreza de lectura
Causa y efecto

Vocabulario
efecto invernadero

Vocabulario académico
interdependiente

▶ **VIDEO**

Ve un video sobre las interacciones entre los sistemas de la Tierra.

DEPORTES ⟩ **Conexión**

El montañismo es el deporte de escalar y ascender por montañas, a menudo para llegar a la parte más alta. Es un deporte difícil. Los montañistas deben prepararse con cuidado antes de subir. Deben pensar en las distintas condiciones del tiempo que atravesarán. A medida que el montañista asciende, la temperatura del aire baja. Además, el estado del tiempo de un lado de la montaña puede ser muy distinto del tiempo en el lado opuesto. Un lado puede tener más viento que el otro. El tiempo en el lado más ventoso puede ser más frío y húmedo que el del lado opuesto.

Usar evidencia del texto Los montañistas de la imagen están escalando durante una tormenta. ¿Qué lado de la montaña están escalando? Apoya tu respuesta con evidencia del texto.

_____

_____

_____

_____

LABORATORIO PRÁCTICO

5-ESS2-1, SEP.6

¿Qué efecto tiene la geósfera sobre la hidrósfera?

Materiales
- Mapa de precipitaciones

Los científicos usan dibujos y modelos para proponer explicaciones de los fenómenos científicos. ¿Cómo puedes explicar los cambios de las precipitaciones sobre las cordilleras?

Procedimiento

Práctica de ciencias

Los científicos **crean explicaciones** para entender el mundo natural.

1. Estudia el Mapa de precipitaciones. Usa la clave del mapa como ayuda.

2. Identifica los patrones de precipitaciones del mapa. Haz y rotula un dibujo para identificar y explicar cualquier diferencia de precipitaciones en los dos lados de la montaña.

Analizar e interpretar datos

3. **Crear una explicación** Explica cómo la geósfera y la hidrósfera funcionan juntas y forman el patrón que observaste.

_____

_____

_____

_____

_____

Sistemas y modelos de sistemas Un sistema puede describirse por sus partes y sus interacciones. ¿Cuáles son algunas de las partes de la geósfera? ¿Cómo dependen esas partes de las partes de otras esferas?

Interdependencia de los sistemas de la Tierra

La Tierra está formada por cuatro esferas: la geósfera, la hidrósfera, la atmósfera y la biósfera. Ninguna esfera actúa sola. Las esferas siempre están interactuando. Tienen una relación **interdependiente**, lo que significa que cada esfera depende de las demás. Cuando ves plantas creciendo, la lluvia que cae u olas que mueven la arena, estás observando las relaciones entre las esferas de la Tierra.

El equilibrio entre las esferas de la Tierra hace que la vida en el planeta sea posible. Cada esfera cumple una función para que nuestro planeta sea único.

Explicar ¿De qué esferas depende la biósfera? ¿Cómo?

_____

_____

_____

La biósfera

Los seres vivos toman gases, como el dióxido de carbono y el oxígeno, de la atmósfera. Usan esos gases para sus procesos vitales, como crecer, producir alimento u obtener energía. Los seres vivos también despiden gases, como dióxido de carbono y oxígeno, durante los procesos vitales. Esos gases entran a la atmósfera.

Escríbelo En tu cuaderno de ciencias, explica cómo tienes tú una relación interdependiente con una de las esferas de la Tierra.

La geósfera y la atmósfera

Si observas una roca al aire libre durante días, semanas o incluso años, es posible que nunca veas un cambio. Sin embargo, si pudieras mirarla durante miles de años, podrías notar que se achica. El acantilado de roca de la foto era mucho más grande en otra época. Con el tiempo, los gases de la atmósfera reaccionaron con la roca y los cambios químicos la desgastaron. Luego, el agua o el viento se llevaron los pedazos de roca. Actualmente la roca tiene una forma única.

☑ **REVISAR LA LECTURA** **Causa y efecto** ¿Cuáles de las esferas de la Tierra hace que las rocas tengan formas únicas?

_____

El aire de la atmósfera se mueve constantemente. Pero no suele moverse en línea recta. El aire viaja con facilidad sobre las tierras llanas. Sin embargo, las montañas pueden cambiar el flujo del aire. Cuando el viento choca contra el lado de una montaña, el aire fluye hacia arriba y pasa sobre la montaña.

A medida que el aire sube por la ladera de la montaña y se enfría, el vapor de agua de la atmósfera forma nubes. El agua de las nubes cae en forma de lluvia o de nieve. El otro lado de la montaña es en general mucho más seco, porque recibe poca lluvia o nieve.

Explicar ¿Cómo interactúan la geósfera, la atmósfera y la hidrósfera a medida que el aire pasa sobre una montaña?

_____

_____

_____

_____

_____

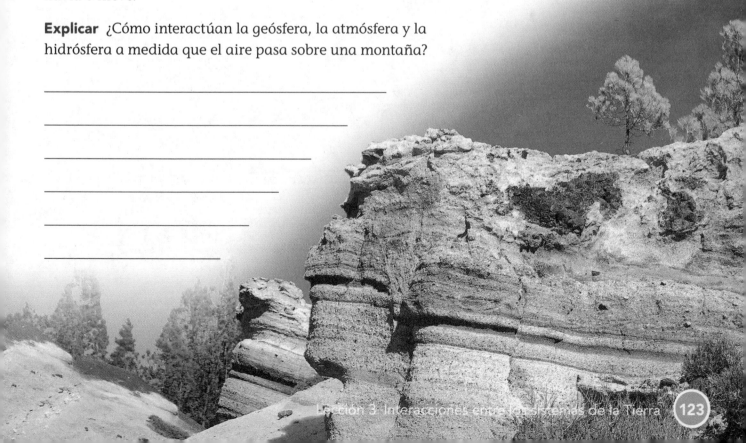

¿Cómo afecta el océano los demás sistemas de la Tierra?

El océano de la Tierra es la parte más grande de la hidrósfera y tiene un efecto muy importante sobre los sistemas de la Tierra.

La materia de la geósfera llega al océano arrastrada por el agua. Las olas del océano erosionan las costas.

¿Cómo podrían cambiar los sistemas de la Tierra si no existiera el océano?

_____

_____

_____

El océano hace que los vientos soplen según determinados patrones alrededor del mundo.

El agua del océano entra a la atmósfera. El viento lleva el agua a la tierra, donde cae en forma de lluvia.

El océano sustenta la biósfera de la Tierra. Los seres vivos pueden pasar a formar parte de la geósfera cuando mueren. Algunos pueden convertirse en fósiles.

INTERACTIVITY

Completa una
actividad acerca de las
interacciones entre las
esferas de la Tierra.

Alterar el equilibrio

El equilibrio entre las esferas puede alterarse. Por ejemplo, la atmósfera de la Tierra contiene una mezcla de gases. Los organismos necesitan algunos de esos gases para vivir. Algunos gases de la atmósfera, llamados gases de efecto invernadero, atrapan el calor. Ese calor atrapado hace que las temperaturas de la Tierra sean lo suficientemente cálidas como para que la vida sea posible. Ese calentamiento de la atmósfera, la tierra y el agua se llama **efecto invernadero**.

La cantidad de gases de efecto invernadero en la atmósfera puede cambiar. Por esa razón, la temperatura de la atmósfera también puede cambiar. A mayor cantidad de gases de efecto invernadero en la atmósfera, más calor queda atrapado. Si la atmósfera tiene un nivel demasiado alto de gases de efecto invernadero, puede calentarse demasiado. Los seres vivos, como estas plantas de maíz, podrían no sobrevivir en esas temperaturas más altas. Distintas fuentes aumentan la cantidad de gases de efecto invernadero en la atmósfera. Sin embargo, la fuente más importante es la quema de combustibles fósiles.

Explicar En una hoja aparte, haz un dibujo que muestre el efecto de los gases de efecto invernadero sobre las esferas de la Tierra.

Misión Conexión

La lluvia ácida deposita nitrógeno en el suelo. Algunos científicos creen que eso podría aumentar la emisión de metano, uno de los gases que más contribuye al efecto invernadero. ¿Cómo podría afectar un aumento del metano las esferas de la Tierra?

_____

_____

_____

Alteraciones naturales

Algunos eventos naturales pueden alterar el equilibrio entre las esferas de la Tierra. Cuando los volcanes entran en erupción, liberan grandes cantidades de gases y partículas de polvo en la atmósfera. Esos gases y ese polvo pueden cubrir grandes extensiones de la atmósfera. Pueden generar cambios en el estado del tiempo local. Las tormentas eléctricas son un fenómeno habitual en la zona cercana a la erupción. A nivel global, las erupciones volcánicas bajan la temperatura de la atmósfera y la superficie de la Tierra por un par de años o décadas.

Identificar Las pequeñas partículas que liberan las erupciones volcánicas impiden que parte de la luz solar llegue a la superficie de la Tierra durante años. ¿Cómo afectaría eso a la atmósfera, la biósfera y la hidrósfera?

_____

_____

_____

_____

_____

_____

☑ Lección 3: Revisión

1. **Aplicar conceptos** Describe una de las formas en las que interactúan la hidrósfera y la atmósfera.

_____

_____

_____

2. **Hacer conexiones** Completa las oraciones escribiendo el nombre de la esfera correcta en cada espacio.

La lluvia de la _____ cae de las nubes que hay en la _____. La lluvia se acumula en los arroyos que fluyen a través de la _____. Las plantas y los animales de la _____ dependen de la lluvia para obtener el agua que necesitan para sobrevivir.

Las interacciones de la Tierra

En la actividad de Misión: Hallazgos, vas a reunir lo que aprendiste para informar a las personas acerca de la lluvia ácida y los efectos que puede tener sobre los sistemas de la Tierra. En esta actividad de Misión: Control, debes elegir dos procesos naturales y predecir cómo pueden afectar las esferas de la Tierra.

1. **Identificar** Elige dos procesos naturales que ocurran en la Tierra.

   • Proceso A __lluvia_____

   • Proceso B _____

2. **Identificar** ¿Qué esferas de la Tierra participan de cada proceso?

   • Proceso A _____

   • Proceso B _____

3. **Describir** Escribe una descripción breve de cómo interactúan las esferas en cada proceso.

   • Proceso A _____

   _____

   • Proceso B _____

   _____

4. **Evaluar** ¿De qué manera un cambio en alguno de estos procesos podría afectar a las esferas de la Tierra?

   _____

   _____

   _____

   _____

   _____

   _____

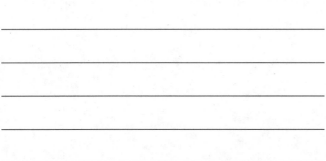

MISIÓN CUMPLIDA ✓

Interpretar una gráfica

En el Medio Oeste de los Estados Unidos se cultiva mucho maíz. La cantidad de maíz que se produce puede cambiar mucho entre un año y el siguiente. Las condiciones del medio ambiente son una de las principales causas de ese cambio. Las gráficas muestran las cantidades de lluvia y la cantidad de maíz producido en distintos años.

Usa las gráficas para responder las preguntas.

1. **Interpretar**

   a. ¿Cuál fue la cantidad total de lluvia de 1990?_____

   b. ¿Cuál fue la producción de maíz en 2010? _____

2. **Sacar conclusiones** Basándote en los datos, ¿qué puedes concluir acerca del efecto general de la lluvia sobre la producción de maíz en el Medio Oeste?

   _____

   _____

   _____

Conecta *las* esferas

¿Cómo puede la lluvia ácida afectar las esferas de la Tierra?

INTERACTIVITY

Completa una actividad que contribuya a tus hallazgos de la Misión.

Organizar información

Piensa en los distintos efectos que la lluvia ácida tiene sobre las esferas de la Tierra. Escribe al menos un efecto sobre cada esfera.

Hidrósfera _____

_____

Atmósfera _____

_____

Geósfera _____

_____

Biósfera _____

_____

_____

Crear una explicación

Ahora puedes hacer una presentación para informar a tu ciudad sobre los posibles efectos de la lluvia ácida. Usa el modelo de las cuatro esferas que hiciste antes para mostrar los efectos que puede tener la lluvia ácida. Incluye un diagrama de Venn que describa cómo interactúan las cuatro esferas. Muestra y describe cómo cada esfera afecta las demás, con y sin lluvia ácida.

Analista de la contaminación del aire

Los analistas de la contaminación del aire investigan, inspeccionan y estudian los niveles de contaminación en el aire. También usan sus investigaciones para garantizar que la calidad del aire sea buena. Resuelven problemas relacionados con la salud pública. Los analistas de la contaminación del aire a menudo trabajan en oficinas y laboratorios. Allí, analizan datos y desarrollan soluciones para los problemas de contaminación del aire.

Aunque los analistas de la contaminación del aire trabajan en todo el país, la mayoría trabaja en zonas urbanas, en las que hay más industrias y tráfico. Tienen un papel clave al momento de evaluar y reducir el impacto que la contaminación del aire puede tener sobre las personas y los sistemas ecológicos.

Escríbelo En tu cuaderno de ciencias, resume la importancia de los analistas de la contaminación del aire.

1. **Clasificar** La litósfera está dentro de la geósfera. ¿Qué capas de la geósfera de la Tierra forman la litósfera?

   A. la corteza y la parte superior del manto

   B. el núcleo interno y la corteza

   C. el núcleo externo y la corteza

   D. el manto y el núcleo externo

2. **Vocabulario** Cuando agregas algunos gases a la atmósfera, esta atrapa más calor. Ese fenómeno se llama

   _____.

3. **Inferir** Haz una lista de las esferas de las que depende la biósfera.

   _____

   _____

4. **Identificar** ¿Cuáles son los dos gases más abundantes en la atmósfera?

   A. oxígeno y dióxido de carbono

   B. oxígeno y nitrógeno

   C. dióxido de carbono y nitrógeno

   D. dióxido de carbono e hidrógeno

5. **Aplicar conceptos** ¿Qué enunciado describe mejor la relación entre la geósfera y los patrones del estado del tiempo?

   A. Las nubes de la atmósfera interactúan con distintos ríos.

   B. Los vientos y las nubes de la atmósfera interactúan con distintos accidentes geográficos.

   C. Los vientos de la atmósfera interactúan con distintas partes del océano.

   D. La lluvia de la atmósfera interactúa con distintos accidentes geográficos.

6. **Resumir** Describe brevemente la relación entre las cuatro esferas. Apoya tu respuesta con ejemplos.

   _____

   _____

   _____

   _____

   _____

   _____

7. **Identificar** ¿Qué opción menciona partes de la hidrósfera de la Tierra?

   A. algas y peces

   B. glaciares y casquetes polares

   C. nubes de lluvia y masas de aire

   D. lechos de río y cuencas oceánicas

8. Interpretar diagramas ¿Qué esfera está representada en el diagrama?

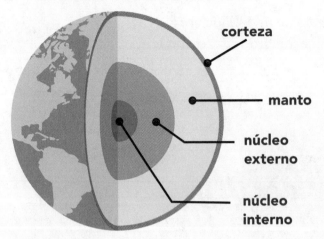

corteza

manto

núcleo externo

núcleo interno

A. biósfera

B. geósfera

C. litósfera

D. hidrósfera

9. Aplicar conceptos Di cómo la materia de una esfera puede pasar por al menos dos esferas más.

_____

_____

_____

_____

_____

_____

_____

_____

¿Cómo puedes hacer un modelo de las interacciones entre los sistemas de la Tierra?

Muestra lo que aprendiste

Nuestro planeta depende de una conexión de sistemas para albergar a los seres vivos. ¿Cómo interactúan esas conexiones entre sí?

_____

_____

_____

_____

_____

_____

_____

_____

_____

_____

_____

_____

_____

_____

_____

_____

_____

Lee la siguiente situación y responde las preguntas 1 a 6.

Jacques está desarrollando un modelo para un proyecto de investigación. El diagrama muestra el modelo que está haciendo. Mira el diagrama y responde las preguntas 1 a 6.

1. ¿Qué representan las flechas blancas del modelo?

   A. el movimiento de la energía que proviene del Sol

   B. el movimiento de la energía de la atmósfera

   C. el movimiento de la materia desde la biósfera

   D. el movimiento de la materia en la hidrósfera

2. ¿De qué esfera de la Tierra forman parte los peces del modelo?

   A. geósfera

   B. atmósfera

   C. biósfera

   D. hidrósfera

3. ¿Cómo interactúan la biósfera y la hidrósfera en el modelo de Jacques?

_____

_____

_____

4. Describe una forma en que los dos sistemas de la Tierra que describiste en la pregunta 1 trabajan juntos para afectar las características de la superficie de la Tierra.

_____

_____

_____

5. ¿Qué enunciado describe una interacción entre dos de las esferas de la Tierra que muestran las flechas del modelo?

    A. La hidrósfera y la atmósfera interactúan porque el agua del océano se evapora y forma nubes.

    B. La biósfera y la hidrósfera interactúan porque los peces viven en el agua.

    C. La litósfera y la atmósfera interactúan porque sin la litósfera, la atmósfera no podría existir.

    D. La biósfera y la atmósfera interactúan porque los seres vivos toman oxígeno de la atmósfera.

6. ¿Qué enunciado describe una interacción dentro de una de las esferas de la Tierra que se muestran en el modelo?

    A. Las nubes de lluvia llegan a nuevos lugares gracias al viento.

    B. El agua dulce y el agua salada se mezclan a medida que el agua de lluvia fluye hacia el océano.

    C. Parte de la lluvia que cae se almacena en acuíferos que están bajo tierra.

    D. La materia de la descomposición de las plantas pasa a formar parte del suelo en algún momento.

¿Cómo se representan las esferas en un terrario?

Los científicos usan modelos para estudiar cosas demasiado grandes para investigarlas. ¿Cómo se representa cada esfera en un terrario cerrado?

Procedimiento

Materiales
- recipiente de vidrio
- plástico de envolver
- cilindro graduado
- piedritas
- rocas
- hoja de musgo
- tierra
- agua
- distintas plantas
- herramientas para plantar

☐ **1.** Usa los materiales para construir un terrario cerrado. En la tabla, anota qué materiales representan cada esfera.

☐ **2.** Elige una variable que quieras poner a prueba. Predice qué pasará en el terrario.

_____

_____

_____

_____

 Usa lentes de seguridad.

 No te lleves materiales a la boca.

 Ten cuidado al manipular el vidrio.

Práctica de ciencias

Los científicos usan modelos para estudiar objetos muy grandes.

☐ **3.** Escribe un plan para poner a prueba tus predicciones. Muestra tu plan a tu maestro antes de empezar. Registra lo que pasa en cada esfera.

	Materiales utilizados para el modelo antes de agregar la variable	Observaciones después de poner a prueba la variable
Atmósfera		
Hidrósfera		
Geósfera		
Biósfera		

Analizar e interpretar datos

4. Evaluar ¿Cómo afectó la variable la parte del modelo que representa la biósfera? Apoya tu respuesta con evidencia.

_____

_____

_____

_____

5. Hacer conexiones ¿En qué se parecen un terrario y un invernadero?

_____

_____

_____

6. Formar una hipótesis ¿Qué factores tendrías que tener en cuenta si quisieras plantar la planta de tu terrario al aire libre?

_____

_____

_____

_____

El agua de la Tierra

Estándares de Ciencias para la Próxima Generación

5-ESS2-2 Describir y representar con una gráfica las cantidades y los porcentajes de agua y agua dulce en varios embalses para aportar evidencia acerca de la distribución del agua en la Tierra.

ASSESSMENT

VIDEO

eTEXT

INTERACTIVITY

VIRTUAL LAB

GAME

El Texto en línea está
disponible en español.

Pregunta esencial

¿Cuánta agua se puede encontrar en diferentes partes de la Tierra?

Muestra lo que sabes

Este hielo se está derritiendo lentamente. Un pedazo se desprende y cae al océano. Si muchos más de estos grandes bloques de hielo se derriten, ¿cómo podría esto cambiar los lugares de la Tierra donde hay agua?

_____

_____

_____

¡Agua, agua en todas partes!

¿Cómo puedes hacer que el agua no potable se vuelva potable?

¡Hola! Soy Chris Walker, especialista en control de calidad del agua. Me contrataron para ayudar a varias ciudades que no cuentan con agua potable. Me gustaría que me ayudaras con esta tarea. En esta actividad de aprendizaje basada en un problema, desarrollarás soluciones para hacer que el agua no potable de estas ciudades sea potable y segura para las personas que viven allí.

Como especialista en calidad del agua, desarrollarás tecnología para hacer que el agua sea potable. Evaluarás las posibilidades de obtener agua potable de distintas fuentes.

Sigue el camino para llevar a cabo la Misión. Las actividades de cada lección te ayudarán a completarla. Al completar cada actividad, marca tu progreso para indicar que es una **MISIÓN CUMPLIDA** ✓. Conéctate en línea para ver más actividades de la Misión.

Misión Control 1

Lección 1

Aprende cómo se mueve la lluvia sobre la tierra y entra en el suelo.

Estándares de Ciencias para la Próxima Generación
5-ESS2-2 Describir y representar con una gráfica las cantidades y los porcentajes de agua y agua dulce en varios embalses para aportar evidencia acerca de la distribución del agua en la Tierra.

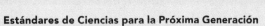

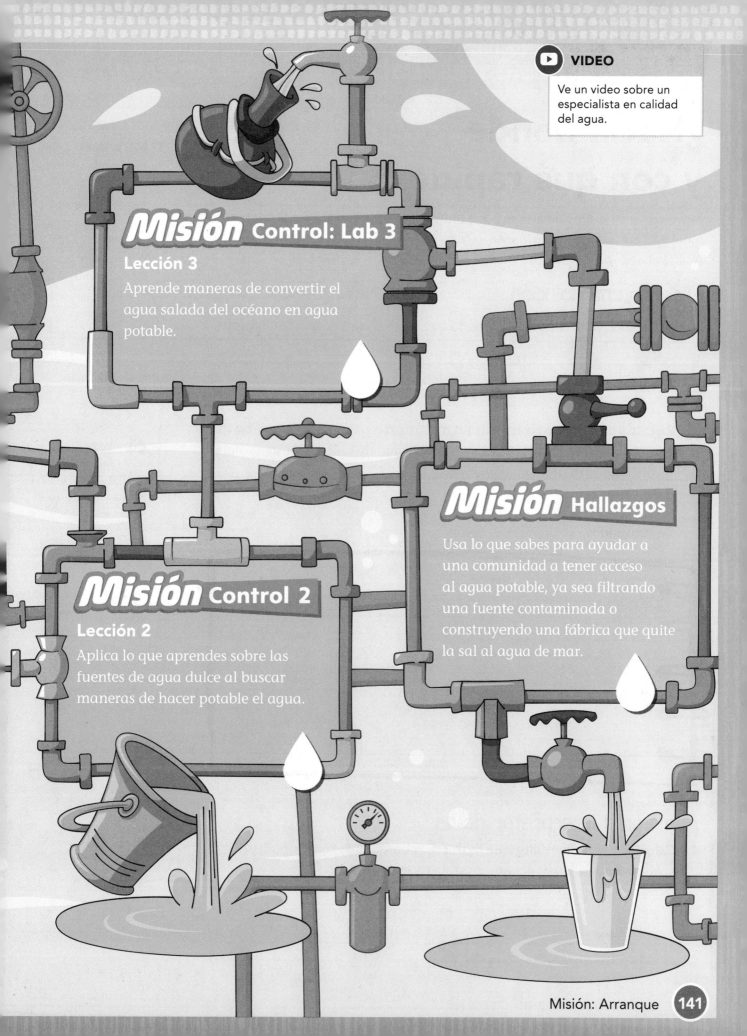

Misión Control: Lab 3

Lección 3

Aprende maneras de convertir el agua salada del océano en agua potable.

Misión Control 2

Lección 2

Aplica lo que aprendes sobre las fuentes de agua dulce al buscar maneras de hacer potable el agua.

Misión Hallazgos

Usa lo que sabes para ayudar a una comunidad a tener acceso al agua potable, ya sea filtrando una fuente contaminada o construyendo una fábrica que quite la sal al agua de mar.

LABORATORIO PRÁCTICO

5-ESS2-2, SEP.6

¿Hacia dónde fluye el agua... y con qué rapidez?

Los especialistas en calidad del agua tienen que determinar qué tan rápido se mueve el agua desde un embalse, o reserva de agua, hasta el usuario. ¿Cómo puedes hacer que el agua se mueva más rápido?

Diseñar una solución

☐ **1.** Predice cómo la altura desde la que fluye el agua afecta su rapidez.

_____

_____

☐ **2.** Haz un plan para construir un mecanismo que ponga a prueba tu predicción con una cantidad determinada de agua. Muestra tu plan a tu maestro antes de comenzar.

☐ **3.** Construye tu mecanismo y pon a prueba tu predicción. Anota los resultados.

Materiales

- lentes de seguridad
- delantal
- embudo de pico ancho
- cubeta
- tubo de PVC
- cronómetro
- cilindro graduado
- transportador

 Usa lentes de seguridad.

 Usa un delantal de laboratorio.

Práctica de ingeniería

Los ingenieros **describen cantidades** para aportar evidencia

Analizar e interpretar datos

4. Calcular Según los datos que reuniste, ¿cuánto más rápido pudiste hacer que se moviera el agua usando tu mecanismo?

_____

_____

Sacar conclusiones

Cuando lees, debes averiguar qué información hay en el texto. Usa estas estrategias para sacar conclusiones de un texto.

- Busca datos, como fechas, lugares, nombres u otra información.
- Pregúntate qué significan esos datos cuando los juntas.

Lee los siguientes párrafos. Busca pistas que te ayuden a sacar conclusiones del texto.

El misterio del lago que se encoge

En el pasado, el Gran Lago Salado de Utah era el lago natural más grande al oeste del río Mississippi. El lago se alimenta de varios ríos de agua dulce. Hoy en día, el lago se está secando. Su volumen de agua es casi la mitad del volumen normal. El nivel de agua del lago ha bajado 3.4 metros en comparación con el nivel que tenía en 1847.

Recientemente, en Utah se han registrado temperaturas más elevadas de lo normal y el estado ha sufrido una sequía prolongada. En las áreas alrededor del lago hay escasez de agua. Para resolver el problema de la falta de agua potable, los habitantes ahora obtienen el 40 por ciento del agua que consumen de los ríos que alimentan al lago. Antes, esos ríos tenían abundante agua, pero hoy en día su agua es tan poca que apenas llega al lago.

✓ **REVISAR LA LECTURA** **Sacar conclusiones** Las imágenes muestran la bahía Farmington del Gran Lago Salado. ¿Qué imagen es más reciente? ¿Qué te hace sacar esa conclusión?

_____

_____

_____

_____

🎮 **GAME**

Practica lo que aprendiste con los Mini Games.

El ciclo del agua

Puedo...

Explicar las partes del ciclo del agua.

Reconocer que los océanos son una parte importante del ciclo del agua.

5-ESS2-2

Destreza de lectura

Sacar conclusiones

Vocabulario

ciclo del agua
evaporación
condensación
precipitación

Vocabulario académico

ciclo

 VIDEO

Ve un video sobre las partes del ciclo del agua.

DEPORTES › Conexión

El lugar donde se llevan a cabo los Juegos Olímpicos de Invierno se elige con años de anticipación. Los eventos al aire libre, como el esquí y el *snowboarding*, deben hacerse en la nieve. ¿Cómo pueden realizarse estos eventos donde no hay suficiente nieve? La solución es hacer nieve con una máquina. Una máquina de hacer nieve arroja pequeñas gotas de agua al aire, que debe estar lo suficientemente frío como para congelar las gotitas y convertirlas en nieve. En los Juegos Olímpicos de Sochi, en Rusia, se hizo suficiente nieve para cubrir 500 campos de fútbol americano con unos 60 centímetros de nieve. Sin embargo, hacer nieve artificial reduce los niveles de agua dulce disponible. También aumenta la erosión del suelo y es costoso. Pero la falta de nieve significa falta de esquiadores. En una zona de esquí de California, 38 personas trabajan tiempo completo haciendo nieve.

Usar evidencia del texto ¿Cómo usó la ciudad de Sochi la tecnología para poder realizar el esquí y el *snowboarding* en las olimpíadas? ¿Qué evidencia apoya tus ideas?

_____

_____

_____

_____

¿De dónde vino esa AGUA?

Materiales recomendados
- 2 vasos de plástico
- agua con cubos de hielo
- agua tibia

Los especialistas en calidad del agua deben comprender las interacciones entre el agua y el medio ambiente. ¿Cómo puedes investigar por qué se forma agua en la parte de afuera de un vaso?

Procedimiento

☐ 1. Escribe una hipótesis para responder la pregunta: ¿se formará agua en la parte de afuera de un vaso que contiene agua tibia o agua helada?

_____

_____

Práctica de ciencias

Los científicos describen observaciones para crear explicaciones.

☐ 2. Escribe un procedimiento para poner a prueba tu hipótesis. Muestra el procedimiento a tu maestro antes de comenzar. Anota tus observaciones.

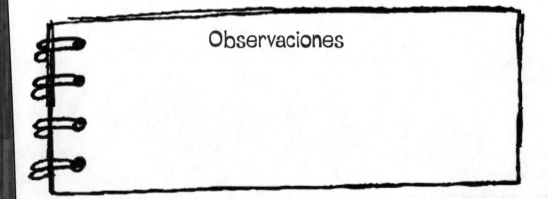

Observaciones

Analizar e interpretar datos

3. **Sacar conclusiones** ¿Apoyó la evidencia tu hipótesis? ¿Cuál fue la causa de la diferencia entre los dos vasos?

_____

_____

_____

El agua en la Tierra

Se llama a la Tierra "el planeta de agua" porque se puede encontrar agua por todo el planeta. Siempre está a tu alrededor, no solo cuando te bañas o nadas. El agua también te rodea en tu salón de clases, en tu hogar; incluso en el desierto. ¿Dónde está el agua en estos lugares secos?

El agua está en el aire y bajo tierra. Gran parte del agua que no puedes ver es un gas invisible llamado vapor de agua. Está en el aire que te rodea. El aire siempre tiene algo de vapor de agua. El vapor de agua del aire se convierte en agua líquida al enfriarse.

Es importante entender que el vapor de agua y el vapor no son lo mismo. El vapor de agua, en general, está a la misma temperatura que el aire que lo rodea. La temperatura del vapor, en cambio, está por encima de la temperatura del aire. El vapor se crea cuando el agua hierve. Lo que ves como vapor son en realidad gotitas de agua que se forman cuando el vapor del agua caliente se encuentra con el aire más frío del ambiente.

✔️ **REVISAR LA LECTURA** **Sacar conclusiones** Temprano, una mañana de verano, ves que el pasto está mojado. Si no llovió, ¿de dónde vino el agua? ¿Cómo se mojó el pasto?

_____

_____

_____

Conectar conceptos
▶ Herramientas

Energía y materia ¿Qué otro ejemplo has observado de agua que se convierte en vapor de agua?

El movimiento del agua en la Tierra

El vapor de agua en el aire es solo una parte muy pequeña de toda el agua que hay en la Tierra. La mayor parte del agua de la Tierra que se encuentra cerca de la superficie está en el océano, pero el agua del océano puede convertirse en el vapor de agua del aire que te rodea. Esto ocurre cuando las partículas de agua que forman el océano se convierten en vapor de agua que se mueve sobre la superficie terrestre.

El agua en la Tierra se mueve constantemente en un **ciclo**, o serie de sucesos o procesos que se repiten. A medida que se mueve, el agua puede cambiar a cualquiera de sus formas: vapor de agua, agua líquida o hielo. El **ciclo del agua** es el movimiento continuo del agua en la Tierra. Dos de los procesos del ciclo del agua son la evaporación y la condensación. El agua del océano se convierte en vapor de agua cuando se calienta. La **evaporación** es el proceso por el cual el agua pasa de ser agua líquida a ser vapor de agua. El calor hace que el aire y el vapor de agua que hay en él se eleven. En las alturas, la temperatura del aire es más baja, por lo que el vapor de agua se enfría y se transforma en agua líquida. Este cambio de vapor de agua a agua líquida se llama **condensación**. Las nubes son gotas de agua líquida que se formaron a partir de vapor de agua que se enfrió.

📖 **Escríbelo** En tu cuaderno de ciencias, escribe qué crees que ocurriría si el agua no se evaporara ni se condensara.

tú, Científico

Sólido, líquido, gas
El agua cambia de estado a medida que se mueve por el ciclo del agua. En diferentes momentos, el agua puede ser un gas, un líquido o un sólido. Haz un modelo que te ayude a explicar cómo puede cambiar el agua de un estado a otro y de nuevo volver al estado original.

¿Cómo circula el agua en la Tierra?

Los procesos del ciclo del agua no tienen un comienzo ni un final. Son afectados por la temperatura del aire, la presión del aire, el viento y los accidentes geográficos. El agua no siempre sigue el mismo camino en el ciclo del agua. Puede seguir muchos caminos.

Precipitación

La precipitación es agua que cae de las nubes en forma de lluvia, aguanieve, nieve o granizo.

Nieve

Lluvia

Escurrimiento

El escurrimiento es agua que se mueve cuesta abajo. Cuando se produce la precipitación, el agua se escurre por el suelo y va hacia arroyos y ríos. De allí, el agua desemboca en lagos o en el océano.

Río

Agua subterránea

Parte de la precipitación penetra en el suelo y pasa a ser agua subterránea.

Condensación

En el aire frío, el vapor de agua se condensa en agua líquida o en cristales de hielo. Las gotas de agua se combinan con otras gotas y pueden formar una nube.

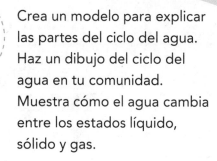

Crea un modelo para explicar las partes del ciclo del agua. Haz un dibujo del ciclo del agua en tu comunidad. Muestra cómo el agua cambia entre los estados líquido, sólido y gas.

Evaporación

A medida que el agua se evapora, el agua líquida se convierte en vapor de agua.

Río

Lago

El Sol provee la energía que hace funcionar el ciclo del agua. El calor del Sol hace que el agua congelada se derrita y el agua de la superficie se evapore. El calor también hace que el viento sople, y el viento mueve las nubes. El agua de las nubes cae en forma de **precipitación**, que es agua que cae como lluvia, nieve, aguanieve o granizo, y el ciclo continúa. Este ciclo ha estado ocurriendo desde que hay agua en la Tierra; es decir, al poco tiempo de su formación. El agua que bebieron los dinosaurios se ha reciclado millones de veces a través de los procesos de evaporación, condensación y precipitación.

Misión Conexión

¿Cómo podrías usar los procesos del ciclo del agua para hacer agua potable?

_____

_____

☑ Lección 1: Revisión

1. **Explicar** Tran está haciendo una investigación sobre el estado del tiempo. Usa un pluviómetro para recoger precipitación. El lunes, recoge 15 mm de lluvia. Tran se olvida de anotar la cantidad de lluvia. El viernes se acuerda, pero el pluviómetro ahora tiene 12 mm de lluvia. ¿De qué manera el ciclo del agua afectó directamente el experimento de Tran?

_____

_____

2. ¿Cómo se relaciona el océano con el ciclo del agua?

_____

_____

_____

Sigue la corriente

agua subterránea

lago

Para aconsejar a una ciudad sobre cómo obtener agua potable, primero debes conocer lo que le ocurre al agua en la superficie de la Tierra. Cuando la precipitación cae en la tierra, la lluvia penetra en el suelo, en la arena y en las rocas. Parte de esa agua es absorbida por las plantas o se pierde con la evaporación. Sin embargo, otra parte se filtra bajo tierra por grietas y fisuras. ¿Adónde va luego?

En el diagrama se muestra el agua de la superficie y el agua subterránea de un medio ambiente. Faltan algunas partes del diagrama.

1. Dibuja flechas azules para mostrar cómo correrá el escurrimiento en el diagrama.

2. Dibuja flechas verdes para mostrar dónde penetra la precipitación en el suelo.

3. Dibuja flechas amarillas para mostrar cómo corre el agua subterránea hacia el lago.

4. **Describir** ¿De qué manera podría ayudarte a proveer agua limpia y potable a una comunidad el saber cómo fluye el agua dulce sobre la superficie y bajo tierra?

_____

_____

_____

_____

_____

_____

VIDEO

Conéctate en línea para aprender sobre la escasez de agua dulce.

¡Se derrite!

En 1992, un bloque gigante de hielo se desprendió de las plataformas de hielo flotantes de la Antártida. Se rompió en dos; uno de los pedazos era casi del tamaño de Rhode Island: 39 kilómetros de ancho y 78 kilómetros de largo. Desde entonces, varias capas de hielo de la Antártida se han roto en partes más pequeñas y han flotado por el mar.

El Ártico también está perdiendo hielo. Normalmente, las temperaturas invernales en el Ártico congelan el agua de mar en capas de entre 1 y 5 metros de espesor. Cada año, este hielo marino se forma y luego se derrite. Sin embargo, ahora la capa de hielo es más fina, se congela más tarde en el año y también se rompe más temprano. El volumen de hielo marino del Ártico durante el verano es ahora menos de un tercio de lo que era en la década de 1980. El hielo que tardó siglos en formarse puede derretirse en unos pocos años. En otras palabras, ¡el hielo de la Tierra se está derritiendo! La causa son las temperaturas globales más calurosas.

El derretimiento del hielo puede tener consecuencias graves. El nivel del mar aumenta y las corrientes oceánicas cambian. Los seres vivos también se ven afectados. Los osos polares cazan focas en el hielo marino. Cuando el hielo marino se derrite antes de tiempo, los osos polares no pueden hallar alimento suficiente para ellos y sus crías.

Defínelo

Las temperaturas en la Tierra están aumentando. Los científicos investigan para saber cuál es la causa de este cambio en el clima. Piensan que es posible frenar o incluso detener este cambio. La manera de lograr esto es hacer que las personas reduzcan su huella de carbono. La huella de carbono es una medida del dióxido de carbono que se produce cuando se usan combustibles fósiles. Un aumento en la cantidad de dióxido de carbono hace que la atmósfera de la Tierra se caliente.

Imagina que trabajas para una organización que aconseja a las comunidades sobre cómo reducir su huella de carbono. La organización te pide que definas el problema en tu comunidad.

☐ Escribe cinco preguntas que les harías a personas y líderes de la comunidad para ayudarte a definir su huella de carbono.

1. _____

2. _____

3. _____

4. _____

5. _____

☐ ¿Qué es lo que quisieras que las personas y comunidades comprendieran para evitar afectar negativamente el clima?

_____

_____

_____

_____

_____

_____

_____

_____

_____

El agua dulce de la Tierra

Puedo...

Identificar que la mayor parte del agua dulce de la Tierra está en los glaciares, en los casquetes polares y bajo el suelo.

Explicar que también hay agua dulce en los lagos, ríos, humedales y en la atmósfera.

5-ESS2-2

Destreza de lectura

Sacar conclusiones

Vocabulario

glaciar
acuífero
embalse

Vocabulario académico

distribuir

 VIDEO

Ve un video sobre el agua dulce de la Tierra.

LOCAL-A-GLOBAL Conexión

En el siglo XIX, las aguas residuales de Chicago corrían desde el río Chicago hasta el lago Michigan, que era la fuente de agua potable de la ciudad. Con el tiempo, el río y el lago se contaminaron. Para resolver el problema, se abrió un canal en el año 1900 llamado Canal Sanitario y de Navegación de Chicago. Cambió el curso del río Chicago de modo que sus aguas no desembocaran en el lago Michigan. En su lugar, las aguas desembocaban en el río Mississippi.

El problema de Chicago quedó resuelto, pero surgió uno nuevo. Hoy, en el lago Michigan pueden encontrarse especies invasoras como la carpa asiática. Algunas carpas ingresaron al lago Michigan nadando corriente arriba por el río Mississippi. Las carpas amenazan la industria pesquera del lago. Las personas están evaluando la posibilidad de cerrar el canal.

✓ **REVISAR LA LECTURA** **Sacar conclusiones** ¿Por qué era un problema que el río Chicago vertiera sus aguas en el lago Michigan?

_____

_____

¿Cómo puedes hallar agua BAJO TiERRA?

A veces, los especialistas en calidad del agua deben localizar y probar nuevas fuentes de agua. ¿Cómo puedes usar un modelo para hallar y probar una fuente de agua subterránea?

Diseñar y construir

☐ **1.** Empapa una esponja en agua y luego colócala en algún lugar de la base de la bandeja para hornear. Cubre la esponja con tierra, rocas y arena, formando un paisaje en la bandeja. Intercambia los paisajes con otro grupo.

☐ **2.** Diseña una herramienta para hallar el agua en el paisaje nuevo. Tu herramienta debe cambiar el paisaje lo mínimo posible. ¿Qué otros criterios deberías tener en cuenta al diseñar la herramienta?

_____

_____

☐ **3.** Muestra el diseño a tu maestro antes de comenzar. Anota tus observaciones.

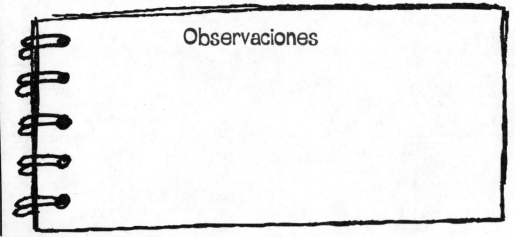

Observaciones

Evaluar el diseño

4. ¿Te ayudó tu herramienta a hallar agua? ¿Cómo podrías mejorarla?

_____

_____

Materiales

- lentes de seguridad
- bandeja para hornear
- esponja
- arena
- tierra
- guijarros
- agua

Materiales recomendados

- cuerda
- pedazo de popote
- cuentagotas
- cinta adhesiva
- cartón

 Usa lentes de seguridad.

Práctica de ingeniería

Los ingenieros aplican ideas científicas para diseñar un objeto.

¿Cómo está distribuida el agua dulce en la Tierra?

Cerca de tres cuartas partes de la Tierra están cubiertas por agua. Solo una pequeña cantidad de esa agua es agua dulce. ¿Cómo está distribuida el agua en la Tierra?

96.5% Océanos

Agua total en el mundo

El agua salina tiene grandes cantidades de sales disueltas. El mar Mediterráneo es un ejemplo de una masa de agua formada por agua salina.

1.0% Otras fuentes de agua salina

30.1% Agua subterránea

2.5% Agua dulce

1.2% Agua dulce de la superficie/ Otra

Un **glaciar** es una masa de hielo que se mueve lentamente sobre la tierra.

Agua dulce

68.7% Glaciares y casquetes polares

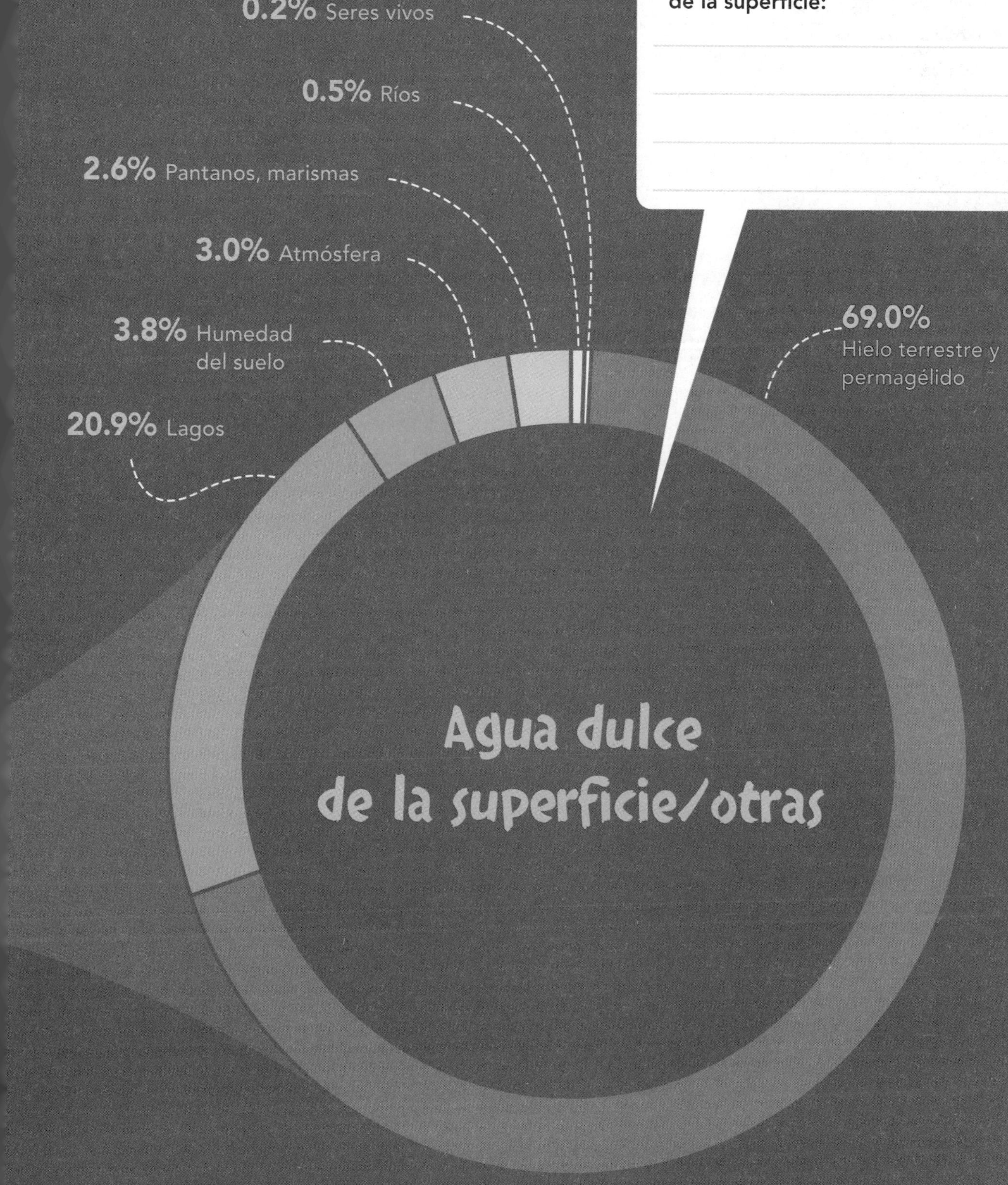

0.2% Seres vivos

0.5% Ríos

2.6% Pantanos, marismas

3.0% Atmósfera

3.8% Humedad del suelo

20.9% Lagos

! Nombra cuatro fuentes de agua dulce que formen parte del agua de la superficie:

_____

_____

_____

_____

69.0%
Hielo terrestre y permagélido

Agua dulce de la superficie/otras

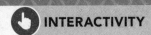

INTERACTIVITY

Completa una actividad sobre la conservación del agua subterránea.

tú, Científico

Hacer modelos de distribución del agua

En un papel cuadriculado, marca una cuadrícula de 10 cuadrados por 10 cuadrados. Luego, con una tijera, recorta 97.5 cuadrados, que representan el océano y otras fuentes de agua salina. Te quedan 2.5 cuadrados. Recorta 1.75 cuadrados del papel para representar el agua contenida en el hielo. Los 100 cuadrados originales representan toda el agua que está cerca de la superficie de la Tierra. ¿Cuánto queda? Eso representa el agua dulce en estado líquido para uso humano.

Escasez de agua dulce

El agua dulce de la Tierra no está **distribuida**, o repartida, de manera pareja. Algunas áreas, como los bosques lluviosos de Brasil, tienen lluvias casi a diario. Otras, como el desierto de Atacama en Chile, son secas todo el año. En lugares como Nebraska, las personas dependen del agua bombeada de **acuíferos**, que son fuentes subterráneas de agua. En todo el mundo, unos 1,000 millones de personas no tienen acceso al agua potable. Otros 2,700 millones de personas no tienen agua dulce al menos un mes al año. Para resolver este problema, las personas construyen **embalses**, que son lugares donde se recoge y almacena agua. Los científicos predicen que, hacia 2025, un 75 por ciento de los habitantes de la Tierra sufrirán escasez de agua si no cambiamos la cantidad de agua que usamos. Escenas como la de la fotografía serán más habituales.

Sumado a esto, está el problema de la contaminación del agua y la destrucción de los hábitats. Más de la mitad de los humedales del mundo han desaparecido. Los humedales son ecosistemas que pueden quitar contaminantes del agua. Los Everglades de Florida solían cubrir 3 millones de acres, pero en los últimos 100 años las personas han construido canales y represas. Usaron el agua, construyeron casas y expandieron la agricultura. Hoy, los Everglades tienen menos de la mitad de su tamaño original.

Reflexiona ¿Por qué alguien que vive donde abunda el agua debería preocuparse por la escasez de agua en otros lugares?

Misión Conexión

¿Por qué es importante hallar maneras de transformar el agua sucia, o contaminada, y el agua salada en agua potable en el futuro?

_____

_____

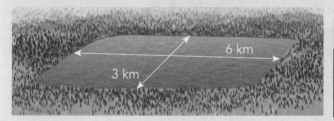

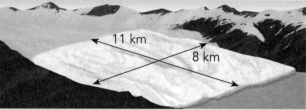

1. **Calcular** Halla el área total del lago y del glaciar usando la fórmula.

   B (área de la superficie) = l × a

2. **Calcular** La profundidad del lago es de 0.1 km. La profundidad del glaciar es de 0.2 km. Calcula el volumen de cada fuente de agua dulce usando la fórmula.

   V (volumen) = l × a × h

3. Redondea el volumen de cada uno al número redondo más cercano. Estima cuántas veces más volumen tiene el glaciar que el lago.

☑ Lección 2: Revisión

1. **Explicar** Si más de la mitad de la Tierra está cubierta de agua, ¿por qué el agua dulce es tan limitada?

   _____

2. **Explicar** El agua de la superficie se encuentra en lagos, ríos, pantanos, marismas, la atmósfera, y las partes del suelo cubiertas por hielo y nieve. ¿Por qué las personas no siempre pueden usar el agua de estas fuentes?

   _____

   _____

¿Cómo filtramos agua?

Es hora de que inventes una manera de filtrar agua de una fuente de agua dulce para obtener agua potable. El agua que se saca directamente de un lago o arroyo puede tener tierra y sustancias dañinas que deben quitarse antes de que las personas la beban. ¿Cómo puedes filtrar el agua para que esté más limpia?

Materiales
- vaso para el agua filtrada
- vaso de agua no filtrada
- tapa o recipiente de plástico blanco
- lentes de seguridad

Materiales recomendados
- botella de agua
- tapa de botella de agua con un orificio en el centro
- filtro de café
- bolitas de algodón
- gotero
- lupa
- cuadrados de gasa
- arena
- carbón
- tijeras

Diseñar el modelo

☐ **1.** Anota los criterios para tu filtro de agua.

_____

_____

_____

☐ **2.** ¿Qué materiales usarás para filtrar el agua?

_____

_____

☐ **3.** ¿Qué pruebas harás para saber si tu filtro de agua fue efectivo?

_____

_____

☐ **4.** Haz un dibujo del diseño de tu filtro.

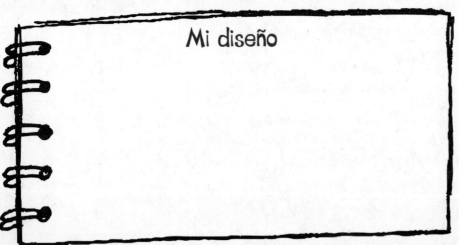

Mi diseño

 Usa lentes de seguridad.

 Maneja las tijeras con cuidado.

 No bebas el agua que se usa en la investigación.

Práctica de ingeniería

Los ingenieros **usan modelos** para analizar un sistema.

5. Desarrolla un procedimiento para probar tu filtro y muéstraselo
a tu maestro antes de probarlo. Anota tus observaciones.

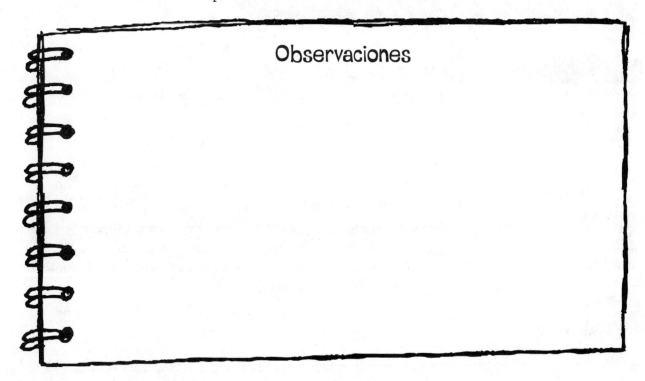

Observaciones

Evaluar el modelo

6. Evaluar ¿El filtro quitó la mayor parte de la suciedad del agua?
¿Cómo lo sabes?

_____

_____

_____

_____

7. Inferir ¿Es seguro beber el agua ahora? Explica tu respuesta.

_____

_____

_____

_____

_____

Los océanos de la Tierra

Puedo...

Describir que la mayor parte del agua de la Tierra está en los océanos.
5-ESS2-2

Destreza de lectura
Sacar conclusiones

Vocabulario
circulación
mareas
salinidad

Vocabulario académico
primario

 VIDEO

Ve un video sobre el agua salada.

LOCAL-A-GLOBAL › Conexión

En 1992, el contenedor de un barco cayó al océano Pacífico. Su carga de 28,000 patitos de goma fue a parar al océano. Con el tiempo, unos 26,000 patitos llegaron a diferentes costas. Los patitos cruzaron el océano y se dirigieron hacia el norte y hacia el sur. Las corrientes oceánicas los llevaron por el océano Ártico hasta playas de Canadá, Escocia e Inglaterra. Algunos patitos también llegaron a Chile, en América del Sur, y a Australia. Más recientemente, en 2011, se encontraron patitos de goma en playas de Alaska. Puedes ver los distintos recorridos de los patitos en el siguiente mapa. Los patitos de goma, al igual que la basura que hay en el mar, recorren miles de millas de océano.

Comunicar ¿Qué muestra este mapa acerca del océano? Explica tu respuesta.

_____

_____

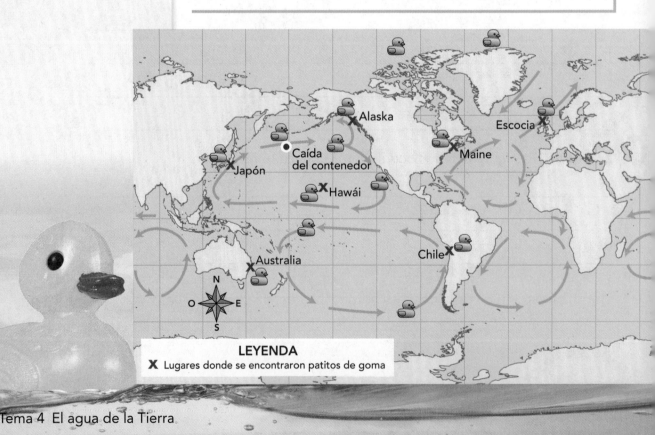

Alaska

Escocia

Maine

Caída del contenedor

Japón

Hawái

Chile

Australia

N
O   E
S

LEYENDA
X Lugares donde se encontraron patitos de goma

¿Cómo puedes separar la sal del agua?

En lugares donde el agua es escasa, los ingenieros buscan maneras de convertir el agua salada en agua dulce. Este proceso se llama desalinización. ¿Cómo puedes obtener agua dulce a partir de agua salada?

Materiales recomendados

- tazón
- vasos pequeños de plástico
- cuerda
- papel film
- 2 piedras
- agua salada
- vaso de precipitados

Diseñar y construir

☐ 1. ¿Cómo puedes usar lo que sabes sobre el ciclo del agua para separar la sal del agua en el agua salada? Usa los materiales y lo que sabes sobre el ciclo del agua para desarrollar un plan. En tu plan, incluye cómo sabrás que la sal y el agua se han separado.

☐ 2. Muestra tu plan a tu maestro antes de comenzar. Anota tus observaciones.

 No bebas ni comas nada del laboratorio.

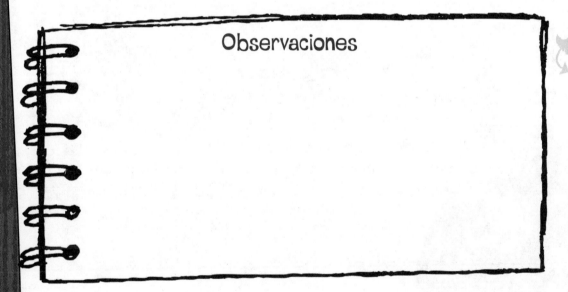

Observaciones

Práctica de ingeniería

Los ingenieros **describen observaciones** para responder preguntas científicas.

Evalúa tu diseño

3. Aplicar ¿De qué manera los resultados de esta investigación podrían usarse para proveer agua dulce a una ciudad costera?

_____

_____

¿Dónde está el agua?

Sin importar en qué lugar de la Tierra se encuentre, toda el agua pertenece a un sistema llamado hidrósfera. La hidrósfera puede dividirse en dos secciones principales: agua salada y agua dulce. El agua salada conforma cerca del 97.5 por ciento del agua de la Tierra. Muchas plantas y animales, incluyendo a las personas, no pueden consumir agua salada. El otro 2.5 por ciento del agua de la Tierra se encuentra principalmente en los glaciares, casquetes polares y agua subterránea.

Aunque el océano se divida en diferentes secciones que tienen nombres específicos, todas estas están conectadas entre sí. La **circulación**, o movimiento giratorio, mueve el agua del océano por todo el mundo. El océano es el principal depósito de agua de la Tierra y la fuente **primaria**, o más importante, de agua para el ciclo del agua. El ciclo del agua conecta el océano con todas las masas de agua dulce.

Graficar datos Completa la gráfica de barras con los rótulos y los porcentajes correctos de agua salada y agua dulce.

100%

0%

Misión Conexión

Si la Tierra tiene tanta agua, ¿por qué las personas de ciertas partes del mundo no tienen agua para beber? Explica tu respuesta.

_____

_____

_____

_____

_____

Las temperaturas de los océanos

El calor del Sol calienta el agua del océano. Las temperaturas del agua cambian con la latitud debido al ángulo del eje de la Tierra y su relación con el Sol. La luz solar en los polos está más dispersa que en el ecuador. La temperatura del agua del océano cerca del ecuador es de alrededor de 30 °C (86 °F). El agua del océano en la región de los polos puede llegar a –2 °C (28 °F). En la zona del ecuador, el agua de la superficie del océano se evapora más rápido que en los polos.

La temperatura del agua también cambia con la profundidad. El agua en lo profundo del océano recibe menos luz solar y está más fría que el agua de la superficie, incluso en el ecuador. El viento y las olas agitan el océano. Las corrientes mueven el agua por la superficie y debajo de ella. El agua del océano también se mueve a causa de las **mareas**, que son patrones de subidas y bajadas del mar debido a la fuerza de gravedad.

✔ REVISAR LA LECTURA **Sacar conclusiones** En la imagen de abajo, traza con una regla una línea a lo largo del ecuador. Compara la temperatura del agua al norte y al sur del ecuador.

_____

_____

¿Durante qué estación en el norte crees que se hizo este mapa? ¿Por qué?

_____

_____

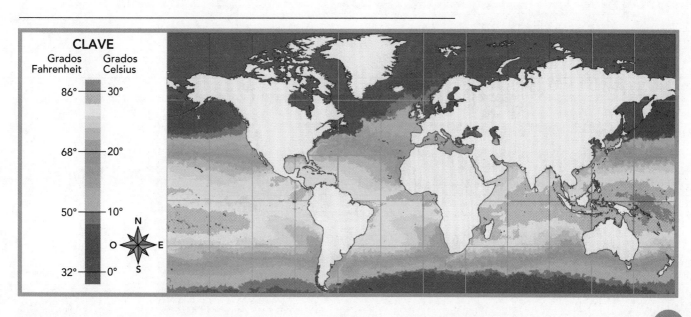

CLAVE

Grados Fahrenheit	Grados Celsius
86°	30°
68°	20°
50°	10°
32°	0°

Conexión con la comprensión visual

¿Cómo se mueve el océano?

El agua de la superficie del océano se mueve con un patrón constante en forma de corrientes. Las corrientes de la superficie son provocadas por el viento. Los científicos les ponen nombres a las corrientes para poder identificarlas en el océano. De California, de Perú y oriental de Australia son algunos ejemplos de nombres de corrientes.

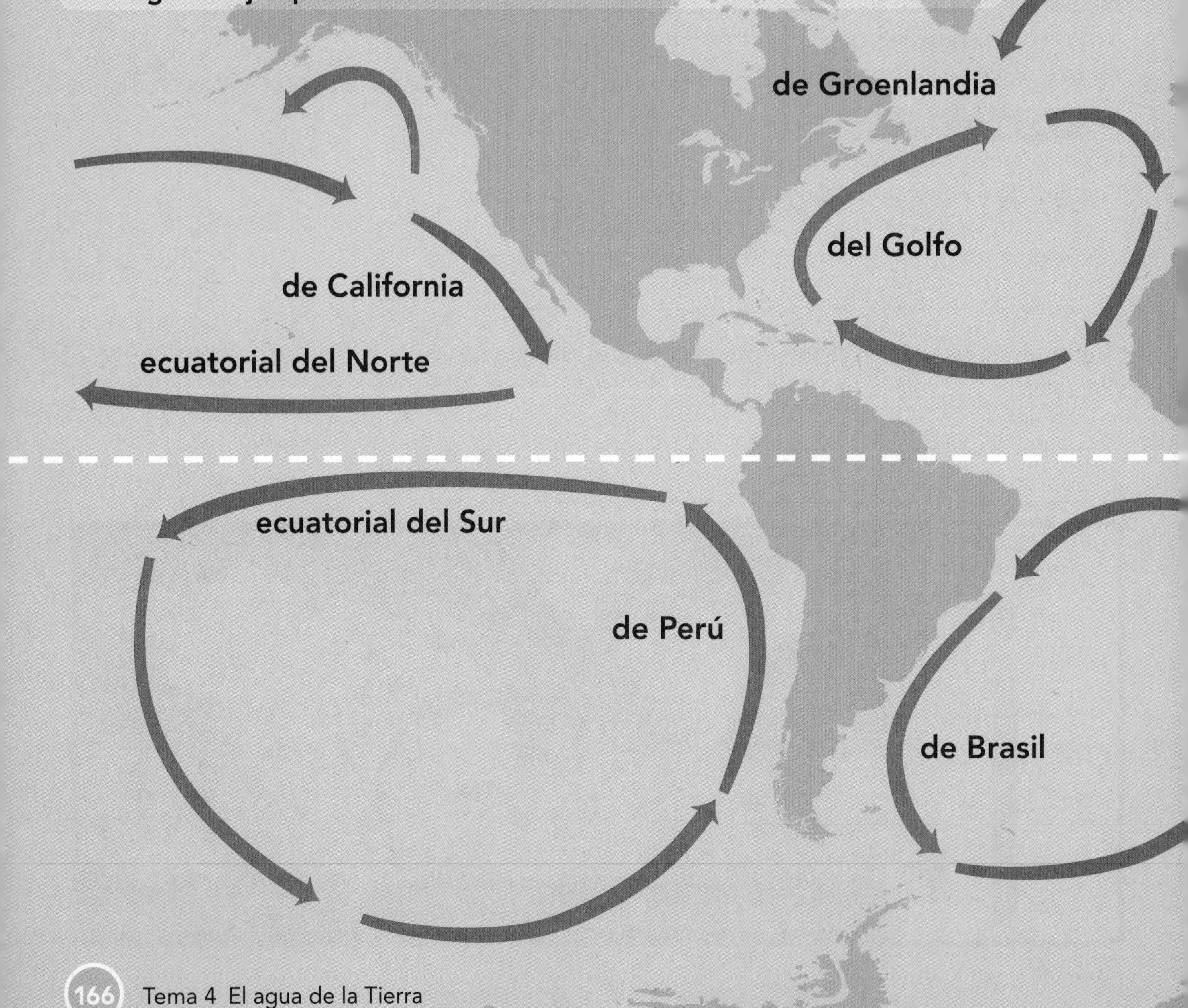

de Groenlandia
del Golfo
de California
ecuatorial del Norte
ecuatorial del Sur
de Perú
de Brasil

INTERACTIVITY

Completa una actividad sobre el agua de la Tierra.

Supón que se encontró un barco a vela flotando a la deriva por la corriente del Golfo. Meses después, se encontró el mismo barco a vela flotando a la deriva por la corriente oriental de Australia. Traza un recorrido posible para el barco por las corrientes oceánicas. Describe por qué crees que el barco siguió ese recorrido.

____

____

____

____

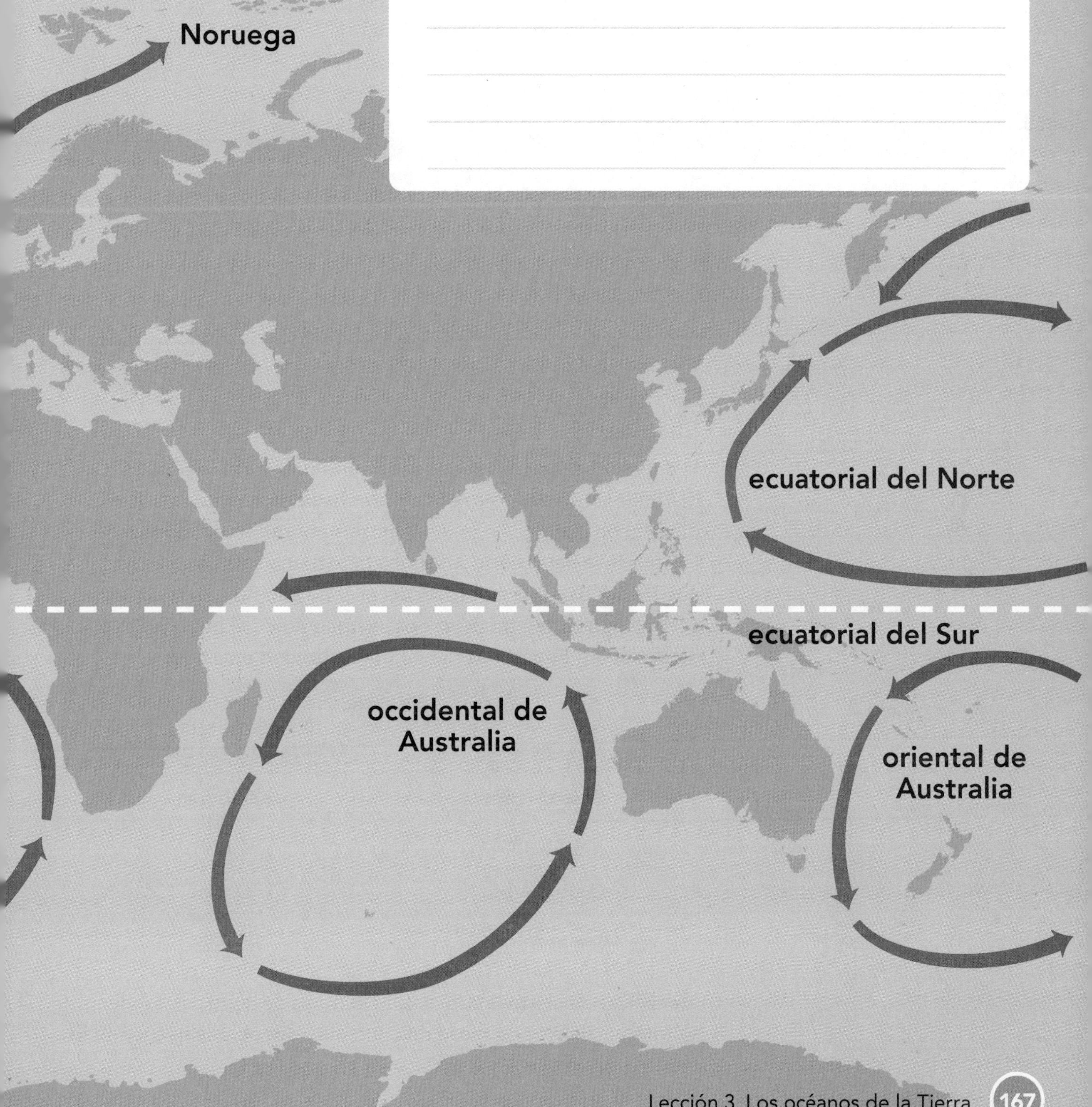

Noruega
ecuatorial del Norte
ecuatorial del Sur
occidental de Australia
oriental de Australia

Para representar el movimiento del agua del océano producido por la diferencia de temperaturas, vierte agua salada tibia en un recipiente transparente de 1 litro hasta la mitad. Agrega 4 cubos de hielo previamente teñidos con un colorante vegetal oscuro. Dibuja tus observaciones.

2 minutos

4 minutos

6 minutos

Salinidad

El agua marina es salada, pero la salinidad varía según las distintas zonas del océano. La **salinidad** es la cantidad de sal disuelta en el agua. Se mide en partes por millar. Las aguas de la superficie del océano Atlántico tienen una salinidad mayor que las aguas de la superficie del océano Pacífico. En zonas del océano donde desembocan ríos, el agua dulce se mezcla con el agua salada. Esas zonas tienen una salinidad más baja.

Salinidad	
Masa de agua	**Salinidad (partes por millar)**
Océano Índico	32–37 ppm
Mar Caribe	35 ppm
Océano Ártico	30 ppm
Océano Antártico	34 ppm

Identificar Encierra en un círculo la masa de agua con la menor salinidad. Subraya la masa de agua que es probable que tenga la mayor salinidad.

Amenazas en las costas

A las personas les resulta difícil proteger las costas oceánicas. La urbanización cerca de las costas puede generar contaminación. La erosión y el crecimiento del nivel del mar reducen las playas. Los accidentes en las plataformas petroleras derraman petróleo en el mar. Las aves, los peces, los mamíferos marinos y las algas son víctimas de las manchas de petróleo. El agua contaminada de los ríos y la basura arrojada al océano dañan las costas. Las mareas y corrientes dejan desperdicios en la arena.

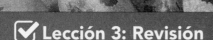 **REVISAR LA LECTURA** **Sacar conclusiones** ¿Puede el petróleo que se derrama en la tierra contaminar el océano? Explica tu respuesta.

tú, Científico

Derrame de petróleo en una botella
Llena una botella de plástico con 3/4 partes de agua. Agrega 6 gotas de colorante vegetal azul o verde. Gira la botella para mezclar el color. Luego agrega 1 cm de aceite vegetal. Cierra y ajusta bien la tapa. Coloca la botella de costado para ver cómo se extiende una capa de aceite. Agita la botella vigorosamente. Colócala de costado y espera unos minutos. ¿Qué ocurre con el aceite? ¿Por qué el océano no puede deshacerse de una mancha de petróleo?

✓ Lección 3: Revisión

1. **Explicar** ¿A través de qué procesos del ciclo del agua el océano se conecta con toda el agua de la Tierra?

_____

_____

2. **Explicar** El martes, la temperatura del agua en Emerald Beach era de 27 °C. El jueves, la temperatura del agua en la misma playa era de 30 °C. ¿Qué factores pudieron haber causado el cambio de temperatura?

_____

_____

Recursos de agua

Completa la tabla basándote en lo que has aprendido acerca del agua. Considera cada fuente y la posibilidad de que provea agua potable. Debes considerar las tareas que realizarás para obtener el agua. También debes considerar qué tareas costarán dinero.

Glaciar	Tipo de agua: _____ Ubicación: _____ Tareas que se deben realizar: _____ _____ Factores que influyen en el costo: _____
Agua subterránea	Tipo de agua: _____ Ubicación: _____ Tareas que se deben realizar: _____ _____ Factores que influyen en el costo: _____
Océano	Tipo de agua: _____ Ubicación: _____ Tareas que se deben realizar: _____ _____ Factores que influyen en el costo: _____

Evaluar ¿Cuál de estas fuentes contiene la mayor cantidad de agua? ¿Cuál es una de las dificultades de hacer que sea potable para los seres humanos?

_____

_____

_____

_____

_____

¿Pueden las personas vivir en Marte?

Las personas podrían vivir en Marte algún día. Para que los seres humanos puedan vivir en Marte, necesitarán una fuente de agua dulce. Los estudios realizados por la NASA muestran que Marte tiene mucha agua, pero una gran parte está congelada. El agua se encuentra en forma de hielo en una capa subterránea que cubre un área grande de Marte. El hielo que hay en esta capa tiene casi tanta agua como el Lago Superior. Usando radares, la NASA observó una zona llamada Utopia Planitia. El hielo que hay allí cubre una superficie mayor a la de Nuevo México. El agua contiene tierra y rocas. La tabla muestra algunas otras diferencias.

	Tierra	Marte
Atmósfera	nitrógeno, oxígeno, argón, otros	dióxido de carbono, vapor de agua
Agua que contiene	97.5% de agua salada, 2.5% de agua dulce	congelada, agua dulce con tierra, copos de nieve de dióxido de carbono
Clima	regiones tropicales, templadas y polares	extremadamente frío a moderado, enormes tormentas de tierra

Usa lo que sabes sobre cómo hallar y usar el agua. Completa esta afirmación: Si la gente viviera en Marte, necesitaría agua, alimentos y refugio. El agua podría provenir de

_____

_____

El proceso para obtener agua en Marte se parecería más a obtener agua ¿de qué fuente de la Tierra?

_____

_____

El agua podría ser potable para los seres humanos luego de

_____

_____

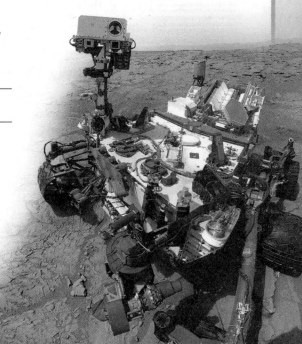

INTERACTIVITY

Organiza los datos para analizar tus hallazgos de la Misión.

¡Agua, agua en todas partes!

¿Cómo puedes hacer que el agua no potable se vuelva potable?

Aplica lo que aprendiste para decidir cómo proporcionar agua potable a las dos ciudades con escasez de agua que se muestran en la tabla.

Ciudad	Fuente de agua más cercana	Calidad del agua
Katherine, Australia	Río Katherine	Poca lluvia durante muchos meses del año. El agua contiene partículas de suelo provenientes del escurrimiento.
Agadir, Marruecos	Océano Atlántico	La fuente de agua contiene sal.

Para cada ciudad, escribe una recomendación sobre cómo resolver el problema del agua. Investiga para hallar información adicional que apoye tu recomendación. ¿Qué desafíos crees que podría tener cada ciudad para resolver el problema del agua?

Katherine _____

_____

_____

_____

_____

Agadir _____

_____

_____

_____

Especialista en calidad del agua

Los especialistas en calidad del agua saben de qué manera las condiciones del agua afectan a las personas. Estos científicos estudian las formas en que las personas obtienen el agua y cómo las actividades humanas contaminan el agua. Existen dos fuentes de agua que deben verificar. La primera es el agua cruda, o el agua tal como existe en la naturaleza. Verifican de qué manera este tipo de agua cambia debido al escurrimiento desde la tierra y los caminos. La otra fuente es el agua tratada, es decir, el agua que obtienes cuando abres un grifo en tu hogar.

Los especialistas en calidad del agua necesitan un título en química, ciencias de la Tierra o biología. Viajan a las fuentes de agua para tomar muestras e investigar los posibles problemas. Parte del trabajo se realiza en los laboratorios y parte en oficinas, pero al menos el 40 por ciento del trabajo se lleva a cabo al aire libre.

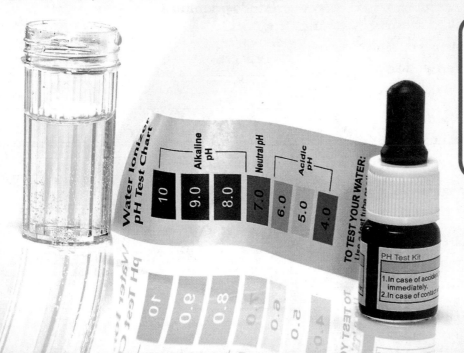

Reflexiona En tu cuaderno de ciencias, describe dos o tres cosas que te interesan sobre ser especialista en calidad del agua.

☑ Evaluación

1. Vocabulario Una ciudad construye una represa en un río y crea un lago para almacenar agua dulce. Este es un ejemplo de _____ artificial.

Usa el diagrama para responder a las preguntas 2 y 3.

2. Interpretar diagramas ¿Qué parte del ciclo del agua representa el número 1 en el diagrama?

Ciclo del agua

A. evaporación

B. precipitación

C. condensación

D. recolección

3. Describir ¿Cuál de las siguientes opciones describe mejor cómo se mueve el ciclo del agua entre los números 3 y 4 del diagrama?

A. El agua cae a tierra en forma de precipitación y se acumula en lagos, lagunas o el océano.

B. El agua se acumula en embalses, donde el agua de la superficie se evapora.

C. El vapor de agua del aire se condensa cuando se enfría y forma nubes que contienen precipitación.

D. La lluvia cae en la tierra y comienza el proceso de evaporación.

4. Explicar Una botella de plástico sellada cae en el océano frente a Australia. Tres años después, la botella se encuentra en una playa de Francia. Explica cómo puede suceder esto.

_____

_____

_____

_____

_____

_____

_____

5. Evaluar un plan El agua en el ciclo del agua de la Tierra puede ser un sólido, un líquido o un gas. Identifica dos procesos en el ciclo del agua en los que el agua cambia de un estado a otro, y luego vuelve al estado original.

_____

_____

_____

_____

_____

_____

_____

_____

_____

6. Describir El océano está conectado con los embalses de la Tierra mediante la evaporación y la precipitación. ¿Qué te dice esto sobre el papel del océano en el ciclo del agua?

_____

_____

_____

7. Interpretar ¿Cuál de las siguientes opciones sería un título correcto de la gráfica?

A. Distribución del agua en la Tierra

B. Fuentes de agua salada en la Tierra

C. El ciclo del agua

D. Distribución del agua dulce

Fuentes de agua dulce de la superficie / Otras **1.2%**

8. Describir ¿Cuál de las siguientes opciones describe una sequía?

A. En los últimos cinco años, una región de Australia tuvo menos de la mitad de la precipitación normal.

B. Una zona de esquí en los Alpes franceses no ha tenido lluvias durante un mes, pero tuvo 975 mm de nieve.

C. Una ciudad costera de Maine no ha tenido lluvias en todo el mes de agosto.

D. Una región de Sudáfrica no tiene casi lluvias en invierno, pero tiene primaveras y veranos húmedos.

Pregunta esencial ¿Cuánta agua se puede encontrar en diferentes partes de la Tierra?

Muestra lo que aprendiste

Mientras aprendías sobre el agua de la Tierra, pudiste ver varios mapas y gráficas. Piensa en esa evidencia. ¿Qué conclusiones sacaste sobre los lugares donde se encuentra el agua salada y el agua dulce?

_____

_____

_____

_____

_____

_____

Usa la tabla y responde las preguntas 1 a 6.

Fuente de agua	Volumen de agua en la Tierra (km cúbicos)	Porcentaje del agua total*
Océano (agua salada)	1,338,000,000	96.53
Casquetes polares, glaciares, nieves perpetuas	24,064,000	1.73
Agua dulce subterránea	10,530,000	0.76
Agua salada subterránea	12,870,000	0.93
Hielo subterráneo y permagélido	300,000	0.02
Lagos de agua dulce	91,000	0.01
Lagos de agua salada	85,400	0.01
Otros embalses de agua dulce	34,305	0.01

*Los porcentajes han sido redondeados.

1. **Dibujar** Elige 3 fuentes de agua y grafica sus cantidades para mostrar cómo se distribuye el agua en la Tierra.

2. **Identificar** ¿Dónde se encuentra la mayoría de agua dulce en la Tierra?

   A. océanos

   B. lagos

   C. agua subterránea

   D. casquetes polares, glaciares, nieves perpetuas

3. **Sacar conclusiones** ¿Qué conclusiones se pueden sacar de los datos de la tabla?

    A. Casi nada de agua se almacena como hielo en la Tierra.

    B. El agua dulce está distribuida de manera pareja en la Tierra.

    C. La mayoría del agua de la Tierra es agua salada.

    D. El agua salada de la Tierra está distribuida de manera pareja.

4. **Explicar** La mayor parte del agua dulce de la Tierra, ¿se encuentra en lagos o en agua subterránea? Usa evidencia para apoyar tu respuesta.

_____

_____

5. **Evaluar** ¿Cómo cambiaría la información de la tabla si la mitad del agua de mar de la Tierra se congelara permanentemente?

_____

_____

_____

_____

_____

6. **Inferir** Los seres humanos no beben agua salada, y los casquetes polares y los glaciares en general están en lugares donde las personas no pueden vivir. Basándote en esta información, ¿por qué es importante mantener nuestros recursos de agua dulce?

_____

_____

_____

¿Cómo puede el agua fluir hacia arriba?

Materiales

- lentes de seguridad
- botella de plástico blando con tapa
- cinta adhesiva
- cubeta
- agua
- vaso de precipitados graduado
- cronómetro

Los especialistas en calidad del agua necesitan bombear agua subterránea para probarla. ¿Cómo puedes construir un aparato que bombee agua hacia arriba?

Diseñar y construir

☐ **1.** Usa los materiales para diseñar un aparato que bombee la mayor cantidad de agua en el menor tiempo posible.

☐ **2.** Dibuja un diseño para tu aparato. Rotula los materiales que usarás en tu aparato.

 Usa lentes de seguridad.

Mi diseño

Práctica de ingeniería

Los ingenieros **describen cantidades** para aportar evidencia.

☐ **3.** ¿Cómo evaluarás tu aparato?

_____

_____

4. Muestra el diseño y tu idea para la prueba a tu maestro antes de comenzar. Anota tus observaciones.

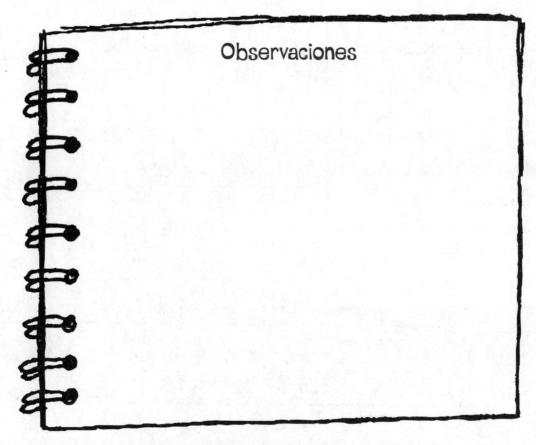

Observaciones

Analizar e interpretar datos

5. Comparar y contrastar Compara tu aparato con los de otros estudiantes para identificar el diseño que puede bombear el mayor volumen de agua en un tiempo determinado. ¿Qué característica comparten los aparatos más potentes?

_____

_____

6. Inferir ¿Cómo puedes mejorar tu modelo para que sea más potente?

_____

_____

_____

_____

El impacto humano en los sistemas de la Tierra

Lección 1 Recursos naturales de la Tierra

Lección 2 Recursos energéticos de la Tierra

Lección 3 Las actividades humanas y los sistemas de la Tierra

Lección 4 La protección de los recursos y el medio ambiente

Estándares de Ciencias para la Próxima Generación

5-ESS3-1 Obtener y combinar información acerca de las maneras en que las comunidades individuales usan ideas científicas para proteger los recursos de la Tierra y el medio ambiente.

ASSESSMENT

VIDEO

eTEXT

INTERACTIVITY

VIRTUAL LAB

GAME

El Texto en línea está
disponible en español.

Pregunta esencial

¿Cómo podemos proteger los recursos y los medio ambientes de la Tierra?

Muestra lo que sabes

Cada una de estas banderas representa una especie nativa que las personas plantaron cerca de este lago. ¿Cómo puede ayudar a los organismos que viven en el lago que se planten especies nativas?

_____

_____

_____

_____

Misión Arranque

Cuida la Tierra, ¡es nuestro hogar!

¿Cómo podemos preservar y proteger los recursos que necesitamos?

Hola, soy Emma Elliot, ¡científica ambiental! Mi trabajo consiste en buscar maneras de proteger el medio ambiente mientras usamos los recursos que nos brinda. En esta actividad de aprendizaje basada en un problema, vas a ayudar a hacer que tu escuela y tu salón de clases sean más ecológicos.

Como lo hace un científico ambiental, vas a identificar usos eficientes e ineficientes de los recursos en tu escuela. También vas a identificar cómo puede tu escuela ser más eficiente en el uso de la energía.

Sigue el camino para llevar a cabo la Misión. ¡Las actividades de cada lección te ayudarán a completarla! Al completar cada actividad, marca tu progreso para indicar que es una MISIÓN CUMPLIDA ✓ . Conéctate en línea para buscar más actividades de la Misión.

Misión Control 1

Lección 1

Identifica acciones que usan los recursos de manera eficiente e ineficiente.

Estándares de Ciencias para la Próxima Generación
5-ESS3-1 Obtener y combinar información acerca de las maneras en que las comunidades individuales usan ideas científicas para proteger los recursos de la Tierra y el medio ambiente.

Misión Control: Lab 3

Lección 3

Haz modelos de las maneras en que
se pueden construir viviendas para
reducir el uso de energía.

Misión Control 4

Lección 4

Evalúa un plan de ampliación
de la escuela en función de los
objetivos de conservación de
tu escuela.

Misión Control 2

Lección 2

Haz una lista de verificación
para evaluar la eficiencia del
uso de la energía en tu escuela.

Misión Hallazgos

Usa evidencia para recomendar
un plan de acción para reducir
el impacto de tu escuela en el
medio ambiente.

¿Cómo podemos reutilizar materiales para diseñar productos nuevos?

Los ingenieros diseñan productos que satisfacen determinados criterios. ¿Cómo puedes diseñar juguetes divertidos para mascotas a partir de materiales reutilizados?

Materiales recomendados

- pelotas de tenis usadas
- toallas usadas, soga u otros materiales blandos
- juguetes o animales de peluche viejos
- ropa usada

Diseñar y construir

☐ 1. Escoge una mascota. Investiga y compara el diseño de por lo menos dos juguetes para esta mascota. Usa fuentes aprobadas por tu maestro.

☐ 2. Usa tu investigación para diseñar un juguete para mascotas hecho con materiales reutilizables. Describe cómo vas a construir el juguete. Pide a tu maestro que revise tu plan antes de empezar.

_____

_____

Práctica de ingeniería

Los ingenieros **obtienen información** para explicar soluciones a un problema de diseño.

☐ 3. Construye el juguete y luego intercambia juguetes y criterios con un compañero. Intercambien sugerencias para mejorar los juguetes. Escribe una de las sugerencias que recibas.

_____

_____

_____

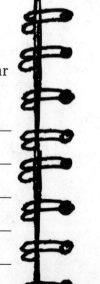

Diseño

Evaluar el diseño

4. **Comunica** ¿Por qué es importante evaluar y comunicar mejoras para un diseño? ¿Puede ayudar a conservar materiales?

_____

_____

_____

_____

Comparar y contrastar

 GAME

Practica lo que aprendiste con los Mini Games.

Cuando comparas y contrastas objetos o acciones, buscas en qué se parecen o se diferencian.

- Las palabras como *similar*, *ambos* y *todos* muestran en qué se parecen las cosas.
- Las palabras como *mayor*, *menor*, *más* y *menos* suelen mostrar en qué se diferencian las cosas.

Lee el siguiente pasaje y aprende sobre los recursos limitados e ilimitados.

El uso de recursos energéticos

Gran parte de la energía proviene de combustibles, como el carbón, el petróleo y el gas natural. Muchos científicos predicen que esos recursos durarán alrededor de 100 años más. Otros recursos, como la luz solar y el viento, son ilimitados. Esos recursos no van a acabarse. Se regeneran todo el tiempo naturalmente. Una fracción pequeña de la luz solar que recibe la Tierra podría satisfacer todas las necesidades energéticas.

Antes, obtener energía a partir de recursos limitados era menos costoso que obtenerla a partir de recursos ilimitados. Ahora, la obtención de energía a partir de recursos ilimitados es menos costosa. Ambos tipos de recursos tienen su impacto ambiental, pero el impacto de cada uno es distinto. La mayoría de los recursos limitados son combustibles que se queman, por lo que producen contaminación y afectan la atmósfera. Algunas estructuras que captan recursos ilimitados, como la energía solar, ocupan mucho espacio para producir energía.

☑ **REVISAR LA LECTURA** **Comparar y contrastar** ¿En qué se parecen los recursos energéticos limitados a los recursos ilimitados? ¿En qué se diferencian?

_____

_____

_____

_____

Recursos naturales de la Tierra

Puedo...

Describir los recursos naturales de la Tierra.

5-ESS3-1

Destreza de lectura
Comparar y contrastar

Vocabulario
recurso natural
recurso no renovable
recurso renovable
mineral
roca

Vocabulario académico
clasificar
eficiente

▶ **VIDEO**

Ve un video sobre los recursos naturales de la Tierra.

LOCAL-A-GLOBAL ⟩ Conexión

Las personas que se ven en la foto están recolectando excremento de aves marinas. En los lugares donde viven millones de aves marinas, el excremento, llamado guano, se acumula con rapidez. En las islas cercanas a la costa de Perú, ¡el guano puede llegar a tener 6 metros (20 pies) de profundidad! Hace por lo menos 1,500 años que las personas recolectan guano y lo usan para hacer fertilizantes. Hoy, Perú sigue siendo el productor principal de guano. El clima de Perú es ideal para el guano de alta calidad.

El guano contiene muchos nutrientes que las plantas necesitan para crecer. El guano se utiliza para fertilizar cultivos y jardines en todas partes del mundo. Seguramente haya guano en las tiendas de tu ciudad donde se venden productos para jardinería. Pero no en todas partes del mundo hay poblaciones de aves marinas suficientemente grandes para producir un guano de calidad similar al de Perú. Por eso, la mayor parte del guano que se usa en Estados Unidos proviene de Perú o de otros países.

Inferir ¿Por qué el guano es un buen fertilizante?

_____

_____

_____

LABORATORIO PRÁCTICO

5-ESS3-1, SEP.8

¿Dónde están los metales?

Los científicos estudian cómo se obtienen y se usan los recursos. ¿Cómo puedes averiguar de dónde provienen algunos metales?

Materiales
- materiales de referencia sobre los metales
- mapamundi
- lápices de colores

Materiales recomendados
- computadora con acceso a Internet

Procedimiento

☐ 1. Escoge cinco recursos metálicos de esta lista: aluminio, cobre, oro, hierro, níquel, plata, estaño, zinc.

☐ 2. Usa fuentes de referencia para obtener información sobre los lugares de donde vienen los recursos de metal que escogiste. Anota los metales y la información en la tabla.

Metal	De dónde proviene

Práctica de ciencias

Los científicos **evalúan información publicada** para explicar fenómenos naturales.

☐ 3. Usa el mapamundi para mostrar los lugares principales de donde provienen los metales. Usa símbolos para representar cada metal. Haz una leyenda para tu mapa con los símbolos que usaste.

Analizar e interpretar datos

4. **Interpretar** Examina la información de tu mapa y los de tus compañeros. ¿Todas las zonas del mundo tienen la misma cantidad de recursos de metal? Explica tu respuesta.

_____

_____

_____

_____

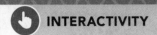

Los recursos naturales

Libros, teléfonos, zapatos, bicicletas... todos los materiales que
componen esos objetos provienen originalmente de la naturaleza.
Un **recurso natural** es algo que proviene de la naturaleza y que
usan los seres humanos. Las verduras que comes provienen de
plantas que crecen. Los metales se extraen de la tierra. El vidrio
se hace con arena, y el plástico se hace a partir del petróleo.

Una manera de **clasificar**, es decir, poner en grupos, los recursos
naturales se basa en su disponibilidad. Algunos recursos naturales
son limitados. Los **recursos no renovables** son aquellos que no
se forman con suficiente rapidez para reemplazar lo que se usa. Los
recursos energéticos como el carbón, el petróleo y el gas natural son
recursos no renovables. Se forman naturalmente, pero el proceso
lleva millones de años. Eso significa que lo que único de lo que
dispondrán las personas es la cantidad que existe en este momento.

Los **recursos renovables** son materiales que la naturaleza
produce por lo menos con la misma rapidez con la que las personas
los usan. Las plantas que usamos como alimento son recursos
renovables. El Sol brinda nueva energía solar todos los días. El
viento que se usa para generar energía es un recurso renovable.
Hasta el aire que respiramos es un recurso renovable, porque
las plantas producen oxígeno constantemente. Sin embargo,
los recursos solo son renovables si no usamos más de lo que la
naturaleza produce.

✓ **REVISAR LA LECTURA** **Comparar y contrastar** ¿Cuál es la
diferencia principal entre un recurso renovable y un recurso no
renovable?

_____

_____

Misión Conexión

Comenta una manera de reutilizar algo que ya no necesitas.

_____

_____

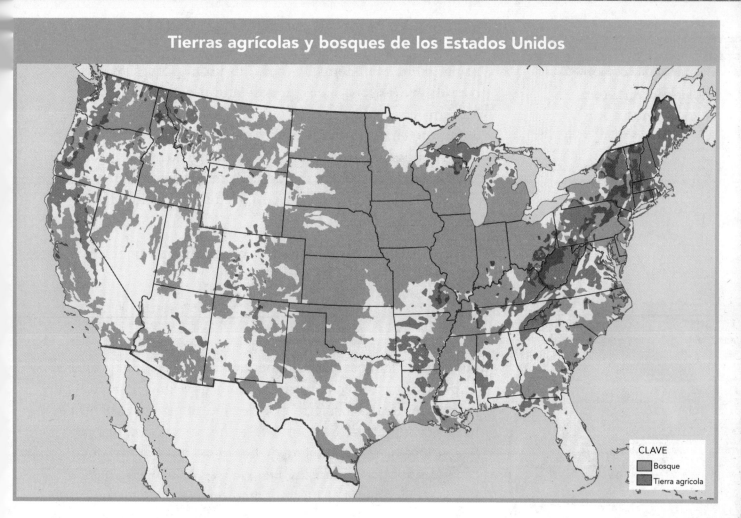

Tierras agrícolas y bosques de los Estados Unidos

CLAVE
☐ Bosque
☐ Tierra agrícola

Tierras y bosques

Quizá no pienses en la tierra como un recurso. Pero usamos la tierra para obtener muchas cosas que necesitamos y queremos. Construimos viviendas y otras estructuras sobre la tierra. Usamos suelo para plantar cultivos y hacer pastar a los animales. Sin suelo, tendríamos muy pocos tipos de alimentos para comer. Al suelo puede llevarle millones de años formarse, así que es importante saber usarlo.

Sin tierras, no tendríamos bosques, que ofrecen hábitats para muchos organismos. Los bosques también brindan materiales para hacer papel, medicamentos y alimento, como frutos secos y frutas. Además, los bosques son importantes para controlar la cantidad de dióxido de carbono que hay en el aire. Si hay demasiado dióxido de carbono en la atmósfera, la atmósfera de la Tierra se puede calentar.

Relacionar El mapa muestra dónde hay tierras agrícolas y bosques en Estados Unidos. ¿Por qué son importantes esos recursos naturales?

_____

_____

Minerales en la roca

Busca ejemplos de rocas cerca de tu casa. Usa una lupa para mirarlas. ¿Qué evidencia encuentras de que las rocas están hechas de minerales?

Minerales y rocas

La tierra nos da minerales y rocas que usamos todos los días. Los **minerales** son sólidos inertes naturales de la corteza terrestre. Las partículas que componen cada tipo de mineral se organizan en un patrón determinado. Algunos minerales son muy abundantes en la Tierra. Otros son mucho más escasos. Muchos minerales deben extraerse de minas cavadas muy por debajo de la superficie de la Tierra. La mayoría de los metales se extraen de minerales.

Identificar ¿Cuál de los materiales que se ven en el mapa es el más abundante en los Estados Unidos?

Las **rocas** son sustancias naturales compuestas por uno o más minerales. Algunos tipos comunes de roca son el granito, la caliza y la pizarra. La mayoría de las rocas están compuestas por muchos minerales. El hierro, por ejemplo, nunca se encuentra puro en la naturaleza. Es parte del mineral de hierro, una roca que incluye hierro. El mineral de hierro puede estar mezclado con muchas otras sustancias. En la foto se ve lo diverso que puede ser el mineral de hierro. Como el mineral de hierro y otras rocas se encuentran en determinados lugares de la Tierra, suelen llevarse en tren o en barco a lugares que están lejos de donde se los extrajo. A las rocas y a los minerales les lleva muchos miles de años formarse, por eso son recursos no renovables.

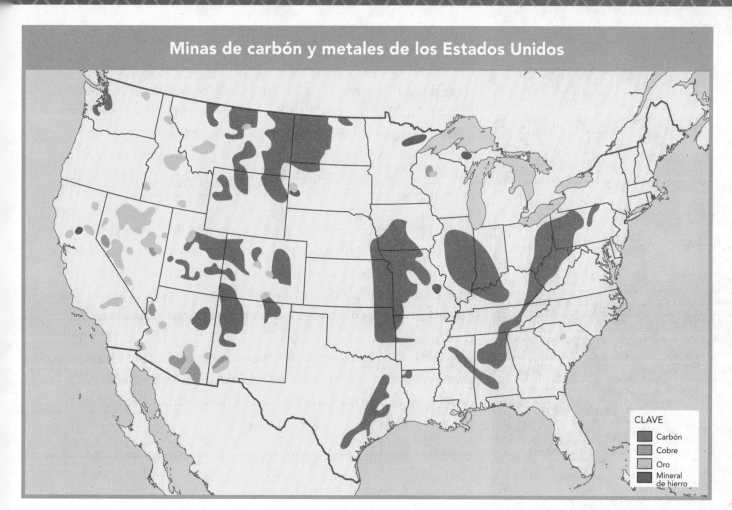

Minas de carbón y metales de los Estados Unidos

CLAVE

- Carbón
- Cobre
- Oro
- Mineral de hierro

Agua

La próxima vez que tomes un trago de agua, piensa en el agua como un recurso natural. Los seres humanos y otros seres vivos necesitamos agua para sobrevivir. También usamos el agua de otras maneras: para bañarnos, nadar, limpiar, lavar ropa, cocinar, cultivar plantas y criar animales. Además, muchas industrias dependen del agua para llevar a cabo procesos como la limpieza, el transporte y la minería. El agua también hace funcionar turbinas que ayudan a producir electricidad.

Si bien el agua es un recurso natural, no está distribuida en forma pareja por toda la Tierra. Algunos lugares no tienen suficiente agua. Las personas que viven ahí tratan el agua de mar para quitarle la sal u obtienen agua de lugares donde es abundante.

Explícalo En tu cuaderno de ciencias, di si las personas que viven donde el agua es abundante deberían cuidar los recursos de agua. Explica por qué.

Aire

Usas el aire cada segundo de tu vida. De hecho, casi todos los seres vivos necesitan el mismo gas del aire que usamos nosotros: el oxígeno. Hasta los organismos que viven en el mar y en otras masas de agua necesitan oxígeno. Lo obtienen del oxígeno que está disuelto en el agua. El aire en movimiento, es decir, el viento, puede usarse para hacer girar turbinas que producen electricidad.

Conocer la importancia de los recursos naturales te ayudará a usarlos con sabiduría. Como aprendiste, hasta los recursos renovables pueden volverse escasos o inutilizables si no los cuidamos. Del mismo modo, los recursos no renovables pueden durar más si los cuidamos. Por ejemplo, el aluminio es un recurso mineral no renovable. Pero las latas de aluminio pueden reciclarse para hacer nuevos productos de aluminio. Cuando usamos las cosas de manera **eficiente**, obtenemos todo lo posible de ellas y no desperdiciamos. Reutilizar y reciclar son maneras eficientes de usar los recursos.

Explicar ¿Por qué es importante usar los recursos renovables con cuidado?

_____

_____

_____

☑ Lección 1: Revisión

1. **Explicar** ¿Por qué el acero de los carros viejos no se considera un recurso renovable aunque se use para hacer nuevos productos de acero?

_____

_____

2. **Contrastar** ¿Cuál es la diferencia entre un mineral y una roca?

_____

_____

Eficiente o ineficiente

Algunas de las maneras en que usamos los recursos son eficientes. Otras actividades pueden desperdiciar recursos. Por ejemplo, llenar un tazón de agua para tu mascota es un uso eficiente de un recurso natural. Si se deja que el agua rebase el borde cuando el tazón está lleno, se usa más agua de la que se necesita. Algunas personas dirían que es ineficiente. Las personas suelen tener opiniones distintas sobre cuándo una actividad es suficientemente ineficiente para cambiar el modo en que la hacen. Una persona puede pensar que comprar un teléfono nuevo es ineficiente si el teléfono viejo aún funciona. Otra puede pensar que es eficiente porque el teléfono nuevo hace cosas que el teléfono viejo no podía hacer.

1. Enumera cuatro usos eficientes de recursos en tu escuela. Enumera cuatro usos ineficientes de recursos en tu escuela.

Eficiente	Ineficiente

2. Compara tu lista con las de otros estudiantes. Comenta las razones de las opiniones de tus compañeros que son distintas de las tuyas. ¿Sus razones te hicieron cambiar de opinión? Explica tu respuesta.

_____

_____

_____

_____

_____

tú.Ingeniero < Diseñar > STEM

INTERACTIVITY

Conéctate en línea para completar una actividad que te ayude con tu diseño.

Haz energía a la manera del Sol

Quizá hayas visto objetos parecidos a los que se ven en la foto. Son celdas solares. Una celda solar es un aparato que convierte la energía de la luz solar en energía eléctrica. Las celdas solares producen electricidad sin dejar materiales dañinos en la atmósfera ni en la hidrósfera. Mientras haya luz solar, las celdas solares pueden producir electricidad sin costo.

Puesto que las celdas solares usan el Sol como fuente de energía, hay que poner grandes paneles de celdas para techos en el exterior. Como consecuencia, las celdas solares suelen juntar polvo, hojas y excremento de pájaros. Esos materiales tapan la luz solar. Con menos luz solar, los paneles captan menos energía y producen menos electricidad. Para captar toda la energía solar posible, hay que mantener limpios los paneles. Limpiar una celda solar puesta sobre una calculadora es fácil, pero en un techo alto e inclinado, es más difícil.

Diséñalo

Imagina que eres ingeniero y trabajas para una empresa que hace paneles de celdas solares para techos. La empresa quiere que diseñes un sistema que haga más fácil mantener los paneles limpios.
El problema de ingeniería es diseñar una manera de limpiar los paneles solares sin usar una escalera.

☐ Haz una lluvia de ideas para resolver el problema.

_____

_____

_____

_____

☐ Escoge uno de los diseños. Explica cómo resolverá el problema.

_____

_____

_____

_____

☐ Dibuja tu solución para el problema. Rotula las partes y escribe una breve descripción de cómo funciona el aparato.

_____

_____

_____

Recursos energéticos de la Tierra

Puedo...

Identificar de dónde proviene la energía de la Tierra.

5-ESS3-1

Destreza de lectura
Comparar y contrastar

Vocabulario
gas natural
energía hidroeléctrica

Vocabulario académico
transformar

 VIDEO

Ve un video sobre los recursos energéticos.

INGENIERÍA ⟩ Conexión

En sus profundidades, la Tierra está muy caliente. El calor está contenido en las rocas, el vapor, el agua y demás materia subterránea. El vapor y el agua caliente que hay bajo la superficie son una fuente de energía llamada energía geotérmica.

Hay distintos sistemas para llevar energía geotérmica a la superficie en lugares donde puede usarse. Algunos sistemas bombean agua caliente subterránea directamente a los edificios a modo de calefacción o a las carreteras y aceras para derretir la nieve. Otros sistemas usan el agua caliente y el vapor para hacer funcionar turbinas conectadas a generadores que producen electricidad. El agua enfriada que queda puede volver bajo tierra, donde volverá a calentarse y podrá usarse otra vez.

La energía geotérmica es un recurso renovable. No contamina, es barato usarla y está siempre disponible en los lugares donde puede usarse, como los lugares cercanos a volcanes, donde el suelo está muy caliente. Sin embargo, tiene algunas desventajas. Cavar millas de roca puede ser difícil y caro.

Concluir Dado que la energía geotérmica siempre está disponible, ¿por qué crees que no obtenemos toda nuestra energía de esa fuente?

_____

_____

_____

¿Qué color es mejor para capturar la energía solar?

Materiales
- 3 botellas de plástico idénticas
- papel rojo, negro y blanco
- agua
- cilindro graduado
- termómetro

Los científicos investigan cómo distintas variables afectan un resultado. ¿Cómo afecta el color a la cantidad de energía solar que absorbe un objeto?

Procedimiento

1. Predice cómo crees que el color de un recipiente afectará la cantidad de energía solar que capte el recipiente.

_____

_____

Práctica de ciencias

Los científicos **analizan datos** para proporcionar evidencia.

2. Escribe un plan para poner a prueba tu predicción. Muestra el plan a tu maestro antes de empezar. Anota tus observaciones.

Observaciones

Analizar e interpretar datos

3. **Evaluar** ¿Qué recipiente es mejor para captar energía solar? ¿Cómo lo sabes?

_____

_____

_____

Usos humanos de la energía

Las personas siempre necesitaron energía. Las civilizaciones antiguas usaban la energía de animales fuertes para viajar, para transportar materiales de construcción y para arar campos y cultivar alimentos. Quemaban madera y otros materiales vegetales para calentarse y cocinar. En el mundo moderno, los animales y la leña se reemplazaron por otras fuentes de energía, como el gas que produce esta llama.

Identificar ¿Qué tipos de energía usas que también usaban los pueblos antiguos?

_____

_____

Energía a partir de combustibles

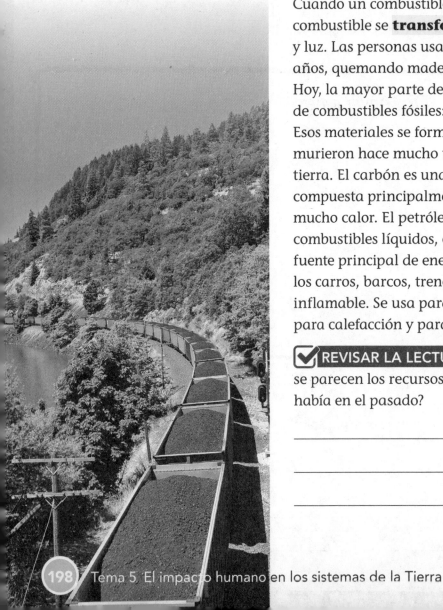

Cuando un combustible se quema, la energía química del combustible se **transforma**, es decir, se convierte, en calor y luz. Las personas usan esa energía hace muchos miles de años, quemando madera seca u otros materiales vegetales. Hoy, la mayor parte de nuestra energía proviene de la quema de combustibles fósiles: carbón, petróleo o gas natural. Esos materiales se formaron de plantas y animales que murieron hace mucho tiempo y que se compactaron bajo tierra. El carbón es una sustancia sólida parecida a la roca, compuesta principalmente de carbono. Al quemarse, produce mucho calor. El petróleo es un líquido que se usa para hacer combustibles líquidos, como la gasolina. El petróleo es la fuente principal de energía para medios de transporte, como los carros, barcos, trenes y aviones. El **gas natural** es un gas inflamable. Se usa para generar electricidad en las viviendas para calefacción y para cocinar.

✓ **REVISAR LA LECTURA** **Comparar y contrastar** ¿En qué se parecen los recursos energéticos disponibles hoy a los que había en el pasado?

_____

_____

_____

Energía de fuentes no combustibles

Puede parecer que el agua que está detrás de la presa no tiene mucha energía, pero es una fuente de energía importante cuando pasa por la presa. Al caer, el agua hace girar las aspas que están dentro de una turbina. Las aspas están conectadas a un generador, que transforma la energía de la turbina en movimiento en energía eléctrica. La energía que proviene del movimiento del agua se llama **energía hidroeléctrica**.

También el viento se puede usar para producir electricidad. Al igual que el agua en movimiento, el viento puede hacer girar las aspas de una turbina. Las turbinas giratorias están enganchadas a un generador que produce electricidad.

Otra fuente de energía es el Sol. El Sol siempre fue la fuente de energía original almacenada en nuestros alimentos. Las personas usan energía solar para generar calor y luz. La energía solar también se puede transformar en energía eléctrica mediante el uso de paneles solares.

Inferir ¿Por qué la energía del viento y la energía del agua suelen transformarse en energía eléctrica antes de usarse?

_____

_____

Práctica de ciencias
► Herramientas

Obtener información Algunos lugares son más apropiados que otros para usar energía eólica. Usa sitios Web confiables, como los sitios .gov o .edu, para investigar en qué lugares de Estados Unidos se produce más energía eólica. Muestra los lugares en un mapa.

Misión Conexión

Muchas veces, las personas que compran energía eléctrica pueden escoger la fuente de esa energía. ¿Por qué puede un distrito escolar decidir comprar electricidad producida utilizando energía hidroeléctrica en lugar de electricidad producida mediante la quema de combustibles fósiles?

_____

_____

_____

¿Dónde se genera energía eléctrica?

Gran parte de la energía que usamos viene en forma de energía eléctrica. Esa energía eléctrica no se produce naturalmente. Se usan generadores para transformar otras formas de energía en energía eléctrica. Una red de cables lleva la energía a los lugares donde las personas la usan.

Descubre tu impacto

Con ayuda de un adulto, averigua cómo se usa la energía en tu casa. Luego, averigua cómo se produce esa energía. ¿Cuál crees que es el impacto de la energía que usas?

Impactos de la producción de energía

La foto muestra cómo se puede cambiar el terreno para obtener fuentes de energía como el carbón. Las operaciones de minería y perforación hacen cambios en la Tierra en la superficie y por debajo de ella. Muchos de esos cambios modifican los hábitats silvestres. Eso puede dañar a los organismos que viven en esos hábitats.

Incluso las fuentes de energía que no hace falta quitar de la Tierra pueden afectar al medio ambiente. Las presas cambian el flujo del agua de sistemas naturales. Las turbinas eólicas pueden dañar a las aves y a los murciélagos. Los grandes sistemas para acumular energía solar cubren terrenos que podrían usarse para otros fines. Puede instalarse tecnología solar de maneras más eficientes. Un ejemplo es poner paneles solares directamente sobre los techos. Así, las viviendas y las empresas obtienen electricidad sin que se usen otras tierras ni conexiones a una planta eléctrica. Las personas también pueden reducir el impacto de la producción de energía reduciendo su uso de energía.

Escríbelo En tu cuaderno de ciencias, comenta si la necesidad de obtener fuentes de energía debe ser más importante que proteger la tierra. Explica tu opinión.

☑ Lección 2: Revisión

1. **Identificar** ¿Cuál es la fuente original de la mayor parte de la energía que usan las personas?

_____

_____

2. **Explicar** ¿Qué otra fuente de energía pueden usar las personas?

_____

_____

_____

Misión Control

¡Ahorra energía!

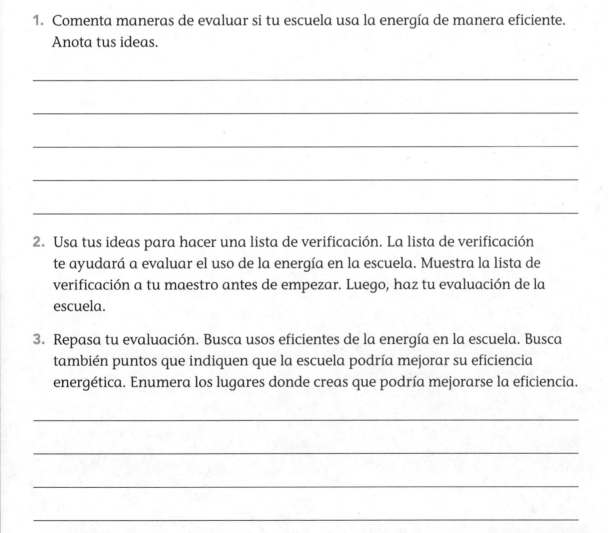

¿Qué pasa si dejas abierta la puerta de tu casa en un día frío? Seguramente sientas aire frío que reemplaza parte del aire más tibio que hay dentro de la casa. El sistema de calefacción de tu casa se enciende para calentar el aire frío. Para eso, usa energía. El sistema de calefacción se apaga cuando la habitación se calienta. Eso ahorra energía.

Hay maneras de ahorrar energía en tu escuela. Por ejemplo, apagar las luces al salir de un salón. Así, no se desperdicia energía en producir luz innecesaria.

1. Comenta maneras de evaluar si tu escuela usa la energía de manera eficiente. Anota tus ideas.

_____

_____

_____

_____

_____

2. Usa tus ideas para hacer una lista de verificación. La lista de verificación te ayudará a evaluar el uso de la energía en la escuela. Muestra la lista de verificación a tu maestro antes de empezar. Luego, haz tu evaluación de la escuela.

3. Repasa tu evaluación. Busca usos eficientes de la energía en la escuela. Busca también puntos que indiquen que la escuela podría mejorar su eficiencia energética. Enumera los lugares donde creas que podría mejorarse la eficiencia.

_____

_____

_____

_____

Las actividades humanas y los sistemas de la Tierra

Puedo...

Explicar cómo las actividades humanas afectan los recursos y medio ambientes de la Tierra.

5-ESS3-1

Destreza de lectura
Comparar y contrastar

Vocabulario
contaminación

Vocabulario académico
efecto

▶ VIDEO

Ve un video sobre las actividades humanas y los sistemas de la Tierra.

STEM ⟩ Conexión

La capa brumosa que cubre la ciudad está compuesta por gases y partículas dañinos que están en el aire. Muchas grandes ciudades del mundo tienen el mismo problema. Los gases de escape de las centrales eléctricas, las fábricas y los vehículos se acumulan en el aire. Hasta el polen de las plantas puede agravar el problema. Esos materiales pueden hacer daño a las personas, a otros seres vivos, a los edificios, a las estatuas y demás.

Muchas ciudades tienen instrumentos para medir los materiales dañinos que hay en el aire, como el ozono, el dióxido sulfúrico, el nitrógeno, el monóxido de carbono y las partículas de polen. Las mediciones que toman esos instrumentos suelen mencionarse en las noticias y en los informes del estado del tiempo. Si las personas conocen esos informes, pueden hacer cosas para reducir los riesgos para su salud.

Inferir ¿Qué podrían hacer las personas si un informe avisara que la calidad del aire es peligrosa?

_____

_____

túInvestigas Lab

¿Qué les **pasa** a las sustancias con el paso del **tiempo**?

El suelo es un recurso natural importante. ¿Cómo puedes investigar qué les pasa a los materiales si se los entierra en el suelo?

Procedimiento

☐ 1. Escoge 3 materiales distintos. Escribe una hipótesis sobre lo que les pasará a los materiales si se los entierra en el suelo y se mantienen en un lugar cálido durante dos semanas.

_____

_____

☐ 2. Escribe un procedimiento para probar tu hipótesis. Muéstraselo a tu maestro antes de empezar. Anota tus observaciones.

Observaciones

Analizar e interpretar datos

3. Evaluar ¿Tus datos apoyan tu hipótesis? Explica tu respuesta.

_____

_____

_____

4. Inferir ¿Qué le pasa a un medio ambiente natural si la basura no se desecha correctamente?

_____

_____

Materiales

- guantes de plástico
- delantal de laboratorio
- lentes de seguridad
- tierra para macetas
- agua

Materiales recomendados

- vasos de plástico
- papel de seda
- papel de periódico
- cacahuates de espuma
- cartón
- plástico de envolver
- cáscaras de fruta
- papel de aluminio
- hojas de plantas o árboles
- pasto cortado

 Usa lentes de seguridad.

 Usa guantes de plástico.

 No pruebes los materiales del laboratorio.

Práctica de ciencias

Los científicos *realizan investigaciones* para comparar resultados.

¿Cómo pueden las actividades humanas cambiar los sistemas de la Tierra?

La Tierra tiene muchos sistemas que cambian a medida que las personas los usan. Algunos cambios afectan el modo en que el sistema funciona. Esos cambios pueden hacer que el sistema se vuelva más o menos útil para las personas.

Atmósfera

La atmósfera proporciona el aire que respiramos. Cuando se agregan sustancias al aire, la atmósfera cambia.

Geósfera

La geósfera es la roca y el suelo que hay debajo de nosotros y a nuestro alrededor. Cuando las personas construyen lugares para vivir, a menudo cambian la geósfera.

Hidrósfera

El agua que hay en la Tierra y en su atmósfera compone la hidrósfera. Para usar energía de la hidrósfera, las personas construyen grandes presas, lo que cambia la hidrósfera, la geósfera y la biósfera.

Biósfera

Los seres vivos de la Tierra componen su biósfera. Esos seres vivos incluyen las plantas, los animales, los microorganismos y hasta los seres humanos. Cuando las personas talan árboles o cultivan plantas, cambian la biósfera.

! En cada esfera, encierra en un círculo un ejemplo de actividad humana que provoca cambios.

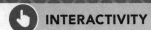

INTERACTIVITY

Completa una actividad
sobre las causas del daño
ambiental.

Cambios en el hábitat

Da un paseo por tu vecindario.
Haz una lista de algunas de
las cosas que crees que son
distintas de como eran antes
de que allí vivieran personas.

Uso humano de los recursos y contaminación

Los sistemas de la Tierra son la fuente de los recursos naturales
que todos los seres vivos necesitan para sobrevivir. Sin
embargo, los seres humanos usan más recursos que ningún
otro tipo de organismo. Por ejemplo, los castores y los seres
humanos construyen viviendas. Ambos quitan muchos árboles
y alteran hábitats acuáticos construyendo presas. Pero los seres
humanos también usan metales para hacer caños y cables,
minerales para hacer pinturas y yesos, y textiles para hacer
alfombras y cortinas. Usan energía para hacer funcionar luces,
hornos y calentadores.

Las actividades humanas tienen un efecto enorme en los
sistemas de la Tierra. Un **efecto** es un cambio que ocurre a
causa de algún tipo de acción. Los efectos pueden ser el objetivo
de una acción o el resultado no planificado de una acción. Los
resultados no planificados se llaman efectos secundarios.
El objetivo de la agricultura y ganadería es producir alimentos
para las personas, pero un efecto secundario es que
reemplazan el tipo de organismos que viven normalmente
en una zona. Las fábricas usan recursos extraídos del suelo
para producir bienes que satisfacen necesidades humanas.
Pero pueden producir gases que contaminan el aire. La
contaminación es la presencia de sustancias en el medio
ambiente que son dañinas para los seres humanos u otros
organismos.

☑ REVISAR LA LECTURA **Comparar y contrastar** Subraya
un efecto positivo de la agricultura y ganadería. Encierra en un
círculo un efecto negativo.

Misión Conexión

▼▼▼▼▼▼▼▼▼▼▼▼▼▼▼▼▼▼▼▼▼▼▼▼▼▼▼▼▼

¿Cómo afecta la cantidad de recursos que se usan en la escuela
a los sistemas de la Tierra?

_____

_____

_____

Reducir el impacto humano

Las personas pueden reducir el impacto indeseado en los sistemas de la Tierra. Las actividades que reducen nuestro impacto ambiental se llaman ecológicas. Si usamos menos recursos, nuestro impacto es menor. Usar energía que proviene de la luz solar es ecológico porque reduce la necesidad de extraer carbón. Reutilizar materiales hace que se necesiten menos recursos nuevos. Todo acto de conservación ayuda, por pequeño que parezca su efecto.

📕 **Reflexiona** ¿Cómo puede afectar a los sistemas de la Tierra una mayor eficiencia energética? Escribe tus ideas en tu cuaderno de ciencias.

☑ Lección 3: Revisión

1. **Describir** ¿Cómo afectan los seres humanos a los recursos naturales de la Tierra?

_____

_____

2. **Sacar conclusiones** ¿Cómo afectan las actividades humanas a los medio ambientes de la Tierra?

_____

_____

¿Cómo afectan a la eficiencia energética los materiales de construcción?

Los ingenieros escogen entre muchos materiales distintos cuando deciden cómo construir un edificio. ¿Cómo afecta a la eficiencia energética la elección del material de construcción?

Materiales recomendados

- cinta adhesiva de papel
- pegamento
- tijeras
- regla
- termómetro
- papel pesado o cartulina
- papel de hornear
- cartón
- papel de aluminio
- planchas de plastoformo
- tablas delgadas
- planchas de plástico pesado
- lona pesada
- paneles plásticos para ventanas
- listones de madera

Diseñar y construir

1. Vas a construir un modelo de habitación. ¿Qué criterios debe cumplir tu habitación?

_____

_____

2. Dibuja el diseño de tu habitación. Identifica qué materiales vas a usar para hacer el techo y las paredes.

 Ten cuidado al usar las tijeras.

Práctica de ingeniería

Los ingenieros comparan múltiples soluciones para evaluar en qué medida cumplen con los criterios y las restricciones de un problema de diseño.

3. Entre todos, planeen una manera de probar la eficiencia energética de cada habitación. Hagan una tabla que pueda usarse para comparar los resultados de las pruebas. No olviden incluir una parte de la tabla para enumerar los materiales utilizados en cada habitación.

4. Prueba tu habitación. Anota los datos en la tabla de la clase.

Evaluar el diseño

5. **Analizar** Usa la tabla para determinar qué materiales fueron los más eficientes y los menos eficientes en el uso de la energía. Apoya tus respuestas con evidencia.

_____

_____

_____

_____

_____

_____

_____

6. **Sacar conclusiones** ¿Qué propiedades de un material pueden hacerlo más eficiente en el uso de la energía?

_____

_____

_____

_____

_____

La protección de los recursos y el medio ambiente

Puedo...

Describir maneras de proteger los recursos y el medio ambiente.

5-ESS3-1

Destreza de lectura
Comparar y contrastar

Vocabulario
conservación

▶ **VIDEO**

Ve un video sobre cómo proteger los recursos y el medio ambiente.

CURRÍCULO Conexión

En la primera parte del siglo xx, la caza eliminó a todos los lobos del Parque Nacional Yellowstone. El fin de los lobos tuvo algunos resultados sorprendentes. Al no haber lobos, aumentó la cantidad de presas de los lobos: venados y ciervos. Los ciervos comen sauces y álamos temblones jóvenes. Los castores necesitan esos árboles para construir sus madrigueras. Como los ciervos comían más árboles, la población de castores se redujo. Como había menos represas de castores, también había menos marismas.

A partir de 1995, un grupo de científicos mudaron a lobos grises de Canadá al Parque Yellowstone. Desde entonces, aumentó la cantidad de marismas en el parque. Ese aumento ocurrió porque ahora los lobos ayudan a controlar la población de ciervos. La reintroducción de los lobos hizo que prosperaran más animales, no menos.

Sacar conclusiones ¿Qué pasaría probablemente si se quitaran todos los ciervos del Parque Yellowstone?

_____

_____

¿Cómo puedes recolectar agua de lluvia?

Los ingenieros construyen sus primeros diseños para evaluar soluciones. A menudo, hacen cambios a sus primeros diseños para ver si pueden mejorarlos. ¿Cómo puedes construir un sistema para recolectar agua de lluvia?

Materiales
- agua
- regadera

Materiales recomendados
- planchas de plástico duro de distintos tamaños
- papel de aluminio
- embudo
- recipientes de distintos tamaños
- tubos de plástico
- cinta adhesiva de tela metálica

Diseñar y construir

☐ 1. Escoge materiales para planear y construir un sistema para recolectar agua de lluvia. Dibuja tu diseño. Muestra el diseño a tu maestro antes de construirlo.

☐ 2. Vierte agua sobre tu sistema para hacer un modelo del agua de lluvia. Modifica el modo en que viertes el agua para hacer modelos de distintos tipos de lluvia. Anota tus observaciones.

Observaciones

Comunicar la solución

3. **Comparar y contrastar** Presenta al resto de la clase tu sistema de recolección de agua de lluvia. Compara tu sistema con el de otros grupos. ¿Cómo podrías mejorar tu sistema?

Práctica de ingeniería

Los ingenieros aplican principios científicos para diseñar una solución.

_____

_____

_____

Protección de los recursos

La mayoría de los recursos naturales que necesitamos son limitados. Por eso es importante la **conservación**, la práctica de proteger el medio ambiente y utilizar los recursos con cuidado. Los gobiernos y las empresas pueden llevar adelante iniciativas de conservación. Muchas veces, los parques nacionales y estatales preservan áreas naturales con características poco comunes. Dos ejemplos son los coloridos géiseres del Parque Nacional Yellowstone y los cañones del Parque Nacional Gran Cañón. Otros parques protegen ecosistemas importantes, como humedales y grandes zonas boscosas.

Las personas también pueden practicar la conservación. Reducir la cantidad de materiales de desecho que produces ayuda a reducir la cantidad de recursos que usas. Andar en bicicleta en lugar de que alguien te lleve en carro es divertido y ahorra combustible. Llenar una botella de agua reutilizable en lugar de comprar botellas de agua ahorra recursos.

Inferir ¿Cómo ayudan a conservar recursos naturales los autobuses escolares que llevan a muchos estudiantes juntos a la escuela?

_____

_____

_____

Conservación ambiental

Hoy en día, los seres humanos usan más de la mitad de las tierras del mundo. Sus actividades tienen profundos efectos en el medio ambiente, y por eso es importante la conservación. La conservación ambiental abarca todas las maneras en que las personas se esfuerzan por reducir los efectos ambientales dañinos. Los científicos tienen una función importante. Reúnen datos sobre cómo la actividad humana cambia los sistemas de la Tierra. Impulsan la conservación compartiendo sus conclusiones con los ciudadanos, los agricultores, los funcionarios del gobierno y las empresas importantes.

Las personas y las empresas también pueden hacer un aporte importante. Pueden usar lo que aprenden sobre la conservación para tomar medidas de protección de los sistemas de la Tierra. Las personas ayudan cambiando su comportamiento cotidiano. Todo acto de conservación ayuda, por pequeño que parezca su efecto. Por ejemplo, se pueden reciclar papel y plásticos, o comprar productos de empresas que también practican la conservación. Los ingenieros ayudan diseñando aparatos que usan energía renovable o usan menos energía. Las empresas pueden instalar techos verdes, paneles solares o turbinas eólicas para usar menos energía no renovable. Con soluciones creativas, se puede reducir el impacto negativo de las actividades humanas sin dejar de satisfacer las necesidades y los deseos de las personas. Por ejemplo, algunos cultivos, como el café, pueden plantarse a la sombra de los árboles. Eso protege el hábitat de los pájaros nativos y otros organismos. Además, esos cultivos requieren menos fertilizantes químicos, lo que reduce la contaminación.

Resumir ¿Cómo usan ideas científicas las comunidades para proteger los recursos y el medio ambiente?

_____

_____

_____

_____

_____

_____

_____

Conectar conceptos
▸Herramientas

Escala Un motivo por el que los parques ocupan áreas grandes es para incluir todas las partes de un ecosistema. ¿Cómo funcionan juntas las distintas partes del mundo natural para hacer un sistema?

¿Cómo reciclan las personas?

Muchos materiales que usamos a diario son reciclados. Por ejemplo, el papel, los metales, el vidrio y el plástico. Cuando se recicla una botella de plástico, el plástico no acaba en un vertedero, sino que se convierte en un producto nuevo.

1 El primer paso para reciclar es clasificar los materiales.

4

Las personas usan el plástico viejo cuando usan el producto nuevo.

3 El plástico se usa para fabricar un producto nuevo.

! Para cada paso, escribe una palabra que describa cómo se recicla el plástico.

1 _____

2 _____

3 _____

4 _____

2 El plástico viejo va a una fábrica donde se lo derrite y procesa.

¡Pregúntalo!

¿Qué pregunta harías antes de planear un programa de reciclaje en tu escuela?

_____

_____

Reducir y reutilizar

Una manera en que las personas pueden practicar la conservación es reducir la cantidad de recursos que usan. Al reducir los recursos que usas, se reduce también las cantidad que debe producirse. En tu casa, apagar las luces cuando no hacen falta ahorra energía. También puedes apagar la calefacción o el aire acondicionado cuando no estás en tu casa.

Reutilizar y reciclar cosas en lugar de tirarlas a la basura reduce la necesidad de producir recursos materiales nuevos. Por ejemplo, las bolsas de compra de lona pueden usarse una y otra vez. Eso reduce la cantidad de bolsas de papel y de plástico que necesitan las personas. Las pilas recargables pueden reemplazar las pilas descartables que acaban como desechos.

PLASTIC   PAPER   GLASS

Misión Conexión

Algunos materiales como la comida desechada pueden convertirse en abono orgánico. El abono orgánico puede usarse para fertilizar un jardín. Se hace cuando los alimentos desechados se descomponen y se mezclan con el suelo. ¿Cómo puedes sumar el abono a las prácticas de tu escuela?

_____

_____

Uso de recursos

Los sistemas de la Tierra son la fuente de todos los materiales que usan las personas. Algunos recursos, como las plantas, pueden reemplazarse a medida que las personas los usan. Otros, como los combustibles fósiles, no. El buen uso de todos los recursos ayuda a reducir el impacto humano en el medio ambiente.

Además de reducir, reutilizar y reciclar, las personas pueden planear y tomar buenas decisiones. Las viviendas ecológicas están diseñadas para reducir el impacto. Se construyen utilizando todos los materiales reciclados y renovables posibles. Están diseñadas para usar la menor cantidad posible de energía y para usar energía renovable cuando es necesario. Los vehículos eléctricos son otra manera de usar bien los recursos. Los carros eléctricos usan energía, pero afectan menos el medio ambiente. Si la electricidad proviene de un recurso renovable, esos carros también reducen la demanda de combustibles fósiles.

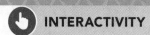

INTERACTIVITY

Completa una actividad sobre cómo ser más ecológicos.

tú, Científico

Investigación sobre el reciclaje de plásticos

Los recipientes de plástico que pueden reciclarse tienen un símbolo que muestra un triángulo de flechas con un número dentro. Mira recipientes de plástico que haya en tu casa y anota los números. Luego, averigua en Internet de qué tipos de plásticos están hechos los recipientes.

✓ REVISAR LA LECTURA **Comparar y contrastar** ¿En qué se parecen las viviendas ecológicas y los carros eléctricos?

_____

_____

_____

✓ Lección 4: Revisión

1. Analizar Nombra dos maneras en que puedes proteger los recursos de la Tierra.

_____

_____

2. Explicar Algunas viviendas ecológicas tienen aparatos que producen electricidad a partir de la energía solar. ¿Por qué esa es una parte importante de la construcción ecológica?

_____

_____

_____

Aumentar la conservación

Tu escuela necesita ampliarse y hacer salones nuevos. La ampliación se puede hacer sobre parte del estacionamiento, sobre un campo o sobre parte de un bosque. ¿Qué factores debería tomar en cuenta la escuela para evaluar cada solución? ¿Qué solución ayudaría más a la escuela a cumplir sus objetivos de conservación?

1. Identifica criterios y restricciones de la ampliación.

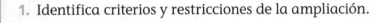

_____

_____

_____

2. Evalúa si cada solución posible cumple los criterios.

_____

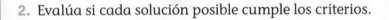

_____

_____

_____

3. Haz una recomendación. ¿Cuál es la mejor solución para la escuela? Explica tu razonamiento.

_____

_____

_____

_____

ciencia EXTREMA

3, 2, 1, ¡aterrizaje!

Desde los inicios de la era espacial, en la década de 1950, las personas lanzaron miles de cohetes al espacio. La mayoría de los cohetes están dañados cuando reingresan en la atmósfera de la Tierra y no pueden volver a usarse.

El cohete Falcon 9 es diferente. Lo construyó una empresa privada para llevar materiales al espacio para la NASA y otras organizaciones. Sin embargo, el Falcon 9 está diseñado para ser reutilizado horas después del último lanzamiento. Los cohetes llevan su equipo muy alto. Luego, el motor principal se separa y vuelve a la superficie terrestre. Puede volver a usarse unas horas después. Puede aterrizar en tierra o en la cubierta de un barco. Reutilizando los cohetes, la empresa espera usar menos recursos. Los cohetes reutilizables podrían ayudar a abaratar los vuelos espaciales.

¿Cómo crees que los cohetes reutilizables podrían afectar el programa espacial de Estados Unidos?

_____

_____

_____

Este cohete Falcon 9 vuelve a la Tierra después de haber llevado una nave espacial a la Estación Espacial Internacional.

INTERACTIVITY

Organiza los datos para apoyar tus hallazgos de la Misión.

Cuida la Tierra, ¡es nuestro hogar!

¿Cómo podemos preservar y proteger los recursos que necesitamos?

Investigar

Repasa el tema para buscar ideas de los cambios que puede hacer tu escuela para conservar recursos.

Formular un plan

Escribe un plan de una medida en particular que puede tomar tu escuela para conservar recursos y proteger el medio ambiente. Usa datos para explicar cómo esa medida reducirá el uso de recursos. Luego, escribe una carta al director en la que describas tu plan.

_____

_____

_____

_____

_____

_____

Científico ambiental

Los científicos ambientales estudian los medio ambientes de la Tierra. Hay muchos trabajos distintos que pueden hacer los científicos ambientales. Pueden trabajar en bosques y en otros medio ambientes naturales. También pueden trabajar en ciudades o en escuelas. Otros científicos ambientales trabajan en laboratorios. Analizan muestras de suelo, agua y aire para averiguar si contienen materiales peligrosos. Los datos que generan los científicos ambientales sirven para idear maneras de proteger a las plantas y a los animales. Los científicos también usan datos para planear medidas de recuperación de ecosistemas dañados. Ayudan a los estudiantes y a otras personas a mantenerse a salvo de materiales peligrosos donde viven y trabajan.

Otra cosa que pueden hacer los científicos ambientales es trabajar con gobiernos, inmobiliarias y propietarios de tierras para decidir dónde construir edificios, carreteras, presas y otros proyectos. Los científicos ambientales estudian los sistemas naturales y humanos, y proporcionan datos que se pueden usar para tomar decisiones en materia de construcción. Si quieres mejorar el medio ambiente y la salud de los demás, ¡podrías ser muy buen científico ambiental!

Reflexiona En tu cuaderno de ciencias, describe de qué modo trabajaste como un científico ambiental cuando formulaste un plan de conservación para tu escuela.

1. **Interpretar** ¿Cuál de estos materiales es un recurso natural?

   A. el aire

   B. el vidrio

   C. el plástico

   D. el acero

2. **Vocabulario** ¿Cuál de estos enunciados describe mejor un recurso renovable?

   A. Está disponible para usarse en todo momento.

   B. La naturaleza lo reemplaza con la misma rapidez con la que se usa.

   C. Tiene energía que proviene originalmente de la luz solar.

   D. Es muy barato de producir y llevar al lugar de uso.

3. **Describir** ¿Cómo afecta la contaminación a los sistemas de la Tierra?

   _____

   _____

   _____

   _____

4. **Interpretar** Este símbolo aparece en las botellas de plástico. ¿Qué significa el símbolo?

   _____

   _____

   _____

   _____

5. Interpretar ¿Cuál de estas fotos muestra un recurso energético no renovable?

A.

B.

C.

D.

6. Explicar Toda actividad humana tiene algún impacto en el medio ambiente. ¿Qué impacto tiene el uso de energía hidroeléctrica renovable de una presa?

_____

_____

_____

_____

_____

Pregunta esencial ¿Cómo podemos proteger los recursos y los medio ambientes de la Tierra?

Muestra lo que aprendiste

Nombra tres maneras en que puedes practicar la conservación en tu vida.

_____

_____

_____

_____

_____

_____

_____

Lee la situación y responde las preguntas 1 a 5.

Los habitantes de una ciudad pequeña estudiaron el uso de la energía en todos los edificios públicos. Descubrieron que había que reemplazar los sistemas de calefacción. Decidieron investigar distintas opciones de fuentes de energía. El estudio dio como resultado cinco posibilidades:

- Reemplazar las calderas de petróleo por un nuevo sistema de petróleo
- Cambiarlas por un sistema de calderas de gas
- Instalar sistemas eléctricos de calefacción con energía proveniente de una central de carbón
- Instalar paneles solares en los techos de los edificios para calefacción eléctrica
- Construir una presa en el río para generar energía eléctrica para calefacción

Fuentes de energía posibles			
Fuente de energía	¿Es renovable?	Costo del sistema energético	Grado de contaminación que causa
petróleo	no	medio	elevado
gas natural	no	bajo	medio
electricidad a partir de carbón	no	medio	elevado
electricidad a partir de luz solar	sí	medio	nulo
energía hidroeléctrica	sí	elevado	nulo

1. **Comunicar** En una reunión realizada para comentar los resultados de la encuesta, uno de los habitantes de la ciudad señaló que la energía hidroeléctrica no daña el medio ambiente porque no causa contaminación. Explica por qué ese argumento no es del todo correcto.

_____

_____

_____

2. Resumir Los habitantes de la ciudad que respondieron la encuesta estuvieron a favor de usar la fuente de energía que afectara menos el medio ambiente. Sobre la base de la encuesta, ¿qué medida seguramente habrán preferido para generar energía para los nuevos sistemas de calefacción?

A. reemplazar el sistema de petróleo por un nuevo sistema de petróleo

B. construir una presa en el río para generar energía eléctrica

C. instalar paneles solares en los techos de los edificios

D. comprar energía eléctrica a la empresa de electricidad

3. Obtener información ¿Qué evidencia apoya tu respuesta a la pregunta 2?

A. La producción de energía solar no contamina.

B. La opción más barata es reemplazar las calderas.

C. La energía obtenida a partir de gas natural contamina menos que la obtenida a partir de petróleo.

D. Las centrales hidroeléctricas son más caras que las centrales de carbón.

4. Resumir Los habitantes de la ciudad decidieron que necesitaban una manera de obtener energía cuando no dispusieran de su fuente principal. El sistema de respaldo tenía que ser barato porque no se usaría muy a menudo. ¿Qué sistema de respaldo recomendarías para la ciudad? Explica tu respuesta.

_____

_____

_____

_____

5. Evaluar ¿Qué factor podría hacer que los habitantes de la ciudad decidieran no usar energía solar a pesar de que ese tipo de energía no contamina?

A. Hay momentos en que la energía solar no está disponible.

B. La energía solar es más cara que otras opciones de energía renovable.

C. Los habitantes de la ciudad no quieren usar una fuente de energía renovable.

D. Los paneles solares pueden producir demasiada energía.

¿Cómo puedes usar la energía del agua?

Los ingenieros construyen soluciones y luego las mejoran en función de los consejos de otros expertos. ¿Cómo puedes construir una máquina y mejorarla?

Diseñar y construir

☐ 1. Investiga y compara el diseño de dos aparatos, por lo menos, que usen la energía del agua que cae para producir movimiento. Usa fuentes aprobadas por tu maestro.

☐ 2. Diseña un aparato que use la energía del agua que cae para producir movimiento. Escoge los materiales y dibuja tu diseño. Antes de empezar, pide a tu maestro que lo revise.

Diseño

☐ 3. Construye tu aparato. Describe cómo usa la energía para producir movimiento. ¿De dónde proviene la energía del agua?

_____

_____

_____

_____

Materiales
• lentes de seguridad
• agua

Materiales recomendados
• cinta
• pegamento
• cuerda
• botellas de plástico
• tiras de plástico
• rueda y eje de juguete viejo
• tubos de plástico
• cubeta de plástico
• listones de madera
• tapas de recipientes de plástico
• tornillos
• destornillador

 Usa lentes de seguridad.

 Ten cuidado con los materiales.

Práctica de ingeniería

Los ingenieros **obtienen información** para explicar soluciones a problemas de diseño.

Evaluar el diseño

4. Comunicar soluciones Intercambia aparatos con un compañero. ¿Qué restricciones tiene el sistema que usó tu compañero para generar energía para el aparato? ¿Cómo se podría mejorar? Escribe tus sugerencias en una hoja de papel y dáselo al diseñador.

_____

_____

_____

_____

_____

5. Resumir Cuando tengas los comentarios de tu compañero, piensa maneras de mejorar el funcionamiento de tu aparato. Escribe o dibuja tus ideas.

6. Evaluar ¿Cómo puedes mejorar tu diseño para aumentar la conservación del agua y conservar recursos de la Tierra?

_____

_____

_____

_____

_____

_____

El sistema solar

Lección 1 El brillo del Sol y de otras estrellas

Lección 2 El sistema solar interior

Lección 3 El sistema solar exterior

Estándares de Ciencias para la Próxima Generación

5-ESS1-1 Apoyar el argumento de que la diferencia en el brillo del Sol comparado con el de otras estrellas se debe a sus distancias relativas respecto de la Tierra.

3-5-ETS1-1 Definir un problema de diseño sencillo que refleje una necesidad o un deseo que incluya criterios específicos para el éxito y restricciones de materiales, tiempo o costo.

ASSESSMENT

 VIDEO

 eTEXT

 INTERACTIVITY

 VIRTUAL LAB

 GAME

El Texto en línea está
disponible en español.

Pregunta esencial

¿Cuál es el lugar de la Tierra en el espacio?

Muestra lo que sabes

La Tierra es uno de los muchos planetas de nuestro sistema solar. Hay cuatro planetas en el sistema solar interior y cuatro planetas en el sistema solar exterior. ¿Qué hace que la Tierra sea un planeta del sistema solar interior?

_____

_____

_____

STEM > Mantener los planetas en orden

¿Cómo puedes hacer tu propio modelo del sistema solar?

¡Hola! Soy Kelsey Patton, un técnico astrónomo. En tu escuela vendría bien un nuevo modelo del sistema solar. Estoy organizando un pequeño grupo para hacer el modelo. Creo que serías un miembro muy valioso de ese grupo. ¿Te gustaría unirte?

En esta actividad de aprendizaje basada en un problema, tú y tus compañeros serán los principales asesores. Guiarán al equipo en el diseño y la construcción del modelo. ¡Uno de sus desafíos será hacer un modelo que quepa en la entrada del colegio y que muestre el tamaño correcto de cada planeta en relación con los otros!

Sigue el camino para llevar a cabo la Misión. Las actividades de cada lección te ayudarán a completarla. Al completar cada actividad, marca tu progreso para indicar que es una MISIÓN CUMPLIDA ✓. Conéctate en línea para buscar más actividades de la Misión.

Misión Control 1

Lección 1
Aplica lo que aprendiste en esta lección para hacer un cartel grande sobre el Sol.

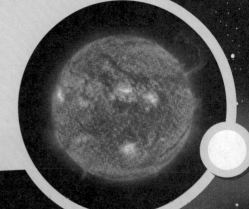

Estándares de Ciencias para la Próxima Generación
5-ESS1-1 Apoyar el argumento de que la diferencia en el brillo del Sol comparado con el de otras estrellas se debe a sus distancias relativas respecto de la Tierra.

▶ **VIDEO**

Ve un video sobre
un técnico astrónomo.

Misión Control: Lab 3

Lección 3

Usa lo que aprendiste sobre
Júpiter, Saturno, Urano y
Neptuno para construir un
modelo de los planetas
exteriores para tu modelo
del sistema solar.

Misión Hallazgos

Arma tu modelo del sistema solar,
con ayudas visuales incluidas.
Luego, escribe una hoja
con información
complementaria con
detalles importantes
sobre cada planeta.

Misión Control: Lab 2

Lección 2

Usa tu conocimiento de
Mercurio, Venus, la Tierra
y Marte para construir un
modelo de los planetas
interiores para tu modelo
del sistema solar.

¿Qué tan grande es el Sol?

Materiales
- plastilina

Los astrónomos usan modelos para investigar la escala y las proporciones de los objetos del espacio. ¿Cómo puedes usar un modelo para saber qué tan grande es el Sol comparado con los demás objetos del sistema solar?

Ten cuidado al usar las tijeras.

Procedimiento

☐ **1.** El sistema solar está formado por el Sol, los planetas y sus lunas. Basándote en lo que ya sabes, haz un modelo de nuestro sistema solar con la plastilina.

Práctica de ciencias

Los científicos **usan modelos** para apoyar un argumento.

☐ **2.** Investiga qué parte de la masa total del sistema solar representa el Sol.

_____

_____

☐ **3.** Identifica los cambios que debas hacer en tu modelo a partir de los datos que reuniste en el paso 2. Vuelve a hacer tu modelo.

Analizar e interpretar datos

4. Usar evidencia ¿Qué cambios hiciste en el segundo modelo? ¿Qué evidencia tienes que apoye esos cambios?

_____

_____

_____

_____

_____

_____

Usar características del texto

Una destreza de lectura importante es la de reconocer y usar las características del texto. Estos son algunos ejemplos de cómo se usan las características del texto cuando se lee.

 GAME

Practica lo que aprendiste con los Mini Games.

- Busca títulos y subtítulos, que son los que marcan el comienzo de una nueva sección.
- Presta atención a cómo están divididas las secciones de texto.
- Busca información en gráficas, tablas, ilustraciones, rótulos, fotos y pies de ilustración o leyendas.

Lee el siguiente texto. Busca características del texto que te ayuden a entender la información.

Un sistema muy viejo

Se estima que nuestro sistema solar tiene unos 4,600 millones de años. Se formó a partir de una nube gigante de polvo y gas. Esa nube colapsó lentamente sobre sí misma, por la atracción de la gravedad. Durante este colapso, se formó lo que hoy conocemos como el Sol y los ocho planetas y sus lunas. También se formaron muchos otros objetos pequeños. Todos los objetos de nuestro sistema solar se mueven alrededor del Sol. Nuestro conocimiento sobre el sistema solar no es muy antiguo. La mayor parte de lo que sabemos lo descubrieron científicos que usan telescopios. Los telescopios se usaron por primera vez para estudiar el sistema solar en 1609. Los científicos siguen haciendo descubrimientos sobre el sistema solar todo el tiempo.

☑ **REVISAR LA LECTURA** **Usar características del texto** ¿Qué te dice sobre el texto el título *Un sistema muy viejo*?

_____

_____

_____

El brillo del Sol y de otras estrellas

Puedo...

Reconocer que muchas estrellas son tan grandes y brillantes como el Sol.

Explicar cómo el brillo aparente de las estrellas está relacionado con la distancia entre estas y la Tierra.

5-ESS1-1

Destreza de lectura
Características del texto

Vocabulario
estrella

Vocabulario académico
aparente

 VIDEO

Ve un video sobre el Sol y otras estrellas.

LOCAL-A-GLOBAL ⟩ Conexión

El Sol, la única estrella de nuestro sistema solar, provee energía para la vida en la Tierra. Los científicos saben mucho sobre el Sol. A lo largo del tiempo, han descubierto la existencia de un vasto número de estrellas en el espacio exterior. Nuestra galaxia, la Vía Láctea, es una de las más de 1 billón de galaxias del universo observable. En la Vía Láctea hay alrededor de 100,000 millones de estrellas. Nuestro Sol es una de esas estrellas. El Sol es muy grande en comparación con la Tierra. El volumen del Sol es aproximadamente un millón de veces más grande que el volumen de la Tierra.

¿Cuándo fue la última vez que comiste una bola de goma de mascar tomada de una máquina? Piensa en el Sol como una máquina de bolas de goma de mascar. Si las bolas de goma de mascar fueran Tierras, ¡se necesitarían más de un millón para llenar la máquina del Sol!

Compara y contrasta ¿Cuáles son algunas de las diferencias entre el Sol y las estrellas que ves en el cielo nocturno?

_____

_____

_____

tú Investigas Lab

¿En qué se relacionan la distancia y el brillo?

Los científicos comparan el brillo de las estrellas. ¿Cómo puedes investigar en qué se relacionan la luz y la distancia?

⚠ Evita alumbrar directamente a los ojos.

Procedimiento

1. ¿Cómo afecta la distancia desde una fuente de luz al brillo de la luz? Haz una predicción.

_____

Práctica de ciencias

Los científicos **usan evidencia** para respaldar argumentos científicos.

2. Haz un plan para utilizar los materiales para comprobar tu predicción. Muestra tu plan a tu maestro antes de empezar. Anota tus observaciones.

3. Clasifica el brillo de la luz de 1 a 4, con 1 para el más brillante y 4 para el menos brillante.

Distancia a la fuente de luz	Diámetro de la luz (cm)	Clasificación del brillo

Analizar e interpretar datos

4. **Usar evidencia** Explica cómo la distancia influye sobre el brillo de las estrellas. Respalda tu explicación con evidencia de este laboratorio.

_____

_____

_____

INTERACTIVITY

Completa una actividad sobre el brillo de las estrellas.

Conceptos transversales
► Herramientas

Energía y materia La agricultura y la ganadería son cruciales para mantener la vida en la Tierra. ¿Por qué un granjero depende de nuestra estrella, el Sol, para cultivar o para criar animales? ¿Dependen los granjeros de alguna otra estrella del espacio exterior?

El Sol de la Tierra

El Sol de la Tierra es una estrella que está en el centro de nuestro sistema solar. Una **estrella** es una bola enorme de materia muy caliente que despide energía. Las estrellas brillan porque los procesos que ocurren en ellas producen enormes cantidades de energía. La temperatura del centro de nuestro Sol es de alrededor de 15,000,000 °C.

El Sol de la Tierra es el objeto más grande de nuestro sistema solar, pero no es la estrella más grande del universo. Es una estrella de tamaño medio si se la compara con las otras miles de millones de estrellas de nuestra galaxia. El Sol de la Tierra forma más del 99 porciento de la masa de nuestro sistema solar.

Sin el sol, la Tierra sería un lugar drásticamente diferente. La vida en la Tierra no podría existir sin la energía del Sol. Y el planeta sería muy, muy frío.

Identificar Nombra dos características del Sol.

_____

_____

La estructura del Sol

Además de ser mucho más grande y caliente, el Sol se diferencia de los planetas de otra manera. Las capas principales del Sol son el núcleo, la zona radiativa y la zona convectiva. El núcleo es donde se genera la energía del Sol. Las zonas radiativa y convectiva llevan la energía a la superficie del Sol.

La atmósfera del Sol tiene tres capas: la fotósfera, la cromósfera y la corona. La fotósfera es lo que vemos cuando miramos al Sol. La corona se puede ver solo durante un eclipse de Sol total.

Explícalo Esta foto muestra un destello solar en el Sol. Los destellos solares ocurren cuando la energía calienta tanto el Sol que hace que las partículas exploten hacia el espacio exterior. En tu cuaderno de ciencias, escribe un relato breve sobre lo que sucede cuando un destello solar explota. Asegúrate de incluir las capas de la atmósfera del Sol que atraviesa el destello solar.

Misión Conexión

▼▼▼▼▼▼▼▼▼▼▼▼▼▼▼▼▼▼▼▼▼▼ ▼▼▼▼▼▼

¿Por qué es importante incluir al Sol en tu modelo del sistema solar?

_____

_____

Las distancias de las estrellas

¿Has estado alguna vez al aire libre cuando se pone el sol?
Al principio, no ves ninguna estrella. Luego, a medida que
el sol desaparece en el horizonte, aparecen algunas estrellas
brillantes. El tamaño aparente de las estrellas es muy pequeño.
Aparente significa "cómo se ve algo". Aunque las estrellas del
cielo parecieran ser pequeñas, en realidad son mucho, mucho
más grandes que la Tierra. Parecen pequeñas porque están
muy lejos de la Tierra. Las distancias de las estrellas a la Tierra
son enormes. Para medir las distancias, los científicos usan
el año luz. Un año luz es la distancia que recorre la luz en un
año: 9,460,800,000,000 kilómetros. La estrella más cercana en
nuestra galaxia está a 4.2 años luz de distancia. ¡Las estrellas
pueden estar a millones de años luz!

El brillo de las estrellas

El Sol está mucho más cerca de la Tierra que otras estrellas. Es
por eso que el sol parece tanto más grande que cualquier otra
estrella. Tal vez hayas notado que algunas estrellas parecen
más brillantes que otras. Las estrellas más brillantes no son
necesariamente más grandes o más brillantes. El brillo aparente
de una estrella depende de qué tan brillante es la estrella en
realidad y de qué tan lejos está. Una estrella más brillante puede
parecer menos brillante en el cielo que una que de hecho es más
tenue, si la estrella más tenue está más cerca de la Tierra.

La temperatura de las estrellas

Si te acercas a una fogata que al arder brilla mucho, sentirás
mucho su calor. Si te acercas a una fogata que es tenue, no
sentirás tanto calor. Lo mismo ocurre con las estrellas. Las
estrellas más calientes serán más brillantes que las que no son
tan calientes. Sin embargo, el brillo relativo que veas dependerá
de la distancia a la que estén las estrellas de la Tierra.

Identificar ¿Cuáles son dos factores que afectan lo brillante que
parece una estrella en el cielo nocturno?

_____

_____

¡Planéalo!

Tienes que demostrar que la diferencia del brillo aparente del Sol en comparación con otras estrellas se debe a sus distancias relativas con la Tierra. Describe un procedimiento que usarías para respaldar este concepto.

_____

_____

_____

_____

El tamaño de las estrellas

Las estrellas que ves en el cielo nocturno no están en nuestro sistema solar. Están a muchos años luz de nosotros. Las estrellas más cercanas a nuestro sistema solar son parte del sistema estelar Alpha Centauri. Tres estrellas son parte de este sistema: Alpha Centauri A, Alpha Centauri B y Próxima Centauri. El diagrama muestra los tamaños relativos del sistema estelar Alpha Centauri y del Sol. Próxima Centauri es la estrella más cercana a nuestro Sol. Dado que el Sol y el sistema Alpha Centauri son las estrellas más cercanas a la Tierra, parecen más brillantes que otras estrellas del cielo.

☑ **REVISAR LA LECTURA** **Características del texto** ¿Qué te dice la foto de esta página sobre Próxima Centauri y el Sol?

_____

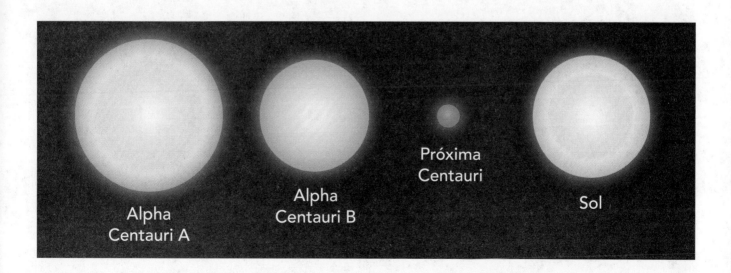

Alpha Centauri A

Alpha Centauri B

Próxima Centauri

Sol

Planetas como la Tierra

En junio de 2017, la NASA, la agencia espacial de los Estados Unidos, anunció que su telescopio Kepler había descubierto más de 200 planetas nuevos. Estos planetas no giran alrededor del Sol. En cambio, giran alrededor de otras estrellas del universo.

Diez de estos planetas tienen aproximadamente el tamaño de la Tierra. Orbitan sus estrellas a una distancia similar a la distancia que hay entre la Tierra y nuestro Sol. Los científicos creen que estos diez planetas recién descubiertos podrían tener temperaturas que permitan que exista el agua líquida en su superficie. Los científicos creen que el agua es un ingrediente fundamental para sustentar la vida.

Inferir ¿Por qué podrán pensar los científicos que estos planetas podrían tener agua líquida en su superficie?

_____

_____

_____

_____

_____

La parte azul de esta imagen de la Tierra es agua. Los científicos buscan otros planetas que también puedan tener agua en su superficie.

☑ Lección 1: Revisión

1. Hacer una lista ¿Cuáles son tres características del Sol?

_____

_____

_____

2. Relacionar ¿Por qué el Sol y el sistema estelar Alpha Centauri son más brillantes que cualquier otra estrella visible para nosotros desde la Tierra?

_____

_____

_____

¡Diversión en el Sol!

El Sol juega un rol importante en el sistema solar. El primer paso al ensamblar tu modelo del sistema solar es hacer un gran cartel del Sol.

1. **Recordar** ¿Cuáles son las tres capas de la atmósfera del Sol?

_____

_____

_____

2. Haz un cartel del Sol. En tu cartel, asegúrate de rotular y describir varias características del sol.

3. **Evaluar** ¿Cuál es la importancia del Sol?

_____

_____

▶ VIDEO

Ve un video sobre los telescopios de los observatorios.

¿Qué es este polvo?

Hay polvo en todas partes, incluso en el espacio exterior. El polvo del espacio exterior se conoce como polvo cósmico. Sin embargo, el polvo cósmico no es como el polvo que hay en tu casa. El polvo cósmico está hecho de pequeñas partículas de materiales sólidos que flotan en el espacio entre las estrellas. Es el material a partir del cual se forman las nuevas estrellas y los nuevos planetas.

La mayor parte del polvo cósmico absorbe la luz visible y la dispersa. La luz vuelve a salir en una forma que no podemos ver: principalmente, radiación infrarroja. Como la luz visible está dispersa, los científicos tienen problemas para ver las partes más alejadas del universo. En la actualidad, usan instrumentos que detectan la luz infrarroja que no podemos ver. Ahora, los científicos pueden observar las profundidades del espacio para aprender más sobre muchas partes del universo que antes no conocían.

Haz un modelo

Los técnicos de un laboratorio local te pidieron ayuda. Los astrónomos descubrieron un nuevo objeto en el espacio. Quieren saber si el polvo de la Tierra es similar al polvo cósmico del objeto que descubrieron. Quieren que desarrolles un procedimiento para recolectar polvo en la Tierra que sirva como modelo de cómo se podría recolectar polvo en el espacio.

1. Haz una lluvia de ideas para decidir cuántas muestras recogerás y en dónde lo harás. Anota la información en la tabla.

2. ¿Qué equipamiento usarás para recolectar el polvo? Anota la información en la tabla.

3. ¿Qué procedimiento seguirás para recolectar el polvo?

Muestras que recogeré	Materiales que necesitaré	Procedimiento que seguiré

4. **Distinguir** ¿Qué diferencias hay entre el contenido del polvo de un salón de clases y el del polvo cósmico?

_____

_____

_____

_____

Lección 2

El sistema solar interior

Puedo...

Describir los planetas interiores: Mercurio, Venus, la Tierra y Marte.

Identificar características comunes a todos los planetas interiores.

Reconocer la posición de la Tierra dentro del sistema solar.

SEP.1

Destreza de lectura

Usar características del texto

Vocabulario

sistema solar
planeta interior
órbita
luna

 VIDEO

Ve un video sobre los planetas interiores del sistema solar.

DEPORTES › Conexión

El juego de *tetherball* es una actividad habitual en los recreos. Para jugar, debes atar una cuerda al extremo de un poste y una pelota en el extremo de la cuerda. Tomas la pelota y la lanzas. La pelota se mueve en círculos alrededor del poste.

Este juego es similar a un planeta que viaja alrededor del Sol. Sin embargo, en nuestro sistema solar, no hay una cuerda que mantenga a los planetas en su camino. La gravedad es la fuerza que atrae a los planetas hacia el Sol. Un planeta se mueve a gran velocidad, lo que evita que la gravedad haga que choque con el Sol. ¿Qué pasaría si la cuerda del *tetherball* se rompiera? La pelota saldría despedida. Si el Sol perdiera repentinamente su atracción gravitatoria sobre la Tierra, ¡nuestro planeta también saldría despedido hacia el espacio!

Comparar y contrastar ¿En qué se parece la atracción de la cuerda del *tetherball* al efecto de la gravedad?

_____

_____

_____

¿Cómo afecta al recorrido de un planeta su distancia respecto del Sol?

Así como la pelota del *tetherball* rodea un poste, los planetas se mueven alrededor del Sol. ¿Cómo afecta la distancia del Sol a la longitud de ese recorrido?

Materiales recomendados
- cordel
- lápiz
- tijeras
- cinta adhesiva
- cronómetro
- papel de colores

Procedimiento

☐ 1. Haz un plan para armar un modelo que muestre cómo la distancia de un planeta respecto del Sol afecta su recorrido. Escoge los materiales de tu modelo.

☐ 2. Muestra tu plan a tu maestro antes de empezar. Anota tus observaciones.

Ten cuidado al usar las tijeras.

Práctica de ciencias

Los científicos **usan modelos** para apoyar sus argumentos.

Observaciones

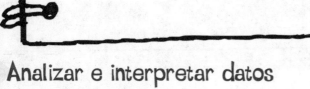

Analizar e interpretar datos

3. **Sacar conclusiones** ¿Cómo afecta la distancia respecto del Sol a la longitud del recorrido que un planeta sigue alrededor del Sol?

_____

_____

4. **Citar evidencia** ¿Qué evidencia de tu investigación apoya tu respuesta?

_____

_____

¿Qué hay en nuestro sistema solar?

Nuestro **sistema solar** es un sistema formado por ocho planetas y el Sol, además de lunas, asteroides y cometas. Cuatro de los ocho planetas son planetas interiores. Se llama **planetas interiores** a Mercurio, Venus, la Tierra y Marte porque son los que están más cerca del Sol.

Marte
- conocido como el planeta rojo
- atmósfera delgada
- materiales ricos en hierro que forman óxido sobre la superficie
- dos lunas

Venus
- el planeta más caliente del sistema solar
- atmósfera densa y tóxica que atrapa el calor
- superficie cubierta de volcanes y cañones
- sin luna

Un planeta es un gran cuerpo hecho de materia que viaja alrededor del Sol.

 INTERACTIVITY

Completa una actividad sobre el sistema solar interior.

! Resume lo que aprendiste sobre los cuatro planetas interiores.

_____

_____

_____

_____

Sol

Tierra
- el más grande de los planetas interiores
- atmósfera que permite la existencia de seres vivos
- superficie de masas de tierra: montañas, cañones, colinas y valles
- una luna

Mercurio
- el más pequeño de los planetas interiores
- la atmósfera más delgada de los cuatro planetas interiores
- hecho de hierro y níquel
- sin luna

¡Pregúntalo!

Los astrónomos descubrieron recientemente un planeta llamado Próxima B. Este planeta orbita una estrella pequeña: Próxima Centauri. Los astrónomos predicen que este planeta podría tener características similares a las de la Tierra, lo que algún día podría hacer que sea habitable. Si pudieras hacer dos preguntas a un astrónomo acerca de este planeta, ¿qué preguntarías?

_____

_____

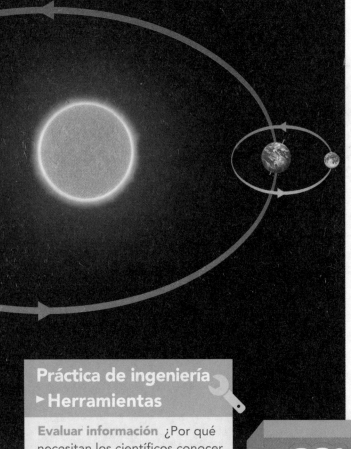

Órbita planetaria

El recorrido curvo de un objeto alrededor de una estrella, un planeta o una luna se llama **órbita**. Los planetas orbitan alrededor del Sol, y las lunas orbitan alrededor de los planetas. La cantidad de tiempo que necesita cada planeta para orbitar alrededor del Sol es distinta porque cada planeta está a una distancia distinta del Sol. Cuanto más lejos del Sol está un planeta, más larga será su órbita. La Tierra necesita unos 365 días para orbitar alrededor del Sol. La Luna tarda unos 27 días en orbitar alrededor de la Tierra.

✓ REVISAR LA LECTURA **Usar características del texto** ¿Cómo te ayuda la imagen a entender qué es una órbita?

_____

_____

Práctica de ingeniería
▶ Herramientas

Evaluar información ¿Por qué necesitan los científicos conocer la órbita que recorrerán los cohetes alrededor de la Tierra u otros objetos cuando los construyen?

Misión Conexión

¿Cómo se verán los planetas interiores, comparados con el Sol, en el modelo del sistema solar?

_____

_____

Mercurio

Venus

Tierra

Marte

Las lunas

Una **luna** es un satélite hecho de roca y hielo que orbita
alrededor de un planeta. Dos de los planetas interiores, la
Tierra y Marte, tienen lunas. La luna de la Tierra tiene un efecto
muy importante sobre el planeta. La atracción gravitatoria
de la Luna ayuda a estabilizar el movimiento irregular de la
Tierra alrededor de su eje. Todo el sistema solar depende de la
gravedad, una fuerza de atracción, para mantener los planetas,
las lunas y otros objetos en órbita.

📝 **Escríbelo** Imagina que eres un astrónomo principiante que
trabajará por una semana con un astrónomo experimentado,
que será tu mentor. Ya sabes bastante sobre la Tierra, pero te
interesa aprender sobre los otros tres planetas interiores. En tu
cuaderno de ciencias, haz una lista de cinco preguntas sobre los
planetas interiores que quisieras hacerle a tu mentor.

..... **tú**, Científico.................

Satélites en el cielo
La Luna es un satélite natural
que puedes observar. También
puedes observar satélites
fabricados por seres humanos.
Investiga cuándo podrás ver la
Estación Espacial Internacional
sobre la Tierra. Luego, en una
noche despejada, ve afuera y
busca la estación espacial con
ayuda de un adulto.

☑ Lección 2: Revisión

1. **Comparar** ¿Cuáles son dos diferencias entre la Tierra y Marte?

_____

_____

_____

_____

2. **Identificar** ¿Cuál es la posición de la Tierra en nuestro sistema solar?

_____

¿Qué hay dentro del sistema solar?

Materiales recomendados
- plastilina
- pinzas de ropa
- cordel
- pelotas de distintos tamaños

Tu Misión es reconstruir un modelo del sistema solar para la entrada de tu escuela. En esta actividad, crearás modelos de los cuatro planetas interiores.

Procedimiento

Práctica de ciencias

Los científicos **desarrollan y usan modelos** para apoyar sus argumentos.

☐ **1.** ¿Cómo determinarás el tamaño de cada modelo de planeta?

_____

_____

_____

☐ **2.** Usando tu conocimiento de los cuatro planetas interiores, haz un boceto de cada planeta de tu modelo.

3. Usa los materiales para hacer un modelo de los cuatro planetas interiores. Incluye también la luna de la Tierra.

4. Muestra tus modelos a tu maestro. Luego, ordena los modelos con el fondo que ya hiciste en la Misión.

Analizar e interpretar datos

5. **Sacar conclusiones** ¿Cómo se compara tu modelo con el orden y los tamaños reales de los planetas interiores?

_____

_____

_____

_____

_____

_____

6. **Usar modelos** Explica cómo tu modelo muestra la órbita planetaria. Si no la muestra, ¿cómo podrías mejorar el modelo para que muestre las órbitas?

_____

_____

_____

_____

_____

El sistema solar exterior

Puedo...

Describir los planetas
exteriores: Júpiter,
Saturno, Urano y
Neptuno.

Identificar características
compartidas por los
planetas exteriores.

Reconocer que hay
lunas, asteroides y
cometas en nuestro
sistema solar.

Destreza de lectura

Usar características
del texto

Vocabulario

planeta exterior
asteroide
cometa

Vocabulario académico

característica

▶ **VIDEO**

Ve un video sobre los
planetas exteriores del
sistema solar.

CURRÍCULO Conexión

Todos los planetas, con excepción de la Tierra, llevan nombres
de dioses y diosas romanos. Júpiter y Saturno recibieron su
nombre hace miles de años. Los antiguos romanos podían
verlos en el cielo sin un telescopio. Los otros planetas del
sistema solar no se descubrieron sino hasta que se inventaron
los telescopios. Incluso entonces, se mantuvo la tradición
de nombrar los planetas como dioses y diosas romanos.
La mayoría de las lunas también llevan el nombre de las
criaturas, los dioses y las diosas de la mitología romana.

Explicar ¿Cómo recibieron su nombre los planetas?

_____

_____

JÚPITER

túInvestigas Lab

¿Con cuánta *fuerza golpean* la Tierra los objetos espaciales?

Los científicos hacen investigaciones sobre los objetos espaciales para determinar el impacto que tienen en la Tierra. ¿Qué tipo de impacto tienen los objetos espaciales en la Tierra?

Materiales
- bloques de distintos tamaños y pesos
- papel de periódico de distintos tamaños, plegado
- regla de un metro

Procedimiento

1. Haz un plan para representar el impacto que tienen los objetos espaciales de distinto tamaño al golpear la superficie de la Tierra.

2. Muestra tu plan a tu maestro antes de empezar. Anota tus observaciones.

Práctica de ciencias

Los científicos usan modelos para apoyar sus argumentos.

Observaciones

Analizar e interpretar datos

3. **Sacar conclusiones** Usa los datos que reuniste para explicar la relación entre un objeto espacial y su impacto sobre la superficie de la Tierra.

_____

_____

_____

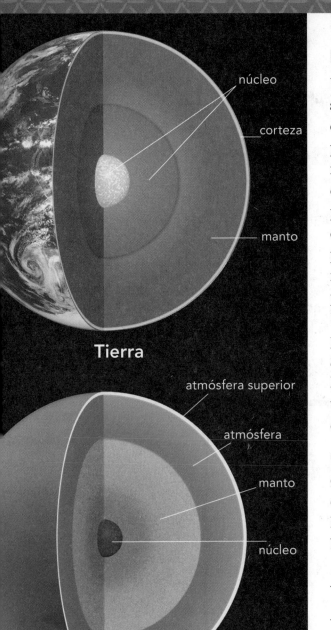

núcleo

corteza

manto

Tierra

atmósfera superior

atmósfera

manto

núcleo

Neptuno

Los gigantes gaseosos

Después de Marte hay cuatro planetas más en el sistema solar: Júpiter, Saturno, Urano y Neptuno. Esos cuatro planetas se conocen com **planetas exteriores**, porque están más lejos del Sol que los planetas interiores. También son significativamente más grandes que los planetas interiores. Tal vez recuerdes que los planetas interiores tienen superficies rocosas, similares a las de la Tierra. Algunas capas internas de los planetas interiores son sólidas. Los planetas exteriores no tienen superficies claramente definidas. Solo podemos ver la atmósfera de los planetas exteriores. Esas atmósferas densas están hechas de gas. Por eso los planetas exteriores suelen llamarse gigantes gaseosos. Sin embargo, también tienen grandes capas internas líquidas y núcleos sólidos. Todos los planetas exteriores tienen anillos de partículas y muchas lunas que orbitan a su alrededor.

Usar características del texto Estos diagramas revelan el interior de Neptuno, un planeta exterior, y el interior de la Tierra, un planeta interior. ¿En qué se diferencian la capa externa de la Tierra y la capa externa de Neptuno?

_____

_____

Misión Conexión

▼▼▼▼▼▼▼▼▼▼▼▼▼▼▼▼▼▼▼▼▼▼▼▼▼▼

Haz una lluvia de ideas acerca de qué tendrías que incluir en un modelo del sistema solar. ¿Cómo se compararían los planetas exteriores con los demás objetos de tu modelo?

_____

_____

_____

Júpiter: gigante gaseoso con muchas lunas

Júpiter, uno de los gigantes gaseosos, es el quinto planeta a partir del Sol y el planeta más grande del sistema solar. La atmósfera de Júpiter está hecha de hidrógeno y helio, y muestra muchas bandas de colores. Júpiter es un planeta grande, pero tiene baja densidad, lo que significa que su masa no es compacta. El planeta rota mucho más rápido que la Tierra. En el tiempo que la Tierra necesita para completar una rotación, Júpiter rota más de dos veces. Júpiter también tiene muchas lunas. En 1610, un científico llamado Galileo fue la primera persona en ver las cuatro lunas más grandes de Júpiter. Las vio a través de su telescopio.

Clasificar ¿En qué se diferencian la rotación de Júpiter y la rotación de la Tierra?

_____

_____

_____

Saturno: un planeta con "mangos"

El sexto planeta a partir del Sol es Saturno. Júpiter y Saturno son muy parecidos. Saturno también es un planeta muy grande con baja densidad. Al igual que Júpiter, Saturno tiene una atmósfera que contiene principalmente hidrógeno y helio. Cuando Galileo observó Saturno a través de su telescopio, vio que parecía un planeta con mangos. Los "mangos" son anillos brillantes que orbitan alrededor de Saturno. Las partículas que forman los anillos están hechas de hielo, polvo y roca. Son desde pequeños granos hasta grandes piedras. Los anillos interiores de Saturno giran más rápido alrededor del planeta que los exteriores.

Relacionar Di dos similitudes y dos diferencias entre Saturno y Júpiter.

_____

_____

_____

_____

Práctica de ciencias
▸Herramientas

Debatir usando evidencia
Todos los planetas exteriores tienen muchas lunas que orbitan a su alrededor. Hasta ahora, los científicos descubrieron que Júpiter tiene 67 lunas, Saturno tiene 62 lunas, Urano tiene 27 lunas y Neptuno tiene 14 lunas. ¿Por qué crees que los planetas exteriores tienen tantas lunas?

¿Cómo están alineados los planetas exteriores?

Los planetas del sistema solar exterior son mucho más grandes que los del sistema solar interior. Los planetas exteriores también tienen **características**, o cualidades, distintas de las de los planetas interiores.

Neptuno
- el más alejado del Sol
- planeta más frío del sistema solar
- 14 lunas

Urano
- Orbita alrededor del Sol de costado.
- primer planeta descubierto con un telescopio
- 27 lunas

Saturno
- conocido por sus muchos anillos
- atmósfera de hidrógeno y helio
- 62 lunas

INTERACTIVITY

Completa una actividad sobre el sistema solar exterior.

Cinturón de asteroides

- disco con forma de cinturón que separa los planetas interiores de los exteriores
- muchos asteroides dentro del disco

Resume lo que aprendiste acerca de los cuatro planetas exteriores.

_____

_____

_____

_____

_____

Sol

Júpiter

- planeta más grande del sistema solar
- bandas de colores debido a las partículas de la atmósfera
- 67 lunas

Urano

Urano es el séptimo planeta a partir del Sol y el más alejado que puede verse sin un telescopio. La atmósfera de Urano contiene hidrógeno, helio y metano. El planeta es tan frío que el metano de la atmósfera se puede congelar. El metano absorbe luz roja y refleja luz azul: por eso Urano se ve azul. Urano tiene anillos y muchas lunas, como los demás planetas exteriores. A diferencia de los anillos de Saturno, los anillos de Urano son oscuros y difíciles de ver con telescopios desde la Tierra.

Neptuno

Neptuno es el planeta más alejado del Sol. Está demasiado lejos para verlo sin un telescopio. Neptuno tarda más de 100 años terrestres en completar una órbita alrededor del Sol. Es el más pequeño de los planetas exteriores. Aun así, si Neptuno fuera hueco, en su interior cabrían aproximadamente 60 Tierras. La atmósfera de Neptuno es parecida a la de Urano. Al igual que Urano, Neptuno tiene un color azulado por el metano de su atmósfera. También tiene bandas de color como las de Júpiter. De sus 13 lunas, la más grande es Tritón.

Describir ¿Por qué los cuatro planetas exteriores se conocen también como gigantes gaseosos?

_____

_____

_____

📖 **Explícalo** En tu cuaderno de ciencias, di cuál de los gigantes gaseosos te gustaría visitar. ¿Qué características del planeta hacen que te interese?

---

tú, Científico

Escala y proporción

Busca un objeto que represente la Tierra. Si representaras todos los planetas juntos, ¿qué objetos usarías para representar los planetas exteriores? ¿Elegirías siempre los mismos objetos?

Cometas y asteroides

Los asteroides y los cometas son fragmentos que quedaron de la gigantesca nube de gas y polvo que formó el sistema solar hace más de 4,500 millones de años. Los **asteroides** son pedazos de roca que pueden tener entre un metro y varios kilómetros de diámetro. Orbitan alrededor del Sol. Hay objetos más pequeños que los asteroides, llamados meteoroides. Los científicos han descubierto más de 1,000,000 de asteroides en el cinturón de asteroides que hay entre Marte y Júpiter. Los **cometas** son pedazos de hielo y polvo o roca que describen órbitas muy alargadas alrededor del Sol. A medida que los cometas se calientan, liberan gas y polvo, que forman una estela. El Sol ilumina la estela de gas y polvo: por eso algunos cometas son visibles en el cielo nocturno.

Inferir Algunas veces, los cometas tienen una estela. Otras veces, no. ¿Por qué puede ser que la estela de un cometa aparezca y desaparezca?

cometa

asteroide

_____

_____

_____

☑ Lección 3: Revisión

1. Une con una línea cada objeto del sistema solar con la descripción correcta.

Sol   satélite hecho de roca y hielo que orbita un planeta

planeta   pedazo de roca que orbita alrededor del Sol en un cinturón que está entre Marte y Júpiter

luna   pedazo de hielo y roca con una órbita elíptica alrededor del Sol

asteroide   enorme bola de materia muy caliente que despide energía

cometa   gran cuerpo de materia que viaja alrededor del Sol

¿Qué planetas están muy lejos?

Como descubriste en esta lección, el sistema solar exterior contiene cuatro gigantes gaseosos. En esta actividad de laboratorio, harás un modelo de los planetas exteriores. A medida que construyas tu modelo, pregúntate lo siguiente: ¿Cómo funcionará mi nuevo modelo con el modelo de los planetas interiores?

Materiales recomendados

- plastilina
- pinzas de ropa
- cartulina gruesa
- elementos para colorear
- pelotas de distintos tamaños
- cordel
- cinta adhesiva
- regla

Procedimiento

☐ **1.** ¿Cómo determinarás el tamaño de cada planeta de tu modelo?

_____

_____

☐ **2.** Usa tus conocimientos de los cuatro planetas exteriores para hacer un boceto de cómo se verá cada planeta de tu modelo.

☐ **3.** Usa los materiales para hacer un modelo que incluya los cuatro planetas exteriores. Debe incluir el cinturón de asteroides.

☐ **4.** Muestra tu modelo a tu maestro y móntalo en el fondo que preparaste en las actividades anteriores de la Misión.

Analizar e interpretar datos

5. **Comparar y contrastar** ¿Cómo se compara tu modelo con el orden y el tamaño reales de los planetas exteriores?

_____

_____

6. **Reflexionar** ¿Qué dificultades tuviste para planear y construir tu modelo?

_____

_____

Práctica de ingeniería

Los científicos **usan modelos** para apoyar sus ideas.

Júpiter

Saturno

Urano

Neptuno

¿Cuántas Tierras puedes alinear a través del Sol?

El tamaño del Sol es mucho mayor que el de los planetas y la Luna de la Tierra. En esta actividad, debes calcular cuántas Tierras puedes alinear a lo largo del diámetro del Sol. Piensa en las herramientas que te ayudarán en esta actividad.

Sol	diámetro = 1,400,000 kilómetros
Tierra	diámetro = 12,800 kilómetros

Evaluar tu modelo

1. **Predecir** Haz una predicción acerca de cuántas Tierras podrían ponerse en línea recta a lo largo del diámetro del Sol.

_____

_____

2. **Evaluar** Usando los datos de la tabla, divide el diámetro del Sol por el diámetro de la Tierra para calcular la cantidad de Tierras que puedes alinear a través del Sol. Muestra tu trabajo en tu cuaderno de ciencias.

3. Redondea la cifra al número entero más cercano.

_____

4. **Evaluar** La Tierra es el planeta más grande de los cuatro planetas interiores. Marte, otro planeta interior, tiene un diámetro de 6,800 kilómetros. Calcula cuántos planetas Marte podrías alinear a lo largo del diámetro de la Tierra. Redondea al entero más cercano.

_____

_____

5. **Reflexionar** ¿Por qué no es necesario que los números sean exactos en tus cálculos?

_____

_____

Misión Hallazgos

INTERACTIVITY

Organiza los datos para apoyar tus hallazgos de la Misión.

Mantener los planetas en orden

¿Cómo puedes hacer tu propio modelo del sistema solar?

Abordar el desafío

¡Es hora de preparar el modelo para la entrada de tu escuela! Da los toques finales a tu modelo y al fondo. Escribe una hoja de información con una lista de características importantes de cada planeta. Compara y contrasta las propiedades de los planetas interiores y exteriores. Describe si tu modelo está a escala. Si no pudiste hacer los planetas a escala con los materiales que usaste, explica por qué.

Crear explicaciones

Sintetizar Otra escuela está haciendo un modelo del sistema solar, pero ¡no incluyeron el Sol! Escribe una carta breve a los estudiantes a cargo del modelo del sistema solar en esa escuela que explique por qué deben incluir el Sol en su modelo.

_____

_____

_____

_____

_____

_____

_____

MISIÓN CUMPLIDA ✔

Técnico astrónomo

Los técnicos astrónomos cumplen una función vital en los proyectos de investigación de los científicos. Ofrecen a los astrónomos el apoyo técnico que necesitan, desde la configuración de telescopios en los observatorios hasta los registros hechos con instrumentos utilizados para estudiar el espacio. Muchos de los técnicos trabajan en laboratorios de investigación, planetarios, observatorios o facultades y universidades.

Los técnicos que trabajan en facultades o universidades dedican sus días a mostrar a los estudiantes de ingeniería, astronomía y ciencias físicas cómo se usan los instrumentos de astronomía en los laboratorios, planetarios y observatorios. Los técnicos también tienen la responsabilidad de estar al tanto de todo cambio, adición o modificación de los equipos, como los telescopios y los refractores. ¡Estos técnicos ayudan mucho a los astrónomos!

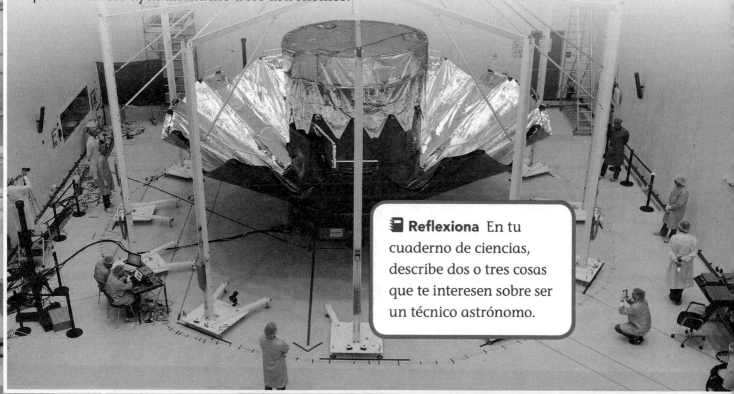

📖 **Reflexiona** En tu cuaderno de ciencias, describe dos o tres cosas que te interesen sobre ser un técnico astrónomo.

1. **Vocabulario** _____ es una enorme bola de materia muy caliente que despide energía.

   A. Un cometa

   B. Un asteroide

   C. Una estrella

   D. Un planeta

2. **Identificar** ¿Qué planeta está más lejos del Sol?

   A. Neptuno

   B. Venus

   C. Júpiter

   D. Marte

3. **Contrastar** ¿Cuál de los siguientes enunciados explica una diferencia entre los planetas interiores y los planetas exteriores?

   A. Los planetas interiores están más lejos del Sol, y los planetas exteriores están más cerca.

   B. Los planetas interiores no tienen lunas, y los planetas exteriores tienen una luna cada uno.

   C. Los planetas interiores están hechos de gas, y los planetas exteriores están hechos de roca.

   D. Los planetas interiores están hechos principalmente de roca, y los planetas exteriores están hechos de gas y líquido.

4. **Resumir** ¿Qué es una luna? ¿Cómo afecta a la Tierra su propia luna?

   _____

   _____

   _____

   _____

   _____

   _____

   _____

   _____

   _____

5. **Comparar y contrastar** Relaciona el juego de *tetherball* con la órbita planetaria.

   _____

   _____

   _____

   _____

   _____

   _____

   _____

6. Interpretar ¿Esta foto es de un asteroide o un cometa? ¿Cómo lo sabes?

_____

_____

_____

_____

_____

7. Explicar ¿Cómo se formaron los cometas y los asteroides?

_____

_____

_____

_____

_____

8. Comparar Describe las características comunes a los ocho planetas de nuestro sistema solar.

_____

_____

_____

_____

_____

_____

_____

Pregunta esencial ¿Cuál es el lugar de la Tierra en el espacio?

Muestra lo que aprendiste

La Tierra es uno de los ocho planetas del sistema solar. Hay cuatro planetas en el sistema solar interior y cuatro planetas en el sistema solar exterior. ¿Por qué la Tierra es un planeta del sistema solar interior?

_____

_____

_____

_____

_____

Usa los datos de la tabla para responder las preguntas 1 a 5.

Todas las estrellas de la tabla, excepto el Sol, tienen un brillo real similar. Los números 1 a 4 son una clasificación de las cuatro estrellas según su brillo aparente visto desde la Tierra.

Brillo aparente de las estrellas		
Nombre de la estrella	**Distancia desde la Tierra (años luz)**	**Brillo aparente (clasificación; 1= la más brillante; 4= la más tenue)**
Sol	0	1
Hadar	320	2
Acrux	510	3
Adhara	570	4

1. **Inferir** El Sol es la más pequeña de todas las estrellas de la tabla. También emite la menor cantidad de energía. ¿Por qué el Sol parece la estrella más brillante del cielo?

_____

_____

_____

2. **Relacionar** Visto desde la Tierra, el Sol parece más grande que cualquier otra estrella del cielo. ¿Cuál de estos modelos explica por qué?

   A. Una bola de nieve tiende a crecer a medida que baja rodando por una colina.

   B. Una bombilla que usa más electricidad emite mayor luz.

   C. El pitido de un tren aumenta a medida que este se acerca a tu ubicación.

   D. Tu pulgar parece más grande que la Luna cuando está extendido frente a tus ojos.

3. Sintetizar Todas las estrellas de la tabla excepto el Sol son más o menos parecidas entre sí en cuanto al brillo real. ¿Qué estrella parece más tenue desde la Tierra?

A. Sirio

B. Adhara

C. Acrux

D. Hadar

4. Explicar Justifica tu respuesta a la pregunta 3.

_____

_____

_____

_____

5. Usar evidencia ¿Qué otras dos estrellas de la tabla son las más cercanas a la Tierra luego del Sol?

A. Acrux y Adhara

B. Hadar y Adhara

C. Hadar y Acrux

D. Vega y Hadar

tú Demuestras Lab

¿Cómo puedes **comparar** los **tamaños** de los objetos en el espacio?

Usando un modelo para apoyar tu explicación, ¿cómo puedes describir el tamaño de los objetos en el espacio?

Materiales

- objetos de la clase
- bloques
- pelotas

Práctica de ciencias

Los científicos usan modelos para apoyar sus argumentos.

Nombre del objeto	Diámetro
Tierra	12,800 km
Marte	6,800 km
Urano	57,000 km
Neptuno	49,500 km
Luna de la Tierra	3,500 km
Calisto (luna de Júpiter)	4,800 km
Titán (luna de Saturno)	5,200 km

Procedimiento

1. Escoge un planeta, una luna y otro objeto de la lista. Enciérralos en un círculo.

2. Usa la tabla para hacer modelos de los objetos que escogiste. ¿Cómo te ayuda la tabla a hacer los modelos?

_____

_____

_____

3. Desarrolla tu modelo. Escribe los pasos que debes seguir para que tu modelo sea preciso y útil.

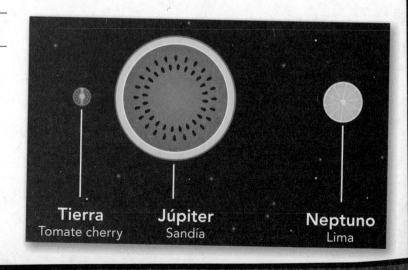

Tierra
Tomate cherry

Júpiter
Sandía

Neptuno
Lima

Paso 1	Paso 2	Paso 3	Paso 4	Paso 5

☐ **4.** Con autorización de tu maestro, usa tu procedimiento y los materiales para hacer tu modelo.

Analizar e interpretar datos

5. Explicar ¿Cómo decidiste qué objetos usarías para tu modelo? ¿Cómo pudiste representar correctamente los objetos del espacio?

_____

_____

_____

_____

6. Evaluar ¿Por qué algunos objetos del espacio son mucho más grandes que otros?

_____

_____

7. Reflexionar Supón que debes explicar tu modelo a estudiantes de segundo grado. ¿Qué les dirías acerca de los tamaños de los objetos del espacio, comparados con el tamaño de la Tierra?

_____

_____

_____

Patrones del espacio

Lección 1 Las fuerzas gravitacionales de la Tierra

Lección 2 Movimientos de la Tierra en el espacio

Lección 3 Los patrones a lo largo del tiempo

Estándares de Ciencias para la Próxima Generación

5-PS2-1 Apoyar el argumento de que la fuerza gravitatoria que ejerce la Tierra sobre los objetos está dirigida hacia abajo.

5-ESS1-1 Apoyar el argumento de que la diferencia en el brillo del Sol comparado con el de otras estrellas se debe a sus distancias relativas respecto de la Tierra.

5-ESS1-2 Realizar representaciones gráficas de datos para revelar patrones de cambios diarios en la longitud y la dirección de las sombras, el día y la noche y la aparición estacional de algunas estrellas en el cielo nocturno.

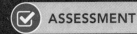

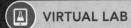

El Texto en línea está
disponible en español.

Pregunta esencial

¿Cómo cambian los patrones de un día al otro y de una estación a la otra?

Muestra lo que sabes

¿Qué sucede con el Sol en esta fotografía? ¿Por qué crees que sucede eso?

_____

_____

_____

Planea un viaje *alrededor* del mundo de los **patrones**

¿En qué lugar de la Tierra es medianoche?

Hola, soy Jackie Matters. Soy curador en un planetario. Estoy armando una exhibición sobre los patrones del espacio. En esta actividad de aprendizaje de resolución de problemas, harás un viaje alrededor del mundo para observar los patrones del cielo.

Al final del viaje, harás un folleto que identifique tus destinos y explique los patrones que observaste en cada escala. Usaremos tu folleto en el museo para enseñar a otras personas sobre los patrones del espacio.

Sigue el camino para llevar a cabo la Misión. Las actividades de cada lección te ayudarán a completarla. Al completar cada actividad, marca tu progreso para indicar que es una MISIÓN CUMPLIDA ✓ . Conéctate en línea para buscar más actividades de la Misión.

Misión Control: Lab 1

Lección 1

Aprende sobre cómo la gravedad afecta las posiciones de la Tierra, el Sol y la Luna en el espacio.

Estándares de Ciencias para la Próxima Generación

5-ESS1-2 Realizar representaciones gráficas de datos para revelar patrones de cambios diarios en la longitud y la dirección de las sombras, el día y la noche y la aparición estacional de algunas estrellas en el cielo nocturno.

VIDEO

Ve un video sobre el curador de un planetario.

Misión Control: Lab 2

Lección 2

Usa lo que aprendes sobre el movimiento de la Tierra para planear un viaje por distintos países y ver el día y la noche.

Misión Hallazgos

¡Termina la Misión! Haz un folleto para explicar los patrones del cielo. Incluye elementos visuales en tu folleto para ilustrar los patrones.

Misión Control 3

Lección 3

Investiga las fases de la Luna en cada uno de tus destinos.

túConectas Lab

¿Cómo pueden los giros de un planeta afectar su FORMA?

A menudo, los astrónomos construyen modelos para estudiar objetos del universo. La Tierra gira en el espacio. ¿Cómo puedes hacer un modelo para demostrar la manera en que los giros afectan a la Tierra?

Materiales
- cartulina
- tijeras
- cinta adhesiva
- perforadora
- lápiz
- regla

Procedimiento

1. Construye una esfera cruzando dos tiras de papel en forma de X. Coloca cinta adhesiva donde se cruzan las tiras. Une con cinta adhesiva las puntas sueltas.

2. Utiliza el resto de los materiales para mostrar lo que sucede cuando la Tierra gira. Muestra tu plan a tu maestro antes de empezar.

3. Dibuja una gráfica de barras para comparar el ancho de tu modelo antes y durante la construcción de tu modelo de rotación de la Tierra.

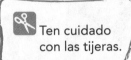
Ten cuidado con las tijeras.

Práctica de ciencias

Los científicos debaten utilizando la evidencia de sus modelos.

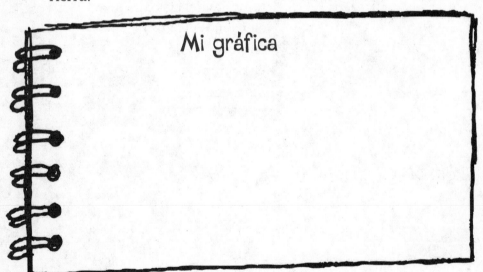
Mi gráfica

Analizar e interpretar datos

4. **Usar evidencia** ¿Cómo cambió la forma de tu modelo cuando representaste la rotación de la Tierra?

_____

_____

Secuencia

Cuando lees, identificas los sucesos que ocurren. Luego, estableces una secuencia de los sucesos. Cuando estableces la secuencia de sucesos, los colocas en el orden en que ocurren.

- Busca palabras clave: *después, antes, luego, primero, a continuación, por último, finalmente* y *más adelante.*
- Pregúntate: ¿Qué sucedió primero? Luego, pregúntate: ¿Qué ocurrió?

Lee el siguiente texto. Busca palabras clave para entender la secuencia de sucesos.

GAME

Practica lo que aprendiste con los Mini Games.

El juego de la sombra

Eli estaba estudiando la relación entre el movimiento de las sombras en su patio y la posición del Sol. Temprano, por la mañana, Eli colocó su regla de un metro en la tierra. A continuación, midió la longitud de la sombra. Luego, observó la dirección en que apuntaba la sombra. Anotó esos datos. Después de cuatro horas, Eli volvió a medir la sombra. Anotó sus observaciones. Más adelante, esa tarde, Eli repitió el proceso. Finalmente, Eli analizó los datos. Llegó a la conclusión de que, a medida que el Sol parece moverse en el cielo, cambian la longitud y la dirección de la sombra.

☑ **REVISAR LA LECTURA** **Secuencia** Subraya las palabras clave en el párrafo. Enumera tres pasos que Eli siguió para completar su análisis. Asegúrate de escribir los pasos en el mismo orden en que los realizó Eli.

_____

_____

_____

Fuerzas gravitacionales de la Tierra

Puedo...

Demostrar que la gravedad terrestre jala los objetos hacia el centro de la Tierra.
5-PS2-1

Destreza de lectura
Secuencia

Vocabulario
gravedad

Vocabulario académico
ejercer

▶ **VIDEO**

Ve un video sobre la gravedad terrestre.

STEM ▶ Conexión

Un cohete descansa sobre una plataforma de despegue en el Centro Espacial Kennedy. En el centro de control, comienza la cuenta regresiva: *"Tres, dos, uno... ¡Despegamos!"*. Los motores de la base del cohete se encienden e impulsan el cohete hacia arriba. El cohete parte desde la superficie de la Tierra, atraviesa la atmósfera e ingresa en el espacio.

La mayoría de los cohetes tienen dos o tres propulsores. Los propulsores contienen combustible que se enciende durante el despegue. El combustible se quema y produce gases que empujan la superficie de la Tierra. Al arder el combustible, los propulsores se desprenden. Los cohetes suelen pesar cientos de toneladas. Por lo tanto, se necesita una enorme cantidad de fuerza para hacerlos despegar. La velocidad de escape, o velocidad que debe alcanzar un cohete para salir de la Tierra, es de al menos 40,234 kilómetros (25,000 millas) por hora. Eso es más de 11 kilómetros (7 millas) por segundo.

☑ **REVISAR LA LECTURA** **Predecir** Escribe en orden los sucesos que ocurren cuando se lanza un cohete.

_____

_____

_____

¿Cuánto tardan en caer los objetos ?

Los científicos recolectan evidencia para explicar fenómenos naturales. ¿Cómo puedes recolectar evidencia para determinar si todos los objetos caen con la misma rapidez?

Materiales recomendados

- pelota
- lápiz
- piedra
- balanza
- cubos de gramo
- regla de un metro

Procedimiento

☐ 1. Planea cómo podrías usar los materiales para evaluar si los diferentes objetos caen con la misma rapidez. Escribe tu plan.

_____

_____

_____

Ten en cuenta la seguridad física.

☐ 2. Muestra tu plan a tu maestro. Anota tus observaciones.

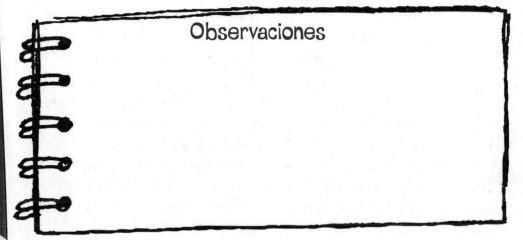

Observaciones

Práctica de ciencias

Los científicos **elaboran sus argumentos** apoyándose en la evidencia.

Analizar e interpretar datos

3. **Elaborar un argumento** ¿Los objetos cayeron con la misma rapidez? Usa la evidencia de tu experimento para apoyar tu respuesta.

_____

_____

_____

_____

INTERACTIVITY

Completa una actividad sobre la gravedad.

Lectura
► Herramientas

Secuencia

La secuencia es el orden en el que ocurren los sucesos. Dile a un compañero la secuencia de sucesos que ocurren desde el momento en que un paracaidista salta de un avión hasta que llega al suelo.

Fuerza gravitacional

Cuando los paracaidistas saltan de un avión, caen hacia la Tierra. Son jalados hacia abajo por la fuerza de la gravedad de la Tierra. La **gravedad** es una fuerza de atracción entre dos objetos. Todo lo que tiene masa **ejerce**, o aplica, una fuerza gravitacional sobre otros objetos. Hay gravedad entre tú y tu escritorio, así que ¿por qué no la sientes? Solo los objetos que tienen una inmensa cantidad de masa ejercen, o aplican, fuerzas gravitacionales que podemos sentir. La fuerza de atracción de tu escritorio es demasiado débil para que la sientas. Sin embargo, la Tierra tiene una inmensa cantidad de masa en comparación con los objetos que contiene. La gravedad de la Tierra es mucho más fuerte que los objetos que son jalados hacia ella.

Un pañuelo de papel cae con menor rapidez que una pelota. Esto se debe al aire: si no hubiera aire, todos los objetos caerían con la misma rapidez. Al principio, los paracaidistas caen muy rápido. Cuando el paracaídas se abre, comienzan a descender más despacio. La caída se hace más lenta porque el aire golpea contra el paracaídas, lo cual reduce la rapidez del descenso.

Identificar Dibuja flechas para indicar la dirección de la gravedad y de la fuerza del aire. Al lado de cada flecha, escribe "G" para *gravedad* y "R" para *resistencia del aire*.

La gravedad en la Tierra

La gravedad es una fuerza constante. No se "apaga", ni siquiera cuando los objetos flotan o se elevan. Imagina que estás sobre un columpio en movimiento. Cuando el columpio sube, la gravedad de la Tierra te jala siempre de vuelta hacia abajo. La gravedad de la Tierra siempre jala los objetos hacia el centro de la Tierra.

Explora la gravedad

Haz un agujero pequeño en la base de un vaso de papel. Introduce un dedo en el agujero y vierte un poco de agua dentro del vaso. Coloca el vaso sobre una cubeta y quita el dedo del agujero. Observa cómo fluye el agua. Repite la acción, pero esta vez, sosteniendo el vaso para que el agujero apunte hacia un costado. Compara y explica tus observaciones.

Usar evidencia del texto Dibuja flechas para indicar la dirección de la fuerza gravitacional en cada objeto del diagrama. ¿Qué evidencia del texto explica por qué las flechas apuntan en esa dirección?

_____

_____

La gravedad en el espacio

La gravedad existe entre todos los objetos del espacio. Las estrellas permanecen en sus galaxias gracias a la gravedad. La masa del Sol es mucho mayor que la de la Tierra o la de los planetas y objetos que giran a su alrededor. Por lo tanto, su fuerza gravitacional es mayor que la fuerza de gravedad de los objetos que giran a su alrededor. Como resultado, la gravedad del Sol hace que la Tierra y otros objetos del espacio permanezcan en sus órbitas. Los satélites artificiales también permanecen en sus órbitas gracias a la gravedad de la Tierra. Del mismo modo, la gravedad de la Tierra hace que la Luna permanezca en su órbita.

📖 **Explícalo** En tu cuaderno de ciencias, escribe sobre una ocasión en que la gravedad te haya ayudado a realizar una tarea.

Misión Conexión

¿Cambiará la intensidad de la gravedad que ejerce la Tierra sobre la Luna cuando viajes a diferentes lugares en tu Misión? Explica tu respuesta.

_____

_____

_____

☑ Lección 1: Revisión

1. **Explicar** ¿Cómo se lanza al espacio un cohete que pueda superar la fuerza de gravedad.?

_____

_____

2. **Predecir** Un jugador de fútbol patea una pelota bien alto. ¿Qué pasará con la pelota? ¿Cómo lo sabes?

_____

_____

¿Cómo afecta la gravedad a la materia?

Los científicos usan modelos para investigar sobre la gravedad. ¿Cómo puedes hacer un modelo para determinar los efectos de la gravedad en los objetos?

Materiales

- vaso de espuma grande
- cuerda de 80 cm
- lentes de seguridad
- lápiz

 Usa lentes de seguridad.

 Ten en cuenta la seguridad física.

Procedimiento

☐ **1.** Con cuidado, haz dos agujeros en el vaso de espuma con un lápiz, en lados opuestos, cerca de la parte superior. Ata la cuerda a través de los agujeros y deja al menos 60 cm (2 pies) de cuerda para usar como mango.

☐ **2.** Planea cómo usar los vasos y las cuerdas para hacer un modelo con de la manera en que la fuerza de la gravedad de la Tierra afecta los objetos. Explica qué pasa si cambia la intensidad de la fuerza gravitacional.

☐ **3.** Muestra tu plan a tu maestro antes de empezar. Anota tus observaciones.

Práctica de ciencias

Los científicos **usan modelos** para explicar cómo funcionan los sistemas.

Analizar e interpretar datos

4. Explicar ¿Cómo representaste la gravedad en tu modelo? ¿Cómo evaluaste las fuerzas gravitacionales de diferentes intensidades?

_____

_____

_____

_____

5. Sacar conclusiones Supón que el Sol no ejerce una fuerza gravitacional. ¿Cómo crees que eso afectaría al sistema solar?

_____

_____

Observaciones

Movimientos de la Tierra en el espacio

Puedo...

Demostrar que la noche y el día son causados por la rotación de la Tierra sobre su propio eje una vez al día.

Explicar que la Tierra gira alrededor del Sol una vez al año.

Describir por qué la cantidad de luz del día es diferente, según la época del año.

5-ESS1-2

Destreza de lectura
Secuencia

Vocabulario
eje
rotación
traslación

Vocabulario académico
patrón

▶ **VIDEO**

Ve un video sobre los movimientos de la Tierra en el espacio.

LOCAL-A-GLOBAL Conexión

Supón que son las 3 P.M. en tu ciudad. ¿Significa que en todo el planeta son las 3 P.M.? No. Cuando son las 3 P.M. en Nueva York, en California son las 12 del mediodía. Todos los días, el Sol aparece en el cielo de Nueva York unas 3 horas antes que en California. Eso se debe a que la Tierra da un giro completo cada 24 horas. Como resultado, el sol ilumina solo una mitad de la Tierra en todo momento. Por lo tanto, cuando el sol se asoma en tu ciudad, se oculta en otras partes del mundo.

Para ajustar la hora a esta diferencia, los diversos lugares se dividen en husos horarios. Por ejemplo, Nueva York se encuentra en el huso horario del este, mientras que California se encuentra en el huso horario del Pacífico. Al haber diferentes husos horarios, el sol sale por la mañana más o menos a la misma hora local y se oculta por la noche más o menos a la misma hora local. Cuando viajamos hacia el este, la hora se adelanta. Cuando viajamos hacia el oeste, la hora se atrasa.

Calcular Dibuja las agujas del reloj para indicar la hora en Nueva York cuando en California son las 11 A.M.

CALIFORNIA   NUEVA YORK

túInvestigas Lab

¿Cómo giramos?

Los científicos usan modelos para estudiar los movimientos de la Tierra. ¿Cómo puedes usar un modelo para observar algunos de los efectos del movimiento giratorio de la Tierra?

Materiales

- silla giratoria
- lámpara
- tarjetas de fichero
- lana

Materiales recomendados

- cámara
- pegamento
- crayón amarillo

Procedimiento

☐ **1.** Planea cómo usar la silla y la lámpara para hacer un modelo del movimiento giratorio de la Tierra y algunos de sus efectos. Muestra tu plan a tu maestro antes de empezar.

☐ **2.** Lleva a cabo tu plan. Haz una pausa para registrar tus observaciones. Puedes dibujar tus observaciones en tarjetas de fichero o bien puedes tomar fotos.

☐ **3.** Haz que tu modelo sea creativo. Combina tus dibujos o fotos en un folioscopio y "hazlo correr" desde el principio hasta el final.

⚠ Ten cuidado cuando giras en la silla.

⚠ No mires a la lámpara en forma directa.

Analizar e interpretar datos

4. Explicar ¿En qué dirección giraste? ¿En qué dirección parecían moverse las cosas mientras girabas?

_____

_____

Práctica de ciencias

Los científicos usan modelos para explicar los fenómenos.

5. Inferir A partir de tu modelo, infiere algunos de los efectos del movimiento giratorio de la Tierra. Explica tu inferencia.

_____

_____

_____

_____

_____

_____

_____

_____

Práctica de matemáticas
► Herramientas

Convertir medidas
Alguien que se encuentre en la línea del ecuador viaja unas 25,000 millas cada día. ¿Qué tan rápido viaja, aproximadamente, en millas por hora?

Rotación de la Tierra

Aunque no puedas sentir el movimiento de la Tierra, nuestro planeta está moviéndose permanentemente en el espacio. Sí puedes observar los efectos de este movimiento cuando ves el movimiento aparente del Sol en el cielo. Ese efecto se debe a que la Tierra gira sobre su eje. Un **eje** es una línea imaginaria que atraviesa el centro de un objeto. El eje de la Tierra pasa a través del polo norte, el centro de la Tierra y el polo sur. El movimiento giratorio de la Tierra y de otros cuerpos en el espacio sobre sus ejes se llama **rotación**. La Tierra completa una rotación cada unas 24 horas. Una rotación equivale, aproximadamente, a un día en la Tierra.

A medida que la Tierra rota, diferentes partes de su superficie quedan de frente al Sol. El lado de la Tierra que queda de frente al Sol experimenta el día. El lado que queda alejado del Sol experimenta la noche. Durante el día, el Sol parece salir en el este. Luego, se mueve por el cielo hasta que, finalmente, se pone en el oeste. El Sol parece moverse en esa dirección porque la Tierra rota de oeste a este. Si observas las estrellas y la Luna por la noche, verás el mismo patrón de movimiento. Un **patrón** es un grupo de objetos o sucesos que se repiten en el mismo orden.

Identificar El diagrama de abajo muestra qué verías si miraras al polo norte de la Tierra desde el espacio. Las flechas curvas muestran la rotación de la Tierra. En el Lugar A, es el mediodía. Escribe estos rótulos en el diagrama, en el lugar que corresponde: salida del sol y puesta del sol. Escribe una *X* en el sitio del diagrama donde estará el Lugar A después de 12 horas.

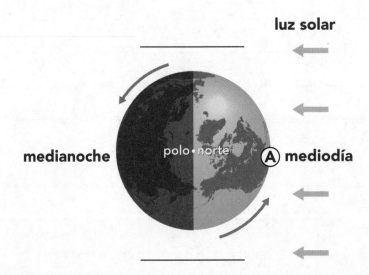

luz solar

medianoche   polo·norte Ⓐ mediodía

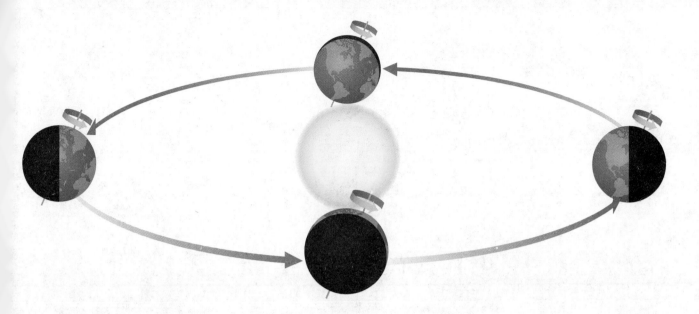

Traslación de la Tierra

Cada año, cuando celebras tu cumpleaños, ¡en realidad estás celebrando una vuelta completa al Sol! Mientras la Tierra rota, a la vez, también hace un recorrido alrededor del Sol. El movimiento de la Tierra alrededor del Sol se llama traslación. La **traslación** es el movimiento de un objeto alrededor de otro objeto. La Tierra tarda cerca de 365 días, o un año, para completar una traslación alrededor del Sol.

A medida que la Tierra gira alrededor del Sol, los diferentes lugares en la Tierra reciben diferentes cantidades de luz solar. Las horas de salida y puesta del sol cambian a lo largo del año. Por lo tanto, la cantidad de luz también cambia. En verano, un lugar recibe más luz que en invierno.

Misión Conexión

¿A qué lugar viajarías para ver antes la salida del sol? ¿Por qué?

_____

_____

¿Cuál es el movimiento de la Luna en el espacio?

La Luna gira y rota en el espacio de manera similar al movimiento de la Tierra en el espacio. La Luna completa una rotación sobre su eje aproximadamente cada 29 días, la misma cantidad de tiempo que le lleva a la Luna girar alrededor de la Tierra.

1 En el día 1, el Sol parece asomarse en el cielo. El lado de la Luna que vemos desde la Tierra está de frente al Sol. La luz solar llega a este lado de la Luna durante 14 días, a medida que la Luna gira alrededor de la Tierra.

luz solar

2 En el día 14, el Sol parece ocultarse en el cielo. El lado de la Luna que vemos desde la Tierra está de espaldas al Sol. La luz solar no llega a este lado de la Luna, así que la Luna se ve oscura en el cielo.

En esta imagen, la Tierra nunca parece asomarse ni ocultarse: siempre está en una misma posición en el cielo.

1

Esta es la imagen que los astronautas ven desde la posición A.

Esta es la imagen que los astronautas ven desde la posición B.

2

En esta imagen, el Sol parecería asomarse otra vez después de dos semanas.

! Describe un modelo que podrías hacer para demostrar cómo el Sol, la Tierra y la Luna giran y rotan.

_____

_____

_____

_____

_____

_____

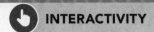

INTERACTIVITY

Completa una actividad
sobre los movimientos de
la Tierra en el espacio.

Estaciones

La inclinación del eje de la Tierra y la traslación de la Tierra
alrededor del Sol producen las estaciones del año. El diagrama
muestra que el eje de la Tierra siempre está inclinado en la
misma dirección y a un mismo ángulo de 23.5 grados. La
inclinación y la traslación de la Tierra afectan la cantidad de luz
solar directa que reciben los diferentes lugares de la Tierra en las
distintas épocas del año.

En junio, el hemisferio norte se inclina hacia el Sol y produce el
verano. Las personas experimentan más horas de luz y menos
horas de oscuridad. Al mismo tiempo, en el hemisferio sur es
invierno. Hay más horas de oscuridad que de luz.

Interpretar diagramas Escribe un texto breve para junio.

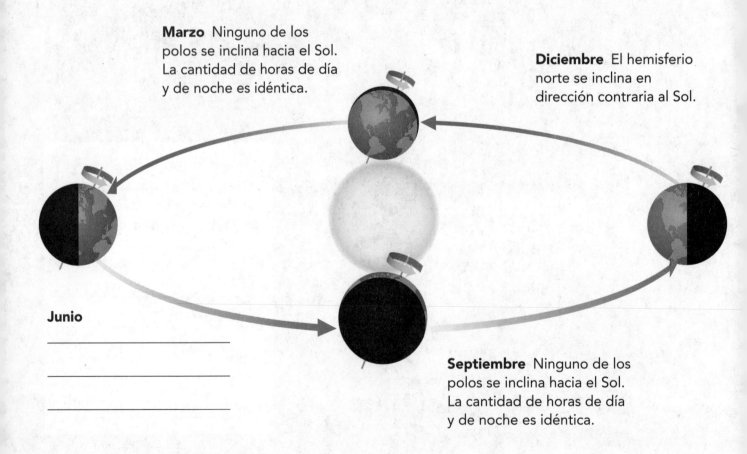

Marzo Ninguno de los
polos se inclina hacia el Sol.
La cantidad de horas de día
y de noche es idéntica.

Diciembre El hemisferio
norte se inclina en
dirección contraria al Sol.

Junio

_____

_____

_____

Septiembre Ninguno de los
polos se inclina hacia el Sol.
La cantidad de horas de día
y de noche es idéntica.

Mientras la Tierra continúa desplazándose en su órbita desde junio hasta diciembre, el hemisferio norte está a mayor distancia del Sol. En diciembre, es invierno en la ciudad de Nueva York y en otros lugares ubicados en el hemisferio norte. Las personas experimentan menos horas de luz que de oscuridad. En lugares ubicados en el hemisferio sur, como Buenos Aires, sucede todo lo contrario. Allí es verano, por lo tanto, las personas experimentan más horas de luz que de oscuridad.

La inclinación de la Tierra hace que el ángulo de los rayos solares que recibe la Tierra cambie en cada estación. En invierno, los rayos solares se dispersan, así que el clima se vuelve más frío. En verano, los rayos del Sol son más directos y, por lo tanto, el clima se vuelve más cálido. Este patrón se repite una y otra vez, y produce el verano.

📓 **Explícalo** En tu cuaderno de ciencias, escribe sobre los patrones que puedes observar a medida que cambian las estaciones.

Ciudad de Nueva York

Buenos Aires

☑ Lección 2: Revisión

1. Describir ¿Por qué el Sol y la Luna parecen moverse en el cielo?

_____

_____

2. ☑ REVISAR LA LECTURA **Secuencia** ¿Qué secuencia de eventos causa la traslación de la Tierra alrededor del Sol?

_____

_____

_____

El sol sale, el sol se pone

¿Cómo crees que se ve el otro lado de la Tierra ahora mismo? ¿Qué verías en el cielo?

Mira los destinos que se muestran en la tabla. Esos son los lugares que visitarás en tu viaje alrededor del mundo. Volarás a cada una de esas ciudades y llegarás en el día y la hora señalados en la tabla. Tu viaje comienza en Seattle. En cada ciudad, describe cómo se verá el cielo cuando llegues.

Itinerario de la misión				
Lugar	Salida del Sol	Puesta del Sol	Hora de llegada	Observaciones del cielo
Seattle	5:46 A.M.	6:40 P.M.	4:30 P.M. Lunes	
Boston	5:38 A.M.	6:22 P.M.	8:00 P.M. Martes	
Londres	5:24 A.M.	6:35 P.M.	11:00 P.M. Miércoles	
Nueva Delhi	7:08 A.M.	6:49 P.M.	6:45 P.M. Viernes	
Tokio	5:26 A.M.	8:30 P.M.	1:00 P.M. Sábado	

Cuando llegues a Tokio, estarás casi en el lado opuesto de la Tierra respecto de Boston. Si es mediodía en Tokio, ¿cómo se verá el cielo en Boston?

_____

_____

_____

¿Cúanto tiempo lleva recorrer una órbita?

Aprendiste que la Tierra orbita alrededor del Sol. Otros objetos del sistema solar también orbitan alrededor del Sol. Júpiter es un planeta gigante que se mueve alrededor del Sol. El cometa Halley, un objeto con una cola brillante, también recorre un camino alrededor del Sol.

La siguiente tabla muestra el tiempo que necesita cada objeto del espacio para completar una órbita alrededor del Sol. Estudia la tabla y luego ordena los objetos según su tiempo de órbita. Comienza con la órbita más corta y termina con la más larga.

Objeto en el espacio	Tiempo de órbita	Orden (más corta a más larga)
Tierra	365 días	
Plutón	248 años	
Júpiter	11.9 años	
Cometa Halley	76.1 años	

Los patrones a lo largo del tiempo

Puedo...

Demostrar por qué el Sol, la Luna y las estrellas aparecen en diferentes momentos.

Describir por qué las sombras cambian de tamaño y dirección durante el día.

5-ESS1-1, 5-ESS1-2

Destreza de lectura
Secuencia

Vocabulario
sombra
constelación

Vocabulario académico
relacionado

▶ **VIDEO**

Ve un video sobre los patrones a lo largo del tiempo.

CURRÍCULO Conexión

Durante los equinoccios de primavera y otoño, las horas de día y de noche en la Tierra son casi idénticas. Las antiguas civilizaciones marcaron los equinoccios con celebraciones y rituales. Alrededor del año 700 D.C., los mayas construyeron una pirámide en la antigua ciudad de Chichén Itzá, en el actual territorio de México. Los ángulos de la pirámide se construyeron para celebrar el momento exacto en que ocurre el equinoccio. Cuando el Sol ilumina la esquina de la pirámide, produce una sombra contra los escalones. La sombra parece una serpiente que baja por la escalera. ¿Puedes encontrar la serpiente en la foto? Pista: la cabeza tallada de la serpiente está al pie de la pirámide y representa al mítico dios Kukulkán. En la actualidad, visitantes de todo el mundo vienen a esta antigua ciudad para ver este acontecimiento espectacular.

Inferir ¿Por qué los mayas podían predecir las fechas exactas de los equinoccios de primavera y de otoño?

_____

_____

_____

túInvestigas Lab

¿Qué patrones de estrellas puedes ver?

Son las 7 P.M. ¿Qué patrones de estrellas puedes ver? ¿Se ven las mismas estrellas a las 11 P.M.? Haz un localizador de estrellas para explorar el cielo nocturno.

Materiales

- Hoja de localizador de estrellas
- carpeta
- tijeras
- engrapadora
- pegamento

Procedimiento

1. Usa la Hoja de localizador de estrellas para hacer un localizador de estrellas.

2. Escoge una hora y una fecha. Anota los grupos de estrellas que podrías ver en ese momento.

_____

_____

3. Describe cómo puedes usar el localizador de estrellas para descubrir si esos mismos grupos de estrellas están siempre en el mismo punto a lo largo de la noche.

_____

_____

_____

_____

_____

4. Pon en práctica tu plan y registra tus observaciones.

_____

_____

 Ten cuidado al usar las tijeras.

Práctica de ciencias

Los científicos **usan modelos** para apoyar un argumento.

Analizar e interpretar datos

5. **Inferir** Usa lo que sabes sobre cómo se mueve la Tierra para explicar tus resultados.

_____

_____

_____

El juego de la sombra

Coloca una regla de un metro en forma vertical sobre el suelo durante un día soleado. Mide la distancia de su sombra en diferentes momentos del día. ¿Cuándo es más larga la sombra? ¿Cuándo es más corta? Explica tus resultados.

Patrones de la sombra

La rotación y la traslación de la Tierra crean patrones en el espacio. Cuando la luz ilumina un objeto y no lo atraviesa, el objeto produce una sombra. Las **sombras** son áreas o formas oscuras que se producen cuando un objeto bloquea una fuente de luz. ¿Alguna vez notaste cómo cambian las sombras durante el día? A medida que la Tierra rota, el Sol parece moverse en el cielo siguiendo un arco. Por lo tanto, la luz solar ilumina los objetos en diferentes ángulos a lo largo del día. Como resultado, las sombras cambian de tamaño y de posición durante el día.

La traslación de la Tierra produce patrones estacionales en las sombras. Durante el invierno, el Sol aparece a muy baja altura en el cielo, y las sombras son más largas durante el solsticio de invierno. En verano, el Sol aparece muy alto sobre el horizonte, por lo tanto, las sombras son más cortas durante el solsticio de verano.

¡Represéntalo!

Dibuja un modelo de cómo cambian la longitud y la dirección de una sombra durante un día de verano.

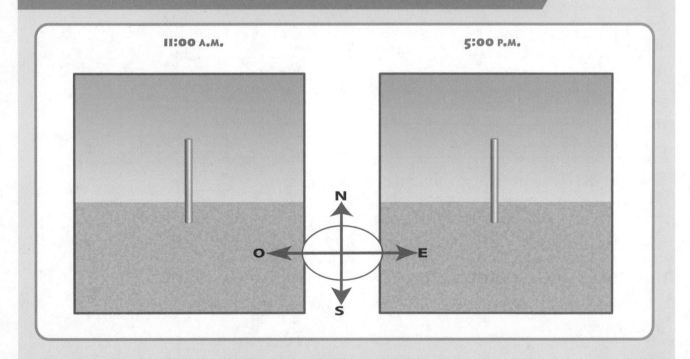

11:00 A.M.   5:00 P.M.

Estrellas y constelaciones

Las estrellas también forman figuras en el espacio. Un grupo de estrellas que, al verlas, forman una figura se llama **constelación**. Por la noche, quizás hayas visto una constelación llamada Osa Mayor. Puede parecer que las estrellas de las constelaciones están muy cerca unas de otras, pero en realidad están a diferentes distancias de la Tierra.

En una misma constelación, algunas estrellas pueden parecer más brillantes que otras. El brillo que cada estrella parece tener para las personas en la Tierra está **relacionado**, o conectado, con la distancia.

Por ejemplo, el Sol es una estrella que está mucho más cerca de la Tierra que de otras estrellas, por lo tanto, el Sol parece más brillante que otras estrellas. Sin embargo, muchas estrellas que están más alejadas de la Tierra que el Sol son mucho más brillantes.

Describir ¿Por qué el Sol parece más brillante que otras estrellas? Cita evidencia del texto que apoye tu respuesta.

_____

_____

_____

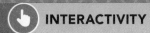
¿Cómo identificamos patrones de estrellas en el cielo?

Desde nuestra perspectiva sobre la Tierra, las estrellas se mueven en formas predecibles durante el año. Para ayudar a identificar patrones de estrellas en el cielo durante las diferentes estaciones, los científicos pueden usar mapas estelares. Los mapas estelares que están más abajo muestran las posiciones de las constelaciones tal como se ven desde el hemisferio norte, a la misma hora de la noche, durante enero y junio.

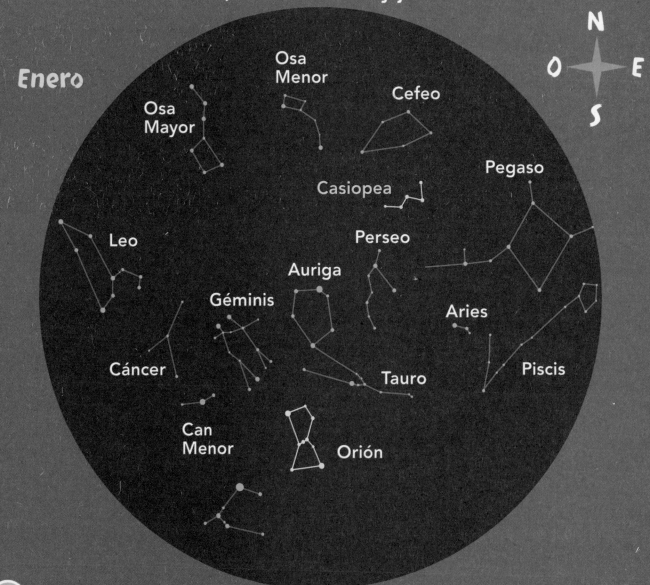

Orión es una constelación invernal brillante del hemisferio norte. En verano, Orión está demasiado baja en el cielo como para que la puedas ver.

! **Compara la posición de Casiopea en el cielo durante el invierno y durante el verano. ¿Cómo cambia?**

_____

_____

_____

_____

Las fases de la Luna

A veces ves una Luna grande y redonda de noche. A veces puedes verla incluso durante el día. Tanto de día como de noche, la Luna parece brillar con luz propia. Pero la Luna no produce su propia luz. Puedes ver la Luna porque la luz solar se refleja en su superficie.

Si miras la Luna en distintos momentos del mes, su forma parece cambiar. Pero, en realidad, la Luna no cambia de forma. Una mitad de la Luna siempre da al Sol y la luz solar se refleja en esa mitad. El diagrama muestra cómo la parte iluminada de la Luna que vemos cambia a medida que la Luna se mueve alrededor de la Tierra. El patrón cambiante de la Luna en el cielo nocturno es conocido como las fases de la Luna. La Luna tarda 29.5 días en completar un ciclo de fases.

✓ REVISAR LA LECTURA **Secuencia** ¿Cuál es la secuencia de fases de la Luna entre una luna llena y una luna nueva?

_____

_____

_____

Misión Conexión

Averigua la fase de la Luna de esta noche. Predice cuándo verás la próxima luna llena. Explica cómo hiciste tu predicción.

_____

_____

_____

Gibosa creciente

En la fase gibosa creciente, puede verse cada vez más de la mitad iluminada de la Luna.

Cuarto creciente

En la fase de cuarto creciente, la mitad de la mitad iluminada de la Luna, o un cuarto de toda la Luna, puede verse.

Luna creciente

La fase de luna creciente llega tras la luna nueva. Creciente significa que la Luna parece volverse más grande. Puedes ver solo el borde de la Luna.

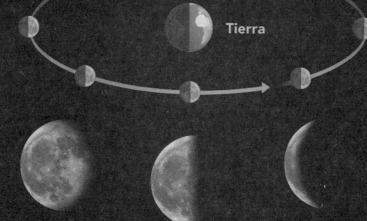

Tierra

Sol

Luna llena

Durante la luna llena, toda la mitad de la Luna que da a la Tierra está iluminada. Ves la Luna como un círculo completo. La luna llena aparece aproximadamente una semana después del cuarto creciente.

Durante la fase de luna nueva, el lado oscuro de la Luna, no iluminado, da a la Tierra. La luna nueva no puede verse.

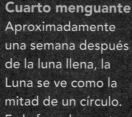

Gibosa menguante

Gradualmente, ves cada vez menos de la Luna. La Luna está en la fase gibosa menguante.

Cuarto menguante

Aproximadamente una semana después de la luna llena, la Luna se ve como la mitad de un círculo. Es la fase de cuarto menguante.

Luna menguante

La luna menguante llega tras el cuarto menguante. Puedes ver solo el borde de la Luna. Menguante significa que la Luna se ve cada vez más pequeña.

Medir el tiempo

Desde tiempos antiguos, las personas han usado sucesos que se repiten como la salida o la puesta del sol, para medir el tiempo. Muchas culturas usaban un reloj solar, como el que se ve en la foto, para saber la hora. Sabían que cuando el Sol estaba directamente encima de ellos, las sombras eran más cortas. Llamaron mediodía a ese momento del día. A medida que el Sol se movía en el cielo, la sombra se movía alrededor del centro del reloj solar. La posición de la sombra les indicaba la hora. Este reloj solar marca las 9:00.

Las personas usaron las fases de la Luna para predecir cuándo empezaba y cuándo terminaba el año. Los calendarios se elaboraron a partir de esos patrones predecibles. Al observar la ubicación de las constelaciones en el cielo, las personas pudieron calcular cuándo para plantar sus cultivos y cuándo cosecharlos.

Causa y efecto ¿Qué causa el movimiento de la sombra en el reloj solar?

_____

_____

☑ Lección 3: Revisión

1. **Explicar** ¿Cómo se relacionan los movimientos de la Tierra y el movimiento aparente de las estrellas?

_____

_____

_____

_____

2. **Causa y efecto** Si un árbol produce una sombra hacia el oeste a las 11 A.M., ¿cómo se verá la sombra a las 5 P.M.?

_____

_____

Observaciones de la Luna

En tu viaje, observarás la fase de la Luna en cada uno de tus destinos. Algunas de las fases ya están identificadas en la tabla. Completa los espacios en blanco para identificar qué fase se vería en cada una de las demás ciudades. Usa lo que observaste en la sección Misión: Control de la Lección 2 como ayuda.

Itinerario de la Misión

Lugar	Día	Fase de la Luna
Seattle	Lunes	luna creciente
Boston	Martes	
Londres	Miércoles	
Nueva Delhi	Viernes	cuarto creciente
Tokio	Domingo	

La Luna completa su órbita alrededor de la Tierra aproximadamente en un mes. Si viajaras alrededor del mundo en un día o dos, ¿qué notarías sobre las fases de la Luna?

_____

_____

_____

_____

¡Pregunta extra! Mira la fase de la Luna en tu primer destino. Predice cuántos días faltan hasta la luna llena.

_____

_____

_____

tú, Ingeniero — Diseñar — STEM

Codificar las fases de la **Luna**

Un código es una manera de usar números, símbolos o palabras para representar las cosas. Los científicos informáticos usan códigos para indicar a una computadora que realice una tarea. Las personas también usan códigos para ordenar una secuencia de eventos, como las fases de la Luna. ¿Cómo puedes usar un código para mostrar el patrón de las fases de la Luna?

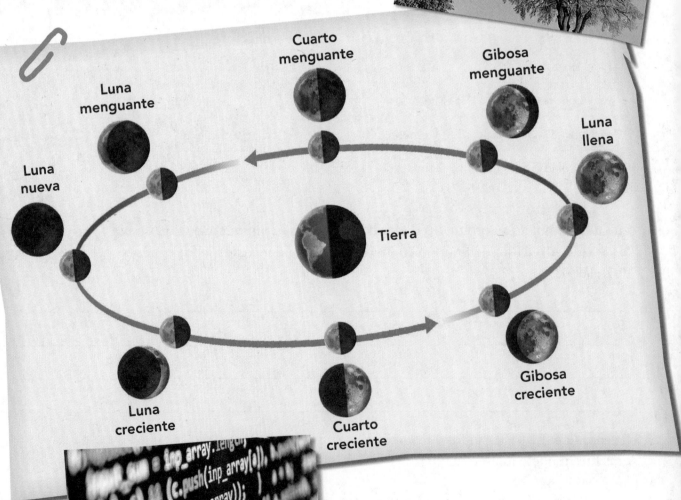

Diséñalo

☐ Mira el diagrama de las ocho fases de la Luna. Calcula cuántos días pasa la Luna en cada fase. Recuerda que un ciclo completo de las fases de la Luna dura unos 29.5 días.

☐ Escoge una fase para empezar a codificar. Decide por cuántos días será visible la fase.

☐ Después, piensa por cuántos días será visible cada una de las fases restantes.

☐ Diseña un código que diga qué fase de la Luna habrá en distintos días.

Escribe tu código

INTERACTIVITY

Organiza los datos para apoyar tus hallazgos de la Misión.

Planea un viaje alrededor del mundo de los **patrones**

¿En qué lugar de la Tierra es medianoche?

Haz un folleto de patrones espaciales

En esta Misión, viajaste alrededor del mundo para observar los patrones del espacio. Ahora, usa tus observaciones para hacer un folleto que resuma lo que experimentaste en cada etapa de tu viaje. Recuerda que el folleto sirve para ayudar a que otros aprendan sobre los patrones del espacio. Ten en cuenta las siguientes preguntas cuando hagas tu folleto.

- ¿Es de día o de noche?

- ¿Cuánto falta para que salga o se ponga el Sol?

- ¿Cómo se verá la Luna?

- ¿Cómo cambiará la aparición de las estrellas con el tiempo?

Incluye dibujos de la Tierra en el espacio para ilustrar los patrones de la Tierra. Haz gráficas circulares que comparen cuánto duran el día y la noche en distintos lugares. Busca e incluye una un elemento visual que compare la aparición estacional de algunas estrellas en un lugar.

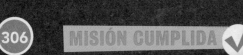

MISIÓN CUMPLIDA

Curador de planetario

El curador es la persona responsable de las cosas que hay en un museo. Un planetario es un lugar en el que los científicos estudian objetos del cielo. El curador de un planetario está a cargo de la colección del planetario. La colección incluye objetos del espacio y artículos históricos relacionados con las estrellas, el Sol, la Luna y otros objetos del universo. El curador del planetario reúne artículos para la colección del planetario y se asegura de que reciban el cuidado necesario. A menudo decide cómo se exhibirán los objetos al público. El curador de planetario también puede participar en actividades comunitarias para el museo.

La mayoría de los curadores de planetario tienen al menos cuatro años de educación universitaria. Muchos planetarios buscan curadores con niveles de educación aun más altos. Los curadores deben tener buenas habilidades de pensamiento crítico y de organización y tienen que poder hablar con el público.

Reflexiona En tu cuaderno de ciencias, escribe por qué crees que la capacidad de pensar críticamente y organizar información es importante para un curador de planetario.

☑ Evaluación

1. **Vocabulario** ¿Qué oraciones describen la gravedad? Encierra en un círculo todas las que correspondan.

   A. Existe solo entre objetos pesados.

   B. Mantiene los objetos del espacio en sus órbitas.

   C. Jala los objetos hacia el centro de la Tierra.

   D. Es una fuerza de atracción entre dos objetos.

2. **Causa y efecto** ¿Qué enunciado explica por qué el Sol parece moverse en el cielo?

   A. La Tierra rota sobre su eje.

   B. La Tierra está inclinada sobre su eje.

   C. La Tierra se traslada alrededor del Sol.

   D. La Tierra tiene diferentes husos horarios.

3. **Explicar** ¿Por qué las posiciones de las constelaciones cambian con las estaciones del año?

   _____

   _____

   _____

   _____

4. **Usar evidencia** ¿Qué evidencia apoya la idea de que existe gravedad en la Tierra?

   A. Todas las personas observan que los objetos caen hacia el centro de la Tierra.

   B. Las personas son capaces de lanzar cohetes al espacio.

   C. La Tierra rota y gira alrededor del Sol.

   D. La fuerza de atracción de la gravedad es más fuerte en los planetas que tienen menos masa que la Tierra.

5. **Inferir** Analiza el diagrama. ¿En qué estación del año está el lugar marcado con la X? Explícalo.

   _____

   _____

   _____

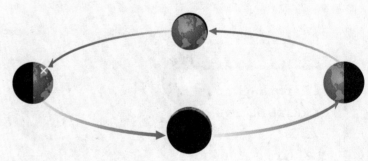

6. Establecer una secuencia ¿Qué imagen muestra correctamente la fase que falta en la secuencia de fases lunares?

A.

B.

C.

D.

7. Predecir En un día soleado, ¿cómo podría cambiar la longitud de una sombra entre las 9:00 A.M. y el mediodía? Explica tu respuesta.

_____

_____

_____

_____

_____

¿Cómo cambian los patrones de un día al otro y de una estación a la otra?

Muestra lo que aprendiste

Describe cómo los patrones diarios de la Tierra se diferencian de los patrones estacionales. Usa las palabras *rotar* y *traslación* en tu respuesta.

_____

_____

_____

_____

_____

_____

_____

_____

_____

_____

_____

_____

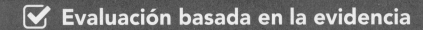

☑ Evaluación basada en la evidencia

Lee esta situación y responde las preguntas 1 a 4.

Huxley sentía curiosidad acerca de si podría usar las sombras para aprender sobre los patrones del movimiento de la Tierra. El domingo a las 3:00 P.M., colocó un poste de 1 metro en un campo abierto. Luego, midió la longitud y la dirección de la sombra del poste. Regresó cada domingo durante un año para repetir sus mediciones. Algunos de sus datos están registrados en la tabla. Usa la tabla para responder las preguntas.

Semana	Longitud de la sombra (m)
1	3.9
4	2.9
8	2.1
10	1.7
15	1.1
21	0.9
28	0.8
32	1.0

1. **Observar patrones** ¿En qué estación del año estaba Huxley cuando empezó su experimento? Explica cómo lo sabes.

_____

_____

_____

_____

2. Analizar datos ¿En qué semana estuvo el Sol en su punto más alto durante las observaciones?

   A. Semana 1

   B. Semana 10

   C. Semana 28

   D. Semana 32

3. Usar gráficas ¿Qué opción describe la forma en que Huxley debería usar una gráfica para mostrar el patrón de longitudes de sombras?

   A. Huxley debería usar una gráfica de barras para mostrar la longitud de las sombras cada semana.

   B. Huxley debería usar una gráfica lineal para mostrar cómo cambió la dirección de las sombras.

   C. Huxley debería usar una gráfica circular para comparar la sombra de cada semana con el total.

   D. Huxley debería usar una pictografía para mostrar cuántas semanas demora cada sombra en alcanzar cada longitud.

4. Patrones ¿Qué longitud tendrá la sombra del poste en la semana 52 del experimento?

   A. 1.0 metro

   B. 2.0 metros

   C. 3.0 metros

   D. 4.0 metros

¿Qué podemos saber gracias a las sombras?

Materiales recomendados
- fuentes de luz
- limpiapipas
- plastilina
- regla
- objetos opacos
- transportador

Las sombras cambian durante el día, de un día a otro y de una estación a otra. ¿Cómo puedes construir un modelo para mostrar cómo cambian las sombras a lo largo de esos períodos?

Procedimiento

☐ **1.** Planea cómo hacer un modelo para mostrar cómo cambian las sombras. ¿Qué materiales usarás para cada parte?

_____

_____

_____

_____

_____

Práctica de ciencias

Los científicos representan datos para describir fenómenos.

☐ **2.** Muestra tu plan a tu maestro antes de empezar.

☐ **3.** Usa los datos de tu modelo para hacer una gráfica que muestre los cambios diarios en las sombras.

Analizar e interpretar datos

4. **Evaluar** ¿Qué factores contribuyen a los cambios diarios de las sombras? ¿Cómo muestra esos cambios tu modelo?

_____

_____

_____

5. **Evaluar** ¿Qué factores contribuyen a los cambios estacionales de las sombras? ¿Cómo muestra esos cambios tu modelo?

_____

_____

_____

_____

6. **Predecir** Supón que el eje de la Tierra no está inclinado con relación al Sol. ¿Cómo afectaría eso a los patrones diarios y estacionales de las sombras?

_____

_____

_____

_____

_____

_____

La energía y el alimento

Estándares de Ciencias para la Próxima Generación

5-PS3-1 Usar modelos para describir que la energía en el alimento de los animales (que se usa para reparar el cuerpo, para el crecimiento, para el movimiento y para mantener la temperatura corporal) fue alguna vez energía del Sol.

5-LS1-1 Apoyar el argumento de que las plantas obtienen los materiales que necesitan para crecer principalmente del aire y del agua.

5-LS2-1 Desarrollar un modelo para describir el movimiento de la materia entre las plantas, los animales, los descomponedores y el medio ambiente.

☑ ASSESSMENT

▶ VIDEO

📖 eTEXT

👆 INTERACTIVITY

🔬 VIRTUAL LAB

🎮 GAME

El Texto en línea está
disponible en español.

Pregunta esencial

¿De dónde viene la energía de los alimentos y cómo usamos los alimentos?

Muestra lo que sabes

¿De qué manera la energía del Sol se transfiere a la planta verde que está comiendo el gorila?

_____

_____

_____

¡Planea tu plato!

¿Por qué necesitan comida las plantas y los animales?

Hola, me llamo Shanay Marcus y soy nutricionista. Le enseño a la gente qué alimentos son mejores para el cuerpo. Hay muchos tipos de alimentos deliciosos en el supermercado. Distintas categorías de alimentos, como los vegetales, las frutas y las carnes, contribuyen a una dieta balanceada. Cada clase de alimento contiene energía que los seres humanos y otros animales necesitan para sobrevivir.

En esta actividad de aprendizaje basada en la solución de un problema, armarás una cena con alimentos que aporten energía para hacer tareas básicas.

Sigue el camino por los pasillos del supermercado para llevar a cabo la Misión. Las actividades de cada lección te ayudarán a completarla. Al completar cada actividad, marca tu progreso para indicar que es una MISIÓN CUMPLIDA ✓. Conéctate en línea para buscar más actividades de la Misión.

Misión Control 1

Lección 1

Agrupa alimentos en una lista de compras para indicar si el alimento proviene de una planta o un animal.

Estándares de Ciencias para la Próxima Generación

5-PS3-1 Usar modelos para describir que la energía en el alimento de los animales (que se usa para reparar el cuerpo, para el crecimiento, para el movimiento y para mantener la temperatura corporal) fue alguna vez energía del Sol.

Misión Control 3

Lección 3

Analiza cómo distintos animales usan la energía del alimento. Compara las necesidades energéticas de cada animal.

Misión Control: Lab 2

Lección 2

Usa una tabla nutricional para investigar qué alimento vegetal aporta más energía y nutrientes.

Misión Hallazgos

¡Termina la Misión! Elabora una cena de ejemplo. Elige alimentos basándote en la cantidad de energía y nutrientes que contienen. Usa lo que aprendiste en cada Misión para saber qué elegir.

¿Cuánta comida necesitas?

Los científicos usan modelos para explicar cómo los procesos o las acciones funcionan juntos. ¿Cuál es la relación entre la comida, la actividad y la energía?

Materiales
- vaso de precipitados con 50 mL de agua tibia
- hielo picado
- tres tazas pequeñas, 2 oz
- cucharitas

Procedimiento

☐ 1. Predice si más o menos comida te dará suficiente energía para hacer tres actividades.

_____

_____

☐ 2. Haz un plan para representar y probar tu predicción. Identifica qué materiales te representan a ti y cuáles a la comida, la energía y las actividades.

☐ 3. Muestra tu plan a tu maestro antes de empezar. Registra tus observaciones y datos.

Práctica de ciencias

Los científicos usan modelos para explicar los procesos naturales.

Analizar e interpretar datos

4. **Explicar** ¿Cómo ayudó tu modelo a explicar la relación entre el alimento, la energía y las actividades?

_____

_____

_____

_____

5. **Inferir** ¿Por qué tu cuerpo necesita alimento?

_____

_____

_____

Observaciones

Usar evidencia del texto

GAME

Practica lo que aprendiste con los Mini Games.

Los científicos reúnen datos cuando leen textos confiables. Leen en detalle, prestan atención a la información importante. Subrayan o encierran en un círculo esta información para saber su ubicación en el texto. Luego usan esa información como evidencia para apoyar sus análisis, reflexiones y conclusiones.

Lee el texto para saber cómo los científicos diseñaron una sonda para investigar el Sol.

Preparado para el calor

Todos los días, el Sol ilumina la Tierra con su luz poderosa. Es la principal fuente de energía para que haya vida en la Tierra. Nuestro Sol es extremadamente caliente. Su superficie puede alcanzar temperaturas mayores a 5600 °C (10,000 °F). La temperatura humana es de tan solo 37 °C (98.6 °F). A principios de la década de 1970, los científicos enviaron una sonda espacial llamada Helios 2 para orbitar el Sol. Tuvieron que investigar cómo hacer para que los instrumentos sensibles del Helios 2 no se derritieran.

La sonda necesitaba solo el 4 por ciento de la luz del Sol para generar electricidad y poder reunir información. Debía reflejar el otro 96 por ciento de la luz para que la sonda no se calentara demasiado. Los científicos diseñaron una especie de panel solar que podía absorber y reflejar la luz del Sol al mismo tiempo. La mayoría de los paneles solares están diseñados solamente para absorber la energía solar. Los ingenieros espaciales esperan enviar un satélite espacial que llegue a estar a 5 millones de kilómetros del Sol. ¡Esos serían unos 39 millones de kilómetros más cerca de lo que jamás se ha llegado!

✓ **REVISAR LA LECTURA** **Usar evidencia del texto** Subraya la evidencia del texto que apoya la afirmación de que el Sol está mucho más caliente que el cuerpo humano.

La energía en el alimento

Puedo...

Usar un modelo para describir que la energía en el alimento de un animal fue alguna vez energía del Sol.

5-PS3-1

Destreza de lectura
Usar evidencia del texto

Vocabulario
herbívoro
carnívoro
omnívoro

 VIDEO

Ve un video sobre la energía en el alimento.

CURRÍCULO Conexión

¿Sabes cuánta energía necesita tu cuerpo? Los niños de entre 10 y 12 años de edad necesitan un mínimo de 2,200 calorías por día, aunque la cifra puede variar por otros factores. Una caloría es una unidad de energía. Todos los alimentos aportan energía. Las etiquetas de los alimentos envasados tienen una lista con la cantidad de calorías por porción. También tienen una lista de los ingredientes y nutrientes de ese alimento.

El mínimo de energía que necesitan los seres vivos cambia según el tamaño del cuerpo y el volumen de actividad. Un elefante, por ejemplo, necesita 70,000 calorías por día. Un colibrí quizá necesite solo 7 calorías. Esto puede parecer poco, pero en realidad es un montón de energía para un ave tan pequeña. Si los humanos fuéramos tan activos como un colibrí, ¡necesitaríamos 155,000 calorías por día!

Calcular ¿Por qué un elefante necesita tantas calorías más que un colibrí?

_____

_____

_____

¿De qué forma el Sol se relaciona con **tus comidas**?

Los científicos hacen tablas, diagramas y dibujos para representar datos e información. ¿Cómo puedes elaborar un modelo que describa cómo viaja la energía del Sol hasta la comida de tu plato?

Materiales recomendados
- papel de dibujo
- lápices de colores
- tarjetas de fichero
- hilo

Procedimiento

☐ **1.** Describe un plato que suelas comer. Incluye, al menos, tres tipos distintos de alimentos.

_____

☐ **2.** Mira tu lista y planea un modelo que muestre de dónde obtuvo la energía cada alimento que comiste. Elige materiales para hacer tu modelo.

☐ **3.** Si alguno de los alimentos que comiste había comido otra cosa para obtener energía, añádelo a tu modelo para mostrar de dónde vino la energía.

Práctica de ciencias

Los científicos usan modelos para describir los procesos naturales.

Analizar e interpretar datos

4. Comparar y contrastar Examina los modelos de tus compañeros de clase. ¿En qué se parece tu modelo a otros modelos de tu clase? ¿En qué se diferencia?

_____

_____

_____

_____

5. Sacar conclusiones ¿En dónde empezó la energía de tu comida?

_____

_____

INTERACTIVITY

Conéctate en línea para aprender sobre la energía en las cadenas alimentarias.

Lectura
▸ Herramientas

Usar evidencia del texto Los científicos usan evidencia para apoyar afirmaciones científicas. Subraya la información en el pasaje que apoye la afirmación de que las plantas transforman la energía solar en energía química.

Las plantas y la energía

Todos los seres vivos necesitan energía de los alimentos. Las plantas producen su propio alimento. Usan la materia del medio ambiente y la energía de la luz solar para producir moléculas alimentarias, como azúcares o almidón. Estas moléculas almacenan energía química. El almidón es una cadena larga de moléculas de azúcar. A medida que las plantas realizan procesos vitales, descomponen el almidón y los azúcares para liberar energía. Las plantas deben reemplazar continuamente las moléculas alimentarias que usan. Por eso, si una planta no recibe suficiente luz todos los días, no se mantiene saludable.

No todos los azúcares que produce una planta se utilizan como alimento. Las plantas usan algunos azúcares, junto con otros materiales que recibe la planta del suelo, para formar sus partes. Los azúcares producidos por una planta tienen energía, pero es menor que la cantidad de energía que una planta puede recibir del Sol.

Todas las plantas usan la energía para crecer, reproducirse y realizar otras actividades. Algunas especies de bambú, por ejemplo, ¡pueden crecer casi 1 metro (3 pies) por día! Aunque las plantas se vean muy distintas, todas tienen estructuras que permiten la producción y distribución de moléculas alimentarias. Muchas tienen hojas u otras superficies amplias y verdes para capturar la luz solar e intercambiar gases con el aire.

Inferir Las semillas, que contienen plantas jóvenes, suelen germinar bajo tierra, donde hay poca luz solar. ¿Qué más crees que hay dentro de las semillas? ¿Por qué crees eso?

_____

_____

_____

Los animales y la energía

Los animales no pueden producir su propio alimento, así que deben comer para recibir energía. Cuando un animal come plantas, su cuerpo deshace las moléculas del cuerpo de la planta para obtener energía y nutrientes. Al igual que las plantas, los animales usan algunas moléculas alimentarias para producir energía y otras para formar partes del cuerpo. Todos los organismos vivos usan y almacenan energía química.

Distintos tipos de animales comen distintos tipos de alimentos. El saltamontes de la fotografía es herbívoro. Un animal **herbívoro** solo come plantas. El venado, la jirafa y la abeja son herbívoros. Los componentes de una planta pueden ser difíciles de digerir. Muchos herbívoros tienen sistemas digestivos complejos para poder descomponer el alimento.

Un animal **carnívoro** se alimenta de animales o de productos animales, como los huevos. Algunos animales carnívoros son el tigre, el lobo, la serpiente y el tiburón. Los carnívoros tienen dientes afilados para atrapar y comer a su presa.

Un animal **omnívoro** come tanto plantas como animales. El cerdo y algunas aves son omnívoros. Estos animales tienen estructuras que les permiten comer las dos clases de alimento.

☑ REVISAR LA LECTURA **Usar evidencia del texto** ¿Crees que un carnívoro y un herbívoro competirían por la misma fuente de alimento? Usa evidencia del texto para apoyar tu respuesta.

_____

_____

Misión Conexión

¿Cómo podrías clasificar los diferentes alimentos que comes?

_____

_____

_____

¿Qué es un nivel trófico?

Los niveles tróficos clasifican a los animales y las plantas según el lugar que ocupan en la cadena alimentaria y cómo obtienen energía. Este diagrama piramidal muestra cuatro niveles tróficos en el ecosistema de una pradera. La energía fluye entre cada nivel, desde abajo hacia arriba. Parte de esa energía se usa en el camino. Los niveles se estrechan hacia la cima para mostrar que cada vez queda menos energía.

Los **consumidores secundarios** comen a los consumidores primarios. Convierten y almacenan un 10 por ciento de la energía que hay en los animales que comen. Usan el otro 90 por ciento para procesos vitales o lo transforman y lo liberan como calor.

Los **consumidores terciarios** convierten y almacenan un 10 por ciento de la energía que hay en los animales que comen, es decir, de los consumidores secundarios. Usan el otro 90 por ciento o lo transforman.

Los **consumidores primarios** comen plantas. Convierten y almacenan un 10 por ciento de la energía que reciben de las plantas. Usan el otro 90 por ciento para procesos vitales o lo liberan como calor.

Las plantas son **productoras**, es decir, producen su propio alimento por medio de la fotosíntesis. Las plantas solo usan un 11 por ciento de la energía solar que reciben mientras producen su alimento.

El mismo principio de niveles de energía funciona también bajo el agua

Dibuja cada organismo en el nivel trófico correspondiente.

Examina los alimentos enlatados y envasados que hay en tu casa. Predice cuáles contienen frutas o vegetales. Miras los ingredientes en las etiquetas para saber si tus predicciones son correctas.

El recorrido de la energía desde el Sol

Toda la energía de la comida que comen tú y otros animales viene del Sol. A veces, ese recorrido no es tan fácil de ver. Veamos el caso del huevo. El huevo viene de la gallina. Cuando una gallina produce un huevo, parte de la energía y de la materia almacenada en la gallina pasa al huevo. En muchas granjas, las gallinas comen el alimento que les da el agricultor. El alimento viene en distintas formas, como en bolitas o granos. Entonces, ¿cómo sabemos que la energía química de un huevo proviene del Sol?

Los agricultores alimentan a las gallinas con comida que contiene ingredientes como alfalfa, maíz, arvejas, trigo y avena. Todos estos ingredientes son plantas o provienen de plantas. Las plantas usan energía del Sol para producir alimento y lo almacenan en su cuerpo. Esa energía luego pasa al alimento que el agricultor les da a las gallinas.

Identificar Dibuja un diagrama simple que muestre el flujo de energía desde el Sol hasta el alimento de las gallinas.

☑ Lección 1: Revisión

1. **Repasar** Menciona dos maneras en que las plantas usan la energía del alimento.

_____

_____

2. **Comparar y contrastar** ¿En qué se diferencian un herbívoro y un carnívoro? ¿En qué se parecen?

_____

_____

_____

Clasificar los alimentos

Las plantas y los animales usan la energía y la materia que se libera cuando descomponen las moléculas alimentarias. Usan esa energía y esa materia para fabricar moléculas que su cuerpo necesita para realizar procesos vitales. Mira los alimentos en la lista de compras. Decide si cada artículo de la lista viene de una planta o un animal. Escribe el nombre del alimento en la columna correcta de la tabla.

Lista de compras

pavo	atún
limón	bayas
pechuga de pollo	almendras
huevos	leche semidescremada
salmón	verduras
hierbas	ajo
camarones	frutas

Productos vegetales	Productos animales

Cómo producen alimento las plantas

Puedo...

Describir cómo las plantas producen alimento usando luz solar, aire, agua y materiales del suelo.

5-LS1-1, 5-LS2-1

Destreza de lectura
Usar evidencia del texto

Vocabulario
fotosíntesis
clorofila

Vocabulario académico
obtener

▶ VIDEO

Ve un video sobre la fotosíntesis.

STEM › Conexión

Las plantas brindan muchos servicios en la Tierra. Evitan que el suelo se erosione, filtran el agua y liberan oxígeno en el aire. También son fuente de remedios y productos de belleza. Cada planta tiene un papel importante en su ecosistema. Algunas plantas brindan productos o servicios únicos. Evitar que las plantas se extingan también protege los bienes y servicios que nos dan.

Los ingenieros crearon el Banco Mundial de Semillas de Svalbard para proteger todas las especies de plantas. Allí hay una bóveda que puede contener hasta 2,500 millones de semillas. Guardar las semillas nos asegura que las plantas no se extingan. Las semillas vienen de muchos países y hábitats. Hay unas 50 semillas de cada tipo guardadas en un tubo o una bolsa y clasificadas dentro de la bóveda. La bóveda se mantiene muy fría para preservar las semillas y evitar que germinen. El Banco Mundial de Semillas de Svalbard está entre Noruega y el Polo Norte. Esta ubicación está lejos de la mayoría de las interacciones humanas y protegida de los desastres naturales.

▤ Reflexiona En tu cuaderno de ciencias, describe qué semillas te llevarías del banco de semillas para plantar en un jardín, si pudieras visitar el banco de semillas.

¿Qué materia necesitan las plantas para producir alimento?

Los científicos estudian cómo las plantas usan la materia para crecer. ¿Cómo puedes hacer un modelo de una molécula de azúcar para determinar qué tipos de materia se necesitan?

Materiales
- cuentas de 3 colores distintos
- limpiapipas

Práctica de ciencias

Los científicos **usan modelos** para investigar los procesos naturales.

Procedimiento

1. Divide las cuentas de colores en tres grupos. Elige un color para representar el carbono, otro para el oxígeno y otro para el hidrógeno.

2. Construye 6 moléculas de dióxido de carbono y 6 moléculas de agua. El agua está hecha de 2 hidrógenos y 1 oxígeno. El dióxido de carbono, un gas que hay en el aire, está hecho de 1 carbono y 2 oxígenos.

3. Usa la imagen para construir un modelo de una molécula de azúcar con las moléculas de agua y de dióxido de carbono. Anota cuántas de cada tipo de molécula usaste para armar una molécula de azúcar.

   Cantidad de moléculas de agua = _____

   Cantidad de moléculas de dióxido de carbono = _____

Analizar e interpretar datos

4. **Calcular** Para armar la molécula de glucosa, ¿usaste todas las partes de las moléculas de dióxido de carbono y de agua? Explica tu respuesta.

   _____
   _____
   _____
   _____

La fotosíntesis

Las plantas usan el agua y el dióxido de carbono del aire para producir un azúcar llamado glucosa. En el proceso, liberan oxígeno en el aire. Este proceso se denomina **fotosíntesis**. Las plantas usan la glucosa como alimento o la almacenan en una especie de cadena larga de moléculas llamada almidón.

Muchas estructuras hacen que las plantas **obtengan**, o reciban, la materia y la energía que necesitan para la fotosíntesis. El agua viaja a través de la tierra hasta las plantas, pasa por las raíces y llega hasta las hojas por medio de tubos en el tallo. El dióxido de carbono que hay en el aire entra a la planta por medio de estomas, unas pequeñas aberturas en la superficie de la planta. La planta atrapa la energía de la luz solar en estructuras llamadas cloroplastos. Los cloroplastos contienen **clorofila**, una sustancia que absorbe la energía de la luz solar. La clorofila les da a las plantas su color verde.

Inferir ¿De dónde viene la materia que las plantas usan para la fotosíntesis?

_____

¡Represéntalo!

Dibuja un diagrama que muestre cómo las plantas obtienen los materiales que necesitan para la fotosíntesis.

Cómo ganan masa las plantas

¿Has observado qué rápido crecen las plantas? Los brotecitos pueden crecer rápido y convertirse en brotes con hojas en tan solo días. ¿Cómo es posible que las plantas crezcan tan rápido? Los científicos determinaron que la masa de una planta nueva está hecha casi toda de carbono, oxígeno e hidrógeno.

El agua aporta el hidrógeno que la planta necesita para producir glucosa. El aire aporta el carbono y el oxígeno.

La clorofila de los cloroplastos absorbe la energía del Sol. La planta usa esta energía para combinar el agua y el dióxido de carbono con la glucosa.

agua

dióxido de carbono

luz solar

A medida que las plantas crecen, también necesitan nutrientes, como nitrógeno, potasio y fósforo.

crecimiento de la planta

La fotosíntesis y las temperaturas

Las plantas no pueden vivir donde el agua está siempre congelada. El agua congelada no viaja por las raíces ni por los tubos dentro de los tallos. Además, la fotosíntesis incluye muchas reacciones. Algunas reacciones solo ocurren bajo ciertas temperaturas.

Las plantas de lugares muy calurosos, como los desiertos, deben almacenar el agua cuando pueden conseguirla. Pueden almacenar agua en las raíces, los tallos y las hojas.

Cuando las plantas abren sus estomas para tomar dióxido de carbono o liberar oxígeno, el agua puede salir de las plantas y viajar por el aire. Este proceso se llama transpiración. La transpiración ocurre cuando hace mucho calor. Para reducir la transpiración, muchas plantas del desierto abren sus estomas solo de noche. Almacenan el dióxido de carbono hasta que se hace de día, cuando pueden hacer la fotosíntesis.

✓ REVISAR LA LECTURA **Usar evidencia del texto** ¿Qué evidencia en el texto apoya la afirmación de que demasiada transpiración puede ser malo para una planta?

_____

_____

_____

Misión Conexión

¿Por qué un nutricionista incentiva a la gente a incluir frutas y verduras en lo que comen todos los días?

_____

_____

_____

Los nutrientes del suelo

Al mismo tiempo que las plantas absorben agua del suelo por medio de sus raíces, también toman minerales y nutrientes. El nitrógeno, el fósforo, el hierro y el potasio llegan al agua subterránea por la tierra. Las plantas necesitan nitrógeno y fósforo para formar proteínas. Necesitan potasio y hierro para varios procesos. Por ejemplo, las plantas usan potasio cuando abren y cierran los estomas. Todos los animales dependen de las plantas directa o indirectamente, y las plantas proporcionan esos nutrientes esenciales a los animales. Muchos de los nutrientes son importantes para la nutrición de los seres humanos. Por ejemplo, los seres humanos necesitan fósforo para formar huesos y dientes.

Resumir ¿Qué tres cosas pueden obtener los animales al comer plantas?

_____

_____

_____

_____

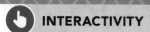

INTERACTIVITY

Conéctate en línea para aprender sobre la fotosíntesis.

Ingeniería
► **Herramientas**

Cultivar plantas en el espacio
¿Qué necesitan los astronautas para cultivar plantas en el espacio? Explica cómo podrían brindar todo lo que las plantas necesitan en un espacio pequeño sin ventanas.

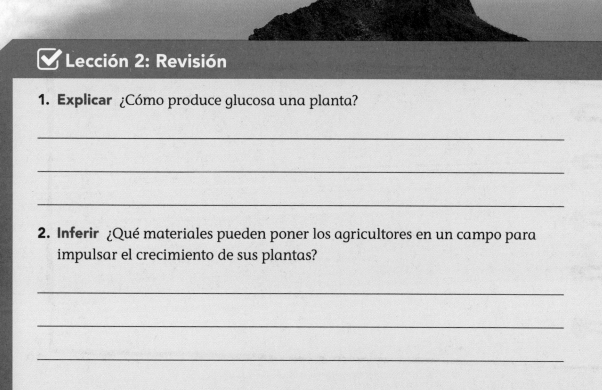

✓ Lección 2: Revisión

1. Explicar ¿Cómo produce glucosa una planta?

_____

_____

_____

2. Inferir ¿Qué materiales pueden poner los agricultores en un campo para impulsar el crecimiento de sus plantas?

_____

_____

_____

¿Qué alimentos vegetales aportan la mayor cantidad de energía y nutrientes?

Materiales
- tierra
- plántulas de crecimiento rápido
- fuente de luz artificial
- materiales de jardinería

Los nutricionistas usan datos para determinar qué plantas son más saludables. ¿De qué forma usarías datos para decidir si las plantas que crecen con luz solar son más o menos saludables que las plantas que crecen con luz artificial?

Práctica de ciencias

Los científicos usan evidencia para apoyar un argumento.

Procedimiento

1. ¿Qué plantas son más saludables? Haz una hipótesis.

_____

_____

2. Planea un procedimiento para probar tu hipótesis. Muestra tu plan a tu maestro antes de empezar. Haz una tabla para organizar los datos.

3. ¿Qué plantas fueron más saludables? Usa tus datos para explicar la respuesta.

_____

_____

_____

_____

Analizar e interpretar datos

4. Aplicar conceptos ¿De qué forma obtuvieron energía y nutrientes todas las plantas?

_____

_____

_____

5. Usar evidencia Elabora un argumento para apoyar la siguiente afirmación: Los alimentos cultivados en lugares cerrados durante todo el año son igual de saludables que los alimentos cultivados al aire libre en temporada. Usa esta evidencia para apoyar tu argumento. Da un ejemplo.

_____

_____

_____

_____

_____

_____

_____

tú, Ingeniero **Diseñar** STEM

Un código para la materia vegetal

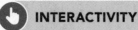 **INTERACTIVITY**

Conéctate en línea para completar actividades que te ayudarán a con tu proyecto de diseño.

Codificar es una manera de poner información en un formato distinto. Cuando algo está codificado, hay números, letras y símbolos asignados a significados específicos. Los ingenieros de *software* hacen códigos para computadoras en un lenguaje que la computadora conoce. La computadora sabe qué tiene que hacer para cada comando dado en un código. Un programa es una lista de comandos para realizar una tarea determinada. Los programas pueden dar instrucciones muy complicadas a una computadora. Usar programas agiliza muchos trabajos. Algunos científicos escriben códigos para analizar conjuntos de datos complicados. Los ingenieros también usan códigos para indicarles a las máquinas cómo resolver tareas complejas.

Diséñalo

Estás desarrollando un programa informático que imita la fotosíntesis. Sigue los pasos para saber cómo crear tu código.

☐ Un azúcar está hecho de carbono, oxígeno e hidrógeno. Elige una letra u otro símbolo para representar cada ingrediente.

_____

☐ Los materiales que usa la planta son el dióxido de carbono y el agua. Escribe un código que podrías usar para representar esos materiales.

_____

☐ Una molécula de azúcar contiene seis átomos de carbono, doce átomos de hidrógeno y seis átomos de oxígeno. ¿Cuántas unidades de cada material necesita la planta para producir una molécula de azúcar? Escribe la respuesta con tu código.

_____

☐ Los códigos informáticos tienen valores de entrada y de salida. Tu valor de entrada es lo que escribiste en la respuesta anterior. ¿Cuál será el valor de salida de tu código?

_____

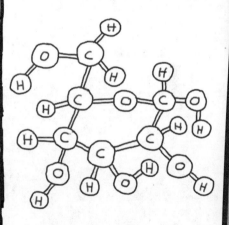

☐ ¿El proceso que codificaste produjo algo además de azúcar? ¿En qué se parece tu proceso a lo que hace una planta de verdad?

_____

_____

_____

Cómo usan el alimento los animales

Explicar cómo los animales usan la energía que obtienen del alimento.

5-PS3-1

Destreza de lectura

Usar evidencia del texto

Vocabulario

endotermo
ectotermo
metabolismo

Vocabulario académico

mantener

VIDEO

Ve un video sobre cómo usan el alimento los animales.

DEPORTES Conexión

Si comes mucho de una sola vez, ¡alguien podría decir que comes como un caballo! Los caballos necesitan mucho alimento para que su cuerpo funcione. Los caballos de carrera son unos de los caballos más activos. Usan energía cinética para alcanzar velocidades de entre 64 y 69 kilómetros (40 y 43 millas) por hora en una carrera. En promedio, un caballo pura sangre de carreras pesa unos 454 kilogramos (1,000 libras). Come entre 7 y 9 kilogramos (15 y 20 libras) de alimento por día. Muchos animales grandes son carnívoros, pero los caballos son herbívoros. Un caballo de carreras come una mezcla de alfalfa, pasto, avena, maíz partido, salvado de trigo y alimento de linaza.

Explicar Menciona dos razones por las que un caballo de carreras come mucho más que tú.

_____

_____

_____

LABORATORIO
PRÁCTICO

5-PS3-1, SEP.2

¿De qué forma obtienen los animales energía del Sol?

Los científicos desarrollan modelos de las interacciones en los ecosistemas. ¿Cómo podrías desarrollar un modelo que muestre cómo los animales obtienen la energía que necesitan?

Procedimiento

☐ **1.** Elige un animal que te gustaría investigar. Averigua si el animal es herbívoro, carnívoro u omnívoro. Anota dos o tres alimentos que coma el animal.

_____

_____

☐ **2.** ¿Las presas que caza son herbívoras, carnívoras u omnívoras? Anota dos o tres alimentos que coma la presa.

_____

_____

_____

☐ **3.** Determina cuántos pasos hay en el recorrido que hace la energía de la luz solar por otros seres vivos hasta llegar a tu animal. Elabora un modelo que muestre estos pasos.

Analizar e interpretar datos

4. Inferir ¿De qué forma usa tu animal la energía que recibe? ¿Cómo mostrarías este paso en tu modelo?

_____

_____

_____

_____

_____

Materiales
- materiales de consulta

Materiales recomendados
- cartulina
- hilo
- marcadores
- tijeras
- Internet

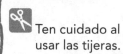
Ten cuidado al usar las tijeras.

Práctica de ciencias

Los científicos usan modelos para describir los procesos naturales.

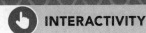

INTERACTIVITY

Completa una actividad sobre cómo los animales usan la energía para mantener la temperatura corporal.

Conceptos transversales
► **Herramientas**

La energía y la materia La energía puede ser transferida entre objetos. Esto quiere decir que un objeto le da energía a otro. Dibuja un modelo de una presa que da energía a un depredador. Usa flechas para indicar la dirección de la energía transferida y rótulos para especificar qué formas de energía se usan.

La energía y el calor corporal

Los animales usan energía para todo lo que hacen. Pero no todos los usos son fáciles de identificar, como la energía que usan algunos animales para mantener el calor corporal. Si **mantienes** algo, haces que sea estable y constante. Si alguna vez te tomaste la temperatura, el termómetro te habrá mostrado una temperatura cercana a los 37 °C (98.6 °F). Esa es la temperatura corporal normal para un ser humano. La temperatura corporal normal para otros animales puede ser diferente.

A esa temperatura normal, pueden ocurrir los procesos que mantienen tu cuerpo vivo y saludable. Aunque el medio ambiente sea muy frío o muy caluroso, tu temperatura corporal interna se mantiene cerca de esa temperatura. Esto es porque los humanos son endotermos. Un animal **endotermo** usa la energía almacenada en el cuerpo para mantener su temperatura dentro de un rango normal. Los endotermos también se llaman "de sangre caliente". Todos los mamíferos y todas las aves son endotermos.

Las serpientes son ectotermos. Un animal **ectotermo** depende de la temperatura del medio ambiente para calentar su cuerpo. La mayoría de los peces, todos los reptiles y los insectos son ectotermos. Los ectotermos suelen recibir energía al ponerse al Sol. Si el medio ambiente no puede calentar el cuerpo de un animal a la temperatura correcta, el animal reduce su necesidad de calor y permanece inactivo.

☑ **REVISAR LA LECTURA** **Usar evidencia del texto** Subraya la parte del texto que indica por qué todos los animales necesitan mantener el cuerpo dentro de un rango de temperatura normal.

La energía y el metabolismo

Cuando un animal se alimenta, toma la energía química almacenada en la planta o el animal que come. Las células animales usan parte de esta energía durante la respiración celular. En el proceso, la energía química almacenada en el alimento se libera y les da a las células la energía que necesitan para realizar procesos vitales. Por ejemplo, los animales usan parte de la energía para formar moléculas complejas a partir de moléculas simples. Estas moléculas complejas hacen que los animales crezcan, realicen tareas diarias, sanen y se reproduzcan. A veces, los animales comen más de lo que su cuerpo necesita. El alimento sin usar puede usarse para producir tejido adiposo, que se almacena en el cuerpo. El alimento sin usar también puede ser expulsado del cuerpo como desecho.

El conjunto de procesos químicos que descomponen y fabrican moléculas dentro de un organismo vivo se llama **metabolismo**. El metabolismo de un animal puede ser rápido o lento. Por ejemplo, la velocidad del metabolismo de un ectotermo depende de la temperatura. Cuando el cuerpo de un ectotermo está caliente, el metabolismo funciona rápido. Cuando el cuerpo está frío, el metabolismo funciona despacio.

Los endotermos pequeños y muy activos suelen tener un metabolismo más rápido que otros organismos más grandes o lentos. Los animales pequeños también se enfrían más rápido que los animales grandes. Para mantener el calor, los animales pequeños descomponen más alimento, porque eso libera calor. Esto hace que el metabolismo funcione más rápido. Un ratón de abazones tiene un metabolismo rápido. Un perezoso tiene un metabolismo muy lento. Los animales con metabolismo rápido necesitan alimentos que den energía rápido. Muchas plantas son fuente inmediata de azúcares o almidones que pueden aportar energía enseguida.

Inferir ¿Qué animal necesitaría comer más seguido: un animal con metabolismo lento o uno con metabolismo rápido? ¿Por qué?

_____

_____

_____

A rastrear la energía

Haz una lista con todas las maneras en que usas energía durante una hora del día. Comienza al principio de la hora y anota las formas en que se movió tu cuerpo. ¿Por qué crees que es necesario comer para realizar todos esos movimientos?

La energía y el movimiento

El movimiento, como el salto de este conejo, es a menudo la manera más obvia en que un animal usa la energía. Un animal necesita energía para poder mover las partes del cuerpo. La energía química dentro del alimento puede transformarse en energía cinética en movimiento para el animal.

El movimiento corporal puede clasificarse en movimientos locomotores y no locomotores. El movimiento locomotor implica mover el cuerpo de un lugar a otro. Cuando los animales caminan, corren, saltan, persiguen, vuelan, trotan y nadan, realizan actividades locomotoras. El movimiento no locomotor no transporta al animal, pero implica mover partes del cuerpo en una posición fija. Retorcerse, sacudirse, inclinarse y estirarse son todos movimientos no locomotores.

Misión Conexión

¿Por qué la cena de una persona debería incluir alimentos ricos en calorías?

_____

_____

_____

_____

_____

Usos internos de la energía

Ves con facilidad que este elefante camina junto a su cría. Pero no puedes ver otras actividades que ocurren dentro de su cuerpo. El corazón, los riñones, el hígado, los pulmones y todos los órganos dentro del cuerpo de un animal necesitan energía para funcionar. Pensar, respirar y sudar requieren energía. Crecer también es el resultado de procesos internos. Un elefante joven aumenta su tamaño y su masa desde que nace hasta que se convierte en un adulto de tamaño normal. Además, los animales usan la energía para producir tejido nuevo y sanar.

Cuando los animales usan energía, deben reemplazar la energía comiendo más alimento. Aunque digerir la comida en el estómago ayuda a reemplazar la energía, ¡el mismo proceso de digestión requiere energía!

El cuerpo de los animales es más complejo que el cuerpo de las plantas. Como resultado, requieren una variedad de alimentos que aportan la materia, los nutrientes y la energía necesaria para estructuras más complejas.

📓 **Explícalo** En tu cuaderno de ciencias, explica por qué usas energía incluso cuando duermes.

☑ Lección 3: Revisión

1. **Inferir** Un animal tiene una temperatura corporal de 39 °C una mañana y otra de 45 °C la mañana siguiente. ¿Este animal es endotermo o ectotermo? Explica tu respuesta.

_____

_____

_____

2. **Identificar** Menciona dos maneras que puedan verse y dos maneras que no puedan verse en qué usas la energía.

_____

_____

_____

Los animales usan la energía

Elige uno de los animales de las ilustraciones. Haz una lista de 10 palabras para describir cómo usa la energía el animal.

_____

_____

Investiga de qué se alimenta tu animal para obtener la energía que necesita. Averigua cuántas calorías necesita por día.

_____

_____

macaco

Usa tu información para completar la tarjeta. Compara tu tarjeta con tarjetas de compañeros que hayan elegido otros animales.

Nombre de tu animal: _____

Usos de la energía: _____ _____ _____

_____ _____

Alimentos: _____ _____ _____

Calorías que necesita por día: _____

martín pescador

¿Qué patrones observas en las actividades, las dietas y las necesidades calóricas de los animales?

_____

_____

_____

_____

_____

_____

caimán

ciencia EXTREMA

¡Los animales más hambrientos!

La mayoría de los animales se alimentan acorde a su tamaño, pero algunos animales pequeños tienen un apetito tremendo. El colibrí come el doble de su peso por día. Un colibrí común pesa lo mismo que unas pocas monedas de 1¢. Comen mucho néctar porque aletean muchas veces por segundo. Ese movimiento requiere mucha energía.

La musaraña pigmea norteamericana es el mamífero más pequeño de la Tierra. Tiene una masa de solo 2 gramos. Uno pensaría que come menos de 1 gramo por día, ¡pero come tres veces su propio peso! Come unos 6 gramos por día. La musaraña pigmea no duerme más que unos minutos por vez. De esa manera, puede seguir cazando y comiendo sin parar. ¡La musaraña pigmea norteamericana tiene un metabolismo muy rápido!

¿Cuánto debería comer alguien de tu edad, con unos 32 kilogramos de masa, para ser uno de los animales más hambrientos?

Empieza por anotar la masa de la persona en kilogramos (kg).

_____

¿Cuántos kilogramos de alimento tendría que comer alguien tan hambriento como la musaraña pigmea americana?

_____

Se necesitan 7,700 calorías para producir 1 kilogramo de masa corporal. Calcula cuántas calorías necesitaría comer por día la persona para triplicar su masa corporal.

_____

INTERACTIVITY

Completa una actividad que te ayudará con los hallazgos de tu Misión.

¡Planea tu plato!

¿Por qué necesitan comida las plantas y los animales?

Es hora de elaborar un plato para cada comida del día de una persona. El alimento de los platos debería aportarle a la persona la energía y los nutrientes que necesita para un día activo.

Haz una lista de los criterios que deben cumplir tus comidas. Recuerda que el ser humano necesita alimentos vegetales y animales variados. También piensa si los seres humanos tienen un metabolismo rápido.

_____

_____

_____

_____

Decide qué alimentos debería comer una persona durante un día. Luego, organiza esos alimentos en tres comidas.

Desayuno	Almuerzo	Cena
_____	_____	_____
_____	_____	_____
_____	_____	_____
_____	_____	_____

Usa tu lista para dibujar cada comida en tres platos de cartón distintos.

Nutricionista

Los nutricionistas ayudan a las personas a tomar decisiones alimentarias saludables. Evalúan la calidad de la dieta de una persona y hacen sugerencias sobre qué alimentos deben agregar o quitar. Saben qué tipo de vitaminas necesita una persona y qué alimentos aportan esas vitaminas. Pueden ayudar a las personas a subir o a bajar de peso. A veces, preparan un plan de comidas para sus pacientes. Esto le indica exactamente al paciente qué alimento incluir en cada comida.

Para ser nutricionista, es necesario un título universitario de cuatro años. A menudo, se debe trabajar en un programa de formación y aprobar un examen para obtener el certificado que se necesita para este trabajo.

Los nutricionistas saben trabajar con la gente y tienen destrezas para usar números y tablas. Usan algunas herramientas, como balanzas, tablas nutricionales y calculadoras.

> 📓 **Escríbelo** En tu cuaderno de ciencias, explica si te gustaría ser nutricionista. ¿Por qué?

Los nutricionistas trabajan en consultorios privados, consultorios médicos, hospitales, centros de cuidado a largo plazo y otras instituciones. También trabajan en servicios de comida dentro de escuelas, prisiones, hospitales y cafeterías.

1. Interpretar diagramas ¿Qué dibujarías en la parte en blanco de este modelo para mostrar que lo que come un león contiene energía que vino del Sol?

A. un león comiendo una planta

B. una cebra sentada al sol

C. una planta al sol

D. un león sentado al sol

2. Identificar ¿Qué alimento viene de una fuente que obtiene energía directamente del Sol?

A. una chuleta de cerdo

B. un vaso de leche

C. una mazorca de maíz

D. una rebanada de queso

3. Resumir ¿Cómo produce alimento una planta? Menciona los tres recursos importantes que necesita la planta para crecer.

_____

_____

_____

_____

_____

_____

_____

_____

4. Vocabulario Una serpiente se pone al Sol para mantener la temperatura corporal en un rango normal. Esta serpiente es un _____.

A. ectotermo

B. endotermo

C. omnívoro

D. herbívoro

5. Describir Menciona tres maneras distintas en que un animal usa la energía de su alimento.

_____

_____

_____

_____

_____

_____

_____

_____

6. Inferir ¿Qué animal no está usando energía de su alimento para hacer su actividad?

    A. Un oso polar duerme mientras hiberna.

    B. Un tigre descansa mientras digiere el alimento.

    C. Un lagarto se pone al sol para calentarse.

    D. Un cocodrilo pone un huevo en un nido.

7. Identificar ¿Qué opción muestra un material que la planta usa para producir alimento?

    A. nitrógeno

    B. luz solar

    C. oxígeno

    D. azúcar

Pregunta esencial

¿De dónde viene la energía de los alimentos y cómo usamos los alimentos?

Muestra lo que aprendiste

Escribe un cuento en el que relates cómo la energía entra en un herbívoro, viaja por un omnívoro y llega hasta un carnívoro.

_____

_____

_____

_____

_____

_____

_____

_____

_____

_____

_____

_____

_____

_____

_____

_____

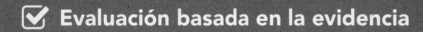
Lee esta situación y responde las preguntas 1 a 4.

Una científica hacía observaciones en un bosque. Quería entender el flujo de la materia y de la energía en el ecosistema. Registró sus observaciones en una tabla.

Organismo	Qué come	Quién lo come
ratón	roble (semillas)	lechuza
lechuza	ratón	
venado	helecho	buitre
helecho		venado
roble		ratón
buitre	venado	

1. La científica no completó de qué se alimenta el helecho en la tabla. ¿Cuál es la mejor explicación para eso?

   A. La científica no observó que el helecho comiera otro organismo.

   B. El helecho necesita energía para sobrevivir, pero no necesita materia.

   C. El helecho se alimenta bajo tierra, por eso la científica no pudo ver la fuente de alimento.

   D. El helecho puede sobrevivir períodos largos sin alimento.

2. La científica argumenta que puede haber materia del roble dentro de la lechuza. Explica por qué piensas que la científica tiene razón o no.

   _____

   _____

   _____

3. ¿Qué debería incluir la científica en la caja del medio para completar este modelo?

A. un helecho

B. un venado

C. un ratón

D. un buitre

4. La científica se enteró de que unos humanos irán a cazar venados al bosque que ella está estudiando. Ella argumenta que los cazadores que coman ciervo comerán alimento que recibe energía del Sol. Explica por qué estás de acuerdo o no con la científica.

_____

_____

_____

_____

_____

_____

_____

_____

_____

_____

¿Cómo se mueve la materia dentro de un ecosistema?

Los científicos elaboran modelos para explicar interacciones. ¿Cómo elaborarías un modelo que explique las interacciones entre la materia, la energía y los seres vivos?

Materiales recomendados

- plastilina de colores
- papel de dibujo
- marcadores

Procedimiento

☐ **1.** ¿Cómo se mueve la materia dentro de un ecosistema?

_____

_____

_____

_____

Práctica de ciencias

Los científicos usan modelos para explicar los procesos naturales.

☐ **2.** Diseña un modelo para mostrar el movimiento de la materia dentro de un ecosistema. Usa cualquiera de los materiales. Escribe o dibuja tu idea.

☐ **3.** Muestra tu plan a tu maestro antes de hacer tu modelo.

Analizar e interpretar datos

4. **Evaluar** ¿Por qué era importante que tu modelo mostrara que la materia de los animales volvía al medio ambiente?

_____

_____

_____

5. **Analizar** ¿Todos los organismos de la imagen reciben materia de la misma fuente? Explica por qué.

_____

_____

_____

La materia y la energía en los ecosistemas

Estándares de Ciencias para la Próxima Generación

5-LS2-1 Desarrollar un modelo para describir el movimiento de la materia entre las plantas, los animales, los descomponedores y el medio ambiente.

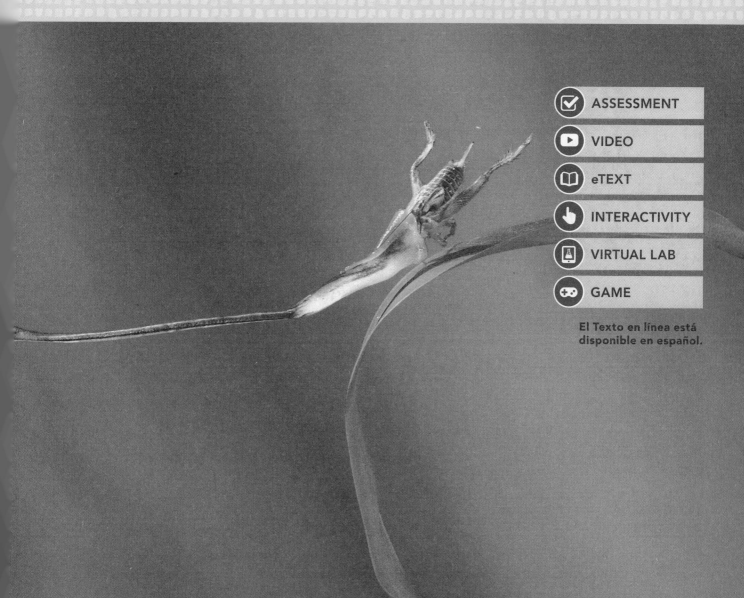

ASSESSMENT

VIDEO

eTEXT

INTERACTIVITY

VIRTUAL LAB

GAME

El Texto en línea está
disponible en español.

Pregunta **esencial**

¿Cómo puedes hacer un modelo de la interacción entre los seres vivos de un ecosistema?

Muestra lo que sabes

Este grillo sorprendido se alimenta de pasto. ¿Qué podría pasar con la población de camaleones si una sequía redujera mucho la población de pasto?

_____

_____

_____

¡Relaciones públicas para animales salvajes!

¿Cómo podemos mejorar la imagen de los animales que son importantes pero desagradables?

Hola, mi nombre es Daphne Suh. Soy zoóloga y trabajo para proteger a animales importantes. Muchos animales que necesitan ayuda son vistos como peligrosos o desagradables por las personas. Por ejemplo, los murciélagos pueden dar miedo, pero ayudan a controlar las poblaciones de insectos. Si bien los insectos son una fuente de alimento importante para muchos organismos, algunos pueden ser peligrosos.

Necesito tu ayuda para mejorar la imagen pública de algunos animales poco populares. En esta Misión, debes crear un video para mejorar la reputación de un animal.

Sigue el camino para descubrir cómo completar la Misión. ¡Las actividades de las lecciones te ayudarán a completar la Misión! Al completar cada actividad, marca tu progreso para indicar que es una MISIÓN CUMPLIDA ✓. Conéctate en línea para encontrar más actividades de la Misión.

Misión Control 1

Lección 1
Escoge un animal e investiga su ecosistema.

Estándares de Ciencias para la Próxima Generación
5-LS2-1 Desarrollar un modelo para describir el movimiento de la materia entre las plantas, los animales, los descomponedores y el medio ambiente.

VIDEO

Ve un video sobre un zoólogo.

Misión Control 4

Lección 4

Investiga cómo tu animal ayuda a transferir energía y materia a través del ecosistema. Explica qué podría pasar si tu animal desapareciera de su comunidad.

Misión Control: Lab 3

Lección 3

Investiga cómo responde tu animal a los cambios en su medio ambiente.

Misión Hallazgos

Crea un video que ayude a las personas a entender el papel importante que cumple tu animal en su ecosistema. ¡Ayuda a tu animal con sus relaciones públicas!

Misión Control 2

Lección 2

Identifica el rol único que tu animal tiene en su ecosistema.

STEM - túConectas Lab

SEP.2

¿Cómo forman un **sistema** las partes de una pecera?

Los científicos hacen modelos de los sistemas para entender cómo funcionan. ¿Cómo puedes representar un ecosistema acuático?

Materiales recomendados

- animales acuáticos de plástico
- plantas de plástico o esquejes
- cartulina
- plastilina
- tijeras

Desarrollar un modelo

☐ 1. Escribe una oración que explique por qué la pecera es un sistema.

_____

_____

 Ten cuidado cuando uses tijeras.

☐ 2. Haz una lista de todos los seres vivos y objetos inertes que podrían necesitar los peces para sobrevivir y desarrollarse en una pecera.

_____

_____

_____

Práctica de ciencias

Los científicos usan modelos para explicar los procesos naturales.

☐ 3. Usando tu lista y los materiales, haz un plan para construir un modelo de pecera. Muestra tu plan a tu maestro y luego construye el modelo.

Analizar modelos

4. Usa la tabla para identificar cómo interactúa cada parte de tu modelo de pecera con las demás partes.

Parte de la pecera	Interacciones

Comparar y contrastar

Cuando aprendes acerca de una idea nueva, a menudo puedes comparar y contrastar la información con lo que ya sabes.

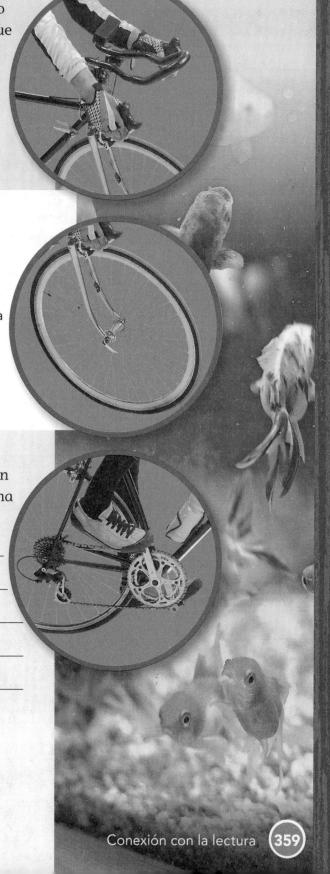

- Cuando comparas cosas, buscas en qué se parecen.
- Cuando contrastas cosas, buscas en qué se diferencian.

Lee el siguiente párrafo acerca de las bicicletas.

Aspectos básicos de las bicicletas

La bicicleta es un sistema con muchas partes que funcionan juntas para que la bicicleta se mueva. Cada parte tiene un papel importante para el funcionamiento de la bicicleta. El ciclista suministra la fuerza que hace que la bicicleta se mueva. El cuadro de metal soporta el peso del ciclista. Los pedales hacen que las ruedas giren. Las ruedas ayudan a que la bicicleta avance sobre una superficie.

✓ REVISAR LA LECTURA **Comparar y contrastar** ¿En qué se parecen y en qué se diferencian una pecera y una bicicleta?

_____

_____

_____

_____

_____

Los ecosistemas

Puedo...

Describir los componentes de un ecosistema.

5-LS2-1

Destreza de lectura
Comparar y contrastar

Vocabulario
ecosistema
abiótico
biótico
comunidad

Vocabulario académico
interactuar

▶ **VIDEO**

Ve un video sobre los ecosistemas.

DEPORTES ⟩ Conexión

En un partido de vóleibol, la persona que saca lanza la pelota por el aire. Salta y golpea la pelota por encima de la red. El defensor del otro lado se zambulle, pero llega tarde. La pelota toca el piso apenas dentro de los límites. ¡Es un punto! Los jugadores, la red, la pelota y los árbitros son parte de un sistema para que un partido de vóleibol funcione.

¿Cómo sería un partido de vóleibol si alguna parte, como la pelota, no funcionara como debe funcionar? No habría acción. Cada parte de un sistema tiene un rol específico que ayuda a que todo el sistema funcione. Sin determinadas partes, el sistema funciona mal o no funciona.

Sacar conclusiones ¿Qué pasaría en un partido de vóleibol si no hubiera reglas ni árbitros?

_____

_____

_____

_____

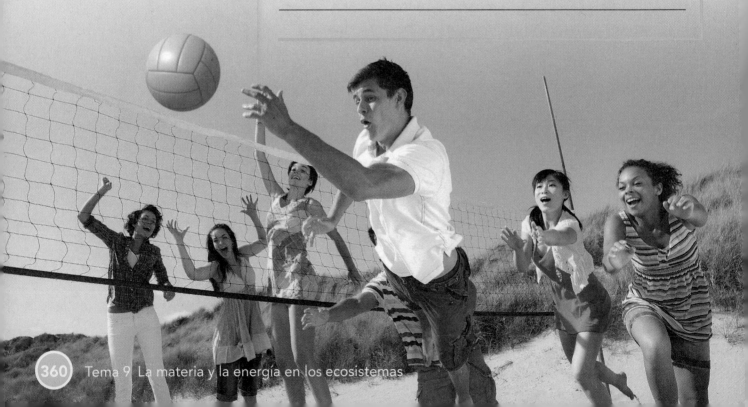

¿Cómo funcionan juntas las partes de un ecosistema?

Los científicos planean investigaciones para reunir datos específicos a fin de responder a una pregunta científica. ¿Cómo puedes investigar qué partes forman un sistema natural?

Procedimiento

☐ 1. Identifica un sistema que puedas observar. El sistema debe tener seres vivos y objetos inertes. Anota el sistema que observarás.

_____

☐ 2. Escribe un plan para observar cómo las partes vivas e inertes del sistema funcionan juntas. Usa cualquiera de los materiales.

☐ 3. Muestra tu plan a tu maestro antes de empezar. Anota tus observaciones.

Objetos inertes	Seres vivos	Interacciones

Materiales recomendados
- binoculares
- pala de mano
- lupa
- termómetro
- tazones
- cucharas

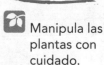 Manipula las plantas con cuidado.

 Manipula los animales con cuidado.

Práctica de ciencias

Los científicos planean y realizan investigaciones para responder a preguntas científicas específicas.

Analizar e interpretar datos

4. **Evaluar** ¿Cómo funcionan juntas las partes vivas e inertes del sistema que observaste?

_____

_____

Los ecosistemas

Una rana dardo comienza a trepar por un árbol alto de este bosque tropical. Llega a una planta llamada bromelia, con hojas rígidas. La lluvia frecuente genera pequeños charcos en las hojas de la bromelia. La rana deja sus renacuajos en uno de esos charcos. Los renacuajos quedan lejos del suelo y de las serpientes. Se alimentarán de algas y huevos de mosquito hasta que se conviertan en ranas adultas.

La rana, la bromelia, las algas, los mosquitos, el aire y el agua son partes de un ecosistema. Un **ecosistema** está formado por todos los componentes vivos e inertes de una zona determinada. Los componentes del ecosistema interactúan. Cuando dos cosas **interactúan**, se afectan entre sí. Existen ecosistemas en cualquier parte en la que haya seres vivos, incluidas las montañas más altas, los océanos más profundos, los desiertos más calurosos y los lugares más fríos del Ártico.

Describir Escribe acerca de una interacción de dos organismos que hayas visto.

_____

_____

_____

Misión Conexión

¿Cuál es una de las razones por las que un animal puede ser importante para su ecosistema?

_____

_____

_____

Las partes de un ecosistema

Los científicos denominan factores **abióticos** a las partes inertes de un ecosistema. Los factores abióticos incluyen el aire, el agua, las rocas, el suelo, la luz solar y la temperatura. Las partes vivas de un ecosistema son los factores **bióticos**. Las partes bióticas de un ecosistema pueden ser tan pequeñas como las bacterias o tan grandes como el árbol más alto de la Tierra. Todos los organismos que viven juntos en un ecosistema forman una **comunidad**. Cada miembro de una comunidad depende de los demás para satisfacer necesidades, como la búsqueda de pareja o protección.

El agua, la temperatura y la luz solar determinan la cantidad y los tipos de organismos que pueden vivir en un ecosistema. El bosque lluvioso de Colombia tiene muchos tipos de organismos. El desierto de Libia tiene solo unos pocos. El gráfico muestra los distintos niveles de precipitación que recibe cada lugar. Las condiciones cálidas y húmedas de los bosques lluviosos permiten que muchos organismos vivan allí. Las condiciones secas del desierto no pueden sustentar muchos organismos.

REVISAR LA LECTURA **Comparar y contrastar** Escoge dos ecosistemas del gráfico. ¿En qué se parecen sus factores bióticos y abióticos? ¿En qué se diferencian?

La selva tropical como
el desierto
tienen escorpios
como factor
biótico y ambos
contienen aga
como un factor
abiótico. El
desierto tiene
el cactus como un
factor biótico
mientras que
la selva tropical no.

Comparar y contrastar
¿Es necesario que una interacción sea entre dos seres vivos? ¿Cómo cambia el significado de la palabra en distintas situaciones?

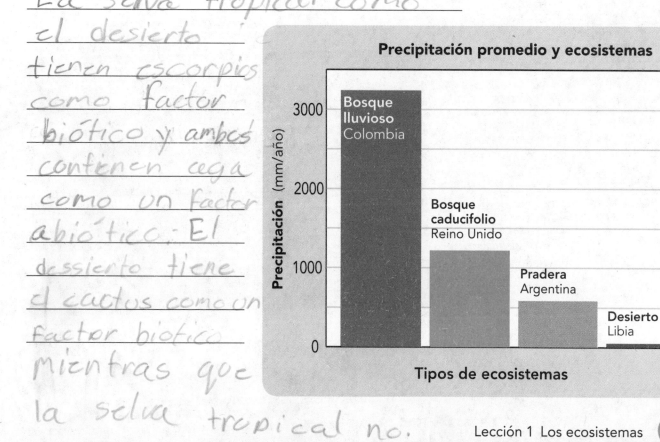

Precipitación promedio y ecosistemas

Precipitación (mm/año)

3000

2000

1000

0

Bosque lluvioso Colombia

Bosque caducifolio Reino Unido

Pradera Argentina

Desierto Libia

Tipos de ecosistemas

¿Cómo interactúan los factores en un ecosistema de bosque?

Identificar Encierra en un círculo los factores bióticos que observas en el ecosistema de bosque. Encierra en un cuadrado los factores abióticos.

Describir Di dos maneras en que los factores abióticos y bióticos interactúan en este ecosistema.

INTERACTIVITY

Completa una actividad sobre las interacciones en un ecosistema.

El tamaño de los ecosistemas

Si tienes un acuario en tu casa, ¡tienes tu propio ecosistema! Un acuario es un pequeño ecosistema. Las paredes del acuario son sus límites. El continente de Australia es un gran ecosistema rodeado de océanos. Los ecosistemas pueden tener cualquier tamaño. Pueden ser tan pequeños como una gota de agua o más grandes que todo un bosque. De hecho, todo el planeta Tierra es un ecosistema. Independientemente del tamaño que tengan, todos los ecosistemas tienen componentes abióticos y bióticos que interactúan.

Explicar Comenta dos maneras en que los factores bióticos y abióticos de un acuario interactúan.

_____

_____

_____

☑ Lección 1: Revisión

1. Explicar ¿Por qué el parque de un vecindario es un sistema?

Un parque de barrio tiene personas e él como un factor biótico y juegos como un abiótico.

2. Identificar Comenta dos factores bióticos y dos factores abióticos que haya en tu salón de clases.

Dos factores abióticos son los escritorios y los lápices, dos factores abióticos son las personas y las plantas.

Habitantes
no bienvenidos

Escoge un animal que sea importante, pero no muy popular, para investigar. Antes de comenzar la Misión, pregúntale a tu maestro si el animal que escogiste es un buen candidato para recibir ayuda con sus relaciones públicas.

Animal que escogí: _____

☐ ¿Por qué algunas personas sienten rechazo por este animal? ¿Es por su interacción con los humanos o por un patrón de comportamiento?

_____

_____

_____

_____

_____

_____

☐ Describe el ecosistema en el que vive el organismo que escogiste.

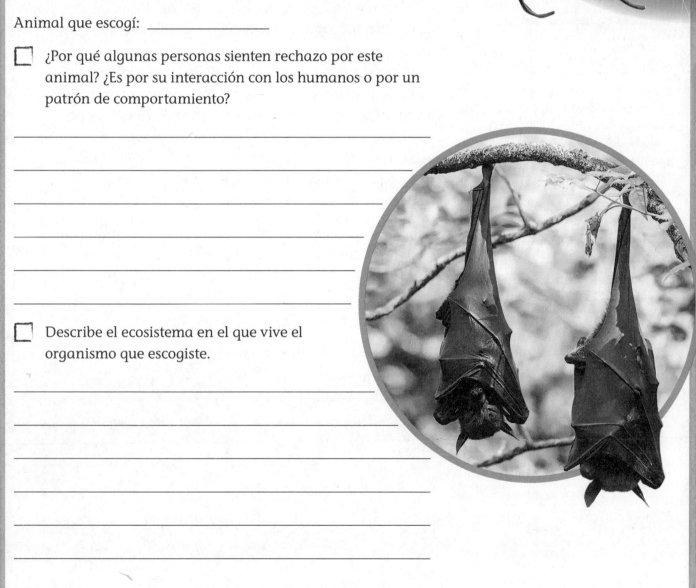

_____

_____

_____

_____

_____

_____

_____

Lección 2

Organismos en los ecosistemas

Puedo...

Describir cómo usan materia los organismos.

Describir las relaciones entre los organismos de un ecosistema.

5-LS2-1

Destreza de lectura
Comparar y contrastar

Vocabulario
productor
descomponedor
microbio
consumidor
cadena alimentaria
red alimentaria

Vocabulario académico
transferencia

 VIDEO

Ve un video sobre los organismos y los ecosistemas.

STEM Conexión

¿Alguna vez quisiste que alguien inventara un robot que limpiara tu habitación? Limpiar una habitación puede ser difícil. ¡Y aburrido! Limpiar el petróleo del agua de mar después de un derrame es mucho más difícil. Los científicos y los ingenieros buscan nuevas y mejores formas de limpiar químicos tóxicos del medio ambiente. Un método que siguen investigando es la biorremediación. En este proceso, los microorganismos usan las sustancias peligrosas como fuente de alimento. Por ejemplo, algunas bacterias que comen petróleo usan el petróleo que hay en el agua del océano. En el proceso, convierten el petróleo en una sustancia inofensiva. Los científicos han usado con éxito la biorremediación para limpiar materiales peligrosos, como aguas residuales, desechos industriales, pesticidas, fertilizantes agrícolas y gasolina.

Comparar ¿Cuál es una de las ventajas de usar organismos vivos para limpiar la contaminación, en lugar de usar químicos?

_____

_____

_____

túInvestigas Lab

¿Cómo puede cambiar la materia en un ecosistema?

Los científicos estudian cómo la materia de los organismos pasa a ser parte del suelo de un ecosistema. ¿Cómo se descomponen las bananas en el suelo?

Materiales

- bolsas de plástico con cierre hermético
- rebanadas de banana
- levadura
- tierra
- cuchara
- delantal
- guantes de plástico

Procedimiento

☐ **1.** ¿Qué crees que pasará con las rebanadas de banana cuando queden enterradas? ¿Cómo crees que cambiará lo que pasa agregar levadura a las bananas? Escribe una predicción.

_____

_____

_____

 Usa guantes de plástico.

 Usa un delantal de seguridad.

 No te lleves los materiales a la boca.

☐ **2.** Escribe un procedimiento para probar tu predicción. Muéstraselo a tu maestro antes de empezar. Anota tus observaciones.

Observaciones

Analizar e interpretar datos

3. Comparar y contrastar ¿Cómo respaldan tu predicción tus resultados? ¿Cuál crees que fue la causa de los resultados?

_____

_____

_____

Práctica de ciencias

Los científicos **interpretan datos** para explicar relaciones.

Los productores

Todo tipo de organismo necesita obtener energía y materia de su ambiente. Los organismos necesitan energía para realizar los procesos vitales, como el movimiento y la reproducción. Necesitan materia para crecer, reproducirse y reparar partes del cuerpo lastimadas. Todos los organismos obtienen materia y energía del alimento, pero cada tipo de organismo obtiene su alimento de distinta manera.

Un organismo que produce su propio alimento usando materia no alimentaria y energía del Sol es un **productor**. Las plantas son organismos productores. Se alimentan de azúcares, pero producen esos azúcares con agua y dióxido de carbono, cosas que no son alimento. Las plantas usan la energía de la luz solar para combinar esos ingredientes y producir los azúcares que necesitan.

Los productores necesitan alimento, pero no lo obtienen del ambiente. En cambio, usan energía y materia inerte. Usan esa energía y esa materia para desarrollar todas sus partes. Cuando otro organismo se come un productor, recibe esa materia y esa energía. Sin organismos productores, la materia y la energía no estarían disponibles para los demás organismos del ecosistema.

Resumir ¿Qué necesita el árbol de su ambiente?

_____

_____

_____

Cultivar la misma tierra año tras año agota los nutrientes del suelo que las plantas necesitan. Se aplican fertilizantes para reponer los nutrientes. Sin embargo, el uso de fertilizantes produce contaminación en el agua subterránea. Identifica un problema por resolver en esta situación. Escribe una pregunta que podrías hacer para ayudar a resolver el problema.

_____

_____

_____

Los descomponedores

Las plantas toman nutrientes del suelo y hacen que estén disponibles para los animales. Entonces, ¿por qué no se agotan los nutrientes esenciales del suelo?

Los vegetales podridos de la foto no se ven como algo que alguien querría comer. Han empezado a degradarse, o pudrirse. Cuando los organismos mueren, sus cuerpos se degradan. Ese proceso libera nutrientes de los organismos muertos, que vuelven al suelo. Los descomponedores son necesarios para que se produzca la degradación. Los **descomponedores** son organismos que deshacen, o descomponen, el cuerpo de otros organismos después de que mueren. También descomponen los desechos que producen los animales. Si ves hongos que crecen en un tronco muerto, entonces la materia del tronco está siendo descompuesta. Aunque no veas los descomponedores en algo podrido, están allí. Muchos son microbios, que son organismos tan pequeños que no podemos verlos. Pueden ser bacterias y hongos muy pequeños. También hay más grandes, como las lombrices de tierra y las moscas.

✓ REVISAR LA LECTURA **Usar evidencia del texto**
¿Por qué los descomponedores son una parte importante de un ecosistema?

_____

_____

_____

¿Quién se come a quién?

Los organismos que no pueden producir su propio alimento deben comer otros organismos. Esos organismos son los **consumidores**. Algunos consumidores comen solo productores, algunos comen solo otros consumidores, y otros comen ambas cosas. Las flechas del diagrama muestran cómo fluyen la materia y la energía desde la fuente de alimento hacia el consumidor.

Ballena azul

El animal más grande del océano se alimenta del más pequeño. El zooplancton queda atrapado en las placas con forma de peine, llamadas barbas, que las ballenas azules tienen en lugar de dientes. La energía y la materia fluyen desde el zooplancton a la ballena.

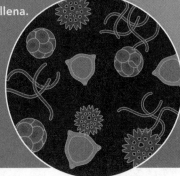

Fitoplancton

Zooplancton

El zooplancton es un tipo de animal pequeño que come productores aún más pequeños, llamados fitoplancton. No son grandes nadadores, por lo que dejan que la corriente los lleve.

! ¿Qué pasaría si el zooplancton desapareciera de este ecosistema?

_____

_____

_____

_____

almejas

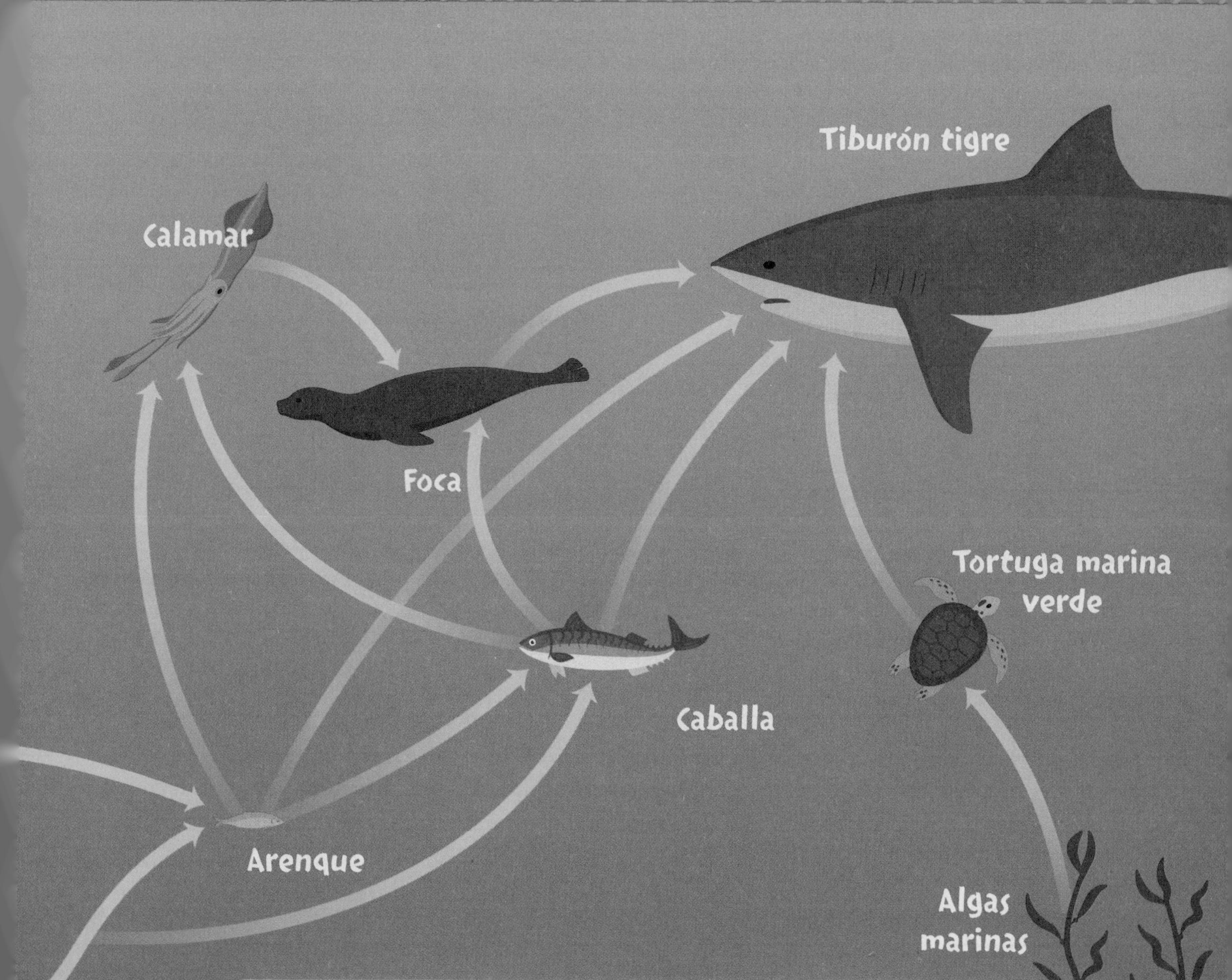

Calamar

Tiburón tigre

Foca

Tortuga marina verde

Caballa

Arenque

Algas marinas

! Clasifica cada animal según su dieta.

Solo come productores	Solo come consumidores	Come productores y consumidores

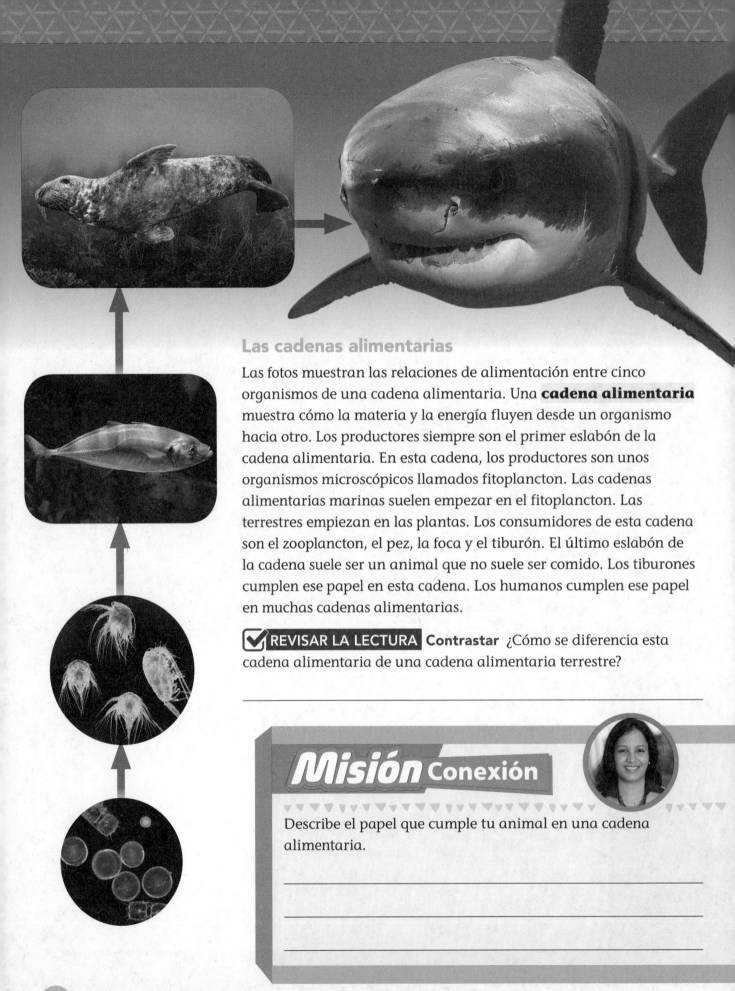

Las cadenas alimentarias

Las fotos muestran las relaciones de alimentación entre cinco organismos de una cadena alimentaria. Una **cadena alimentaria** muestra cómo la materia y la energía fluyen desde un organismo hacia otro. Los productores siempre son el primer eslabón de la cadena alimentaria. En esta cadena, los productores son unos organismos microscópicos llamados fitoplancton. Las cadenas alimentarias marinas suelen empezar en el fitoplancton. Las terrestres empiezan en las plantas. Los consumidores de esta cadena son el zooplancton, el pez, la foca y el tiburón. El último eslabón de la cadena suele ser un animal que no suele ser comido. Los tiburones cumplen ese papel en esta cadena. Los humanos cumplen ese papel en muchas cadenas alimentarias.

REVISAR LA LECTURA **Contrastar** ¿Cómo se diferencia esta cadena alimentaria de una cadena alimentaria terrestre?

_____

Misión Conexión

Describe el papel que cumple tu animal en una cadena alimentaria.

_____

_____

_____

Las redes alimentarias

Las cadenas alimentarias pueden ser más largas que la de la imagen. Y también pueden incluir más organismos. Por esa razón, una cadena alimentaria no es una buena herramienta para describir la **transferencia**, o movimiento, de materia y energía en un ecosistema. Por ejemplo, el tiburón come más animales aparte de la foca. Para tener una mejor idea de las relaciones de alimentación en un ecosistema, usamos una red alimentaria. Una **red alimentaria** es un conjunto de cadenas alimentarias interconectadas. Las relaciones de alimentación sobre las que leíste en la sección de Conexión con la comprensión visual forman una red alimentaria.

📗 **Explícalo** En tu cuaderno de ciencias, dibuja una red alimentaria que muestre cómo estás conectado con otros organismos a través de las relaciones de alimentación.

👆 **INTERACTIVITY**

Completa una actividad acerca de los productores, los consumidores y los descomponedores.

Los osos polares son parte de una red alimentaria del Ártico.

☑ Lección 2: Revisión

1. Identificar ¿Cómo usan materia los organismos?

_____

_____

2. Explicar ¿Cómo se relacionan los productores y los consumidores?

_____

_____

_____

_____

Misión Control

Conexiones con los demás

Para poder explicar por qué un animal es importante, debes ofrecer información acerca de cómo interactúa el animal con otros organismos.

1. Investiga para saber cuál es el papel de tu animal en su ecosistema. Descubre qué hace y cómo afecta al ecosistema esa acción. Incluye información acerca del lugar que ocupa tu animal en la red alimentaria del ecosistema.

2. Decide si cada acción tiene un efecto positivo en el ecosistema o uno negativo. Usa la tabla para organizar tu información.

Positivo	Negativo

3. Resume la información que reuniste.

_____

_____

_____

_____

_____

_____

Resolver problemas verbales

Las plantas y otros productores usan la mayor parte de la energía que obtienen del Sol para los procesos vitales que los mantienen con vida. Solo un poco de energía queda en las células de los productores. Lo mismo pasa con los consumidores. Usan la mayor parte de la energía del alimento para vivir. Almacenan una pequeña parte en sus cuerpos. Por eso, los consumidores que comen organismos pequeños deben comer muchísimos para obtener materia y energía suficientes. El oso hormiguero gigante debe comer más de 30,000 hormigas por día para obtener la energía y la materia que necesita.

¿Cuántas hormigas tendrían que comer 6 osos hormigueros gigantes en un año para obtener la materia y la energía que necesitan? Escribe una fórmula sencilla para resolver el problema. Luego, calcula la respuesta.

Cambios en los ecosistemas

LOCAL-A-GLOBAL ▷ Conexión

En 2013, los habitantes de Virginia dieron la bienvenida a un miembro de su ecosistema que no se ve muy a menudo. Una vez cada 17 años, este tipo de cigarra sale de la tierra para alimentarse y reproducirse. Algunas personas que viven en la zona consideran que las cigarras son "molestas", en especial su fuerte "canto". Sin embargo, las cigarras casi no producen daños en la zona.

En otras partes del mundo, sin embargo, las langostas pueden hacer mucho daño a los cultivos. Como las cigarras, las langostas pueden formar grandes grupos. Un solo enjambre puede tener miles de millones de langostas. Las langostas de la imagen viven en las zonas secas de África y Medio Oriente. El comportamiento de enjambre de las langostas es una respuesta a la superpoblación. Cuando llueve, las plantas tienen la oportunidad de crecer en una región normalmente muy seca, por lo que las langostas devoran la vegetación hasta que queda poco.

✓ **REVISAR LA LECTURA** **Comparar y contrastar** ¿En qué se diferencian las langostas y las cigarras?

_____

_____

cigarra

langostas

¿Cómo afectan los *cambios* a los organismos de un *ecosistema*?

Los científicos y los ingenieros usan modelos para estudiar cómo los cambios afectan a los organismos en los ecosistemas. ¿Cómo podría la migración de más consumidores a un ecosistema afectar a sus productores y consumidores?

Materiales
• fichas de colores verdes, rojas y azules

Práctica de ciencias

Los científicos usan modelos para entender cómo los cambios pueden afectar sistemas complejos.

Procedimiento

☐ **1.** Usa las fichas de colores para representar a los productores y consumidores de una cadena alimentaria: fichas verdes = plantas, fichas rojas = conejos, fichas azules = lobos. Cuenta 40 plantas, 10 conejos y 2 lobos para colocar en una comunidad.

☐ **2.** Usa la información de la tabla para representar los patrones normales de depredación y reproducción en una temporada.

☐ **3.** Llena la tabla con la información que encuentres.

Organismo	Depredación	Reproducción	Nuevo tamaño de la población
40 plantas	Por cada conejo, saca 3 plantas.	Por cada planta que quede después de la depredación, agrega 5 plantas más.	
10 conejos	Por cada lobo, saca 3 conejos.	Por cada conejo que quede después de la depredación, agrega 4 conejos.	
2 lobos	Sin depredadores	Por cada lobo que quede después de la depredación, agrega 1 lobo.	

Analizar e interpretar datos

4. Predecir ¿Qué pasará con las poblaciones de lobos y plantas si llegara un grupo de 5 lobos más? ¿Por qué?

_____

_____

¿Qué pasa en un ecosistema de bosque después de un incendio?

Los cambios de los ecosistemas difieren según cómo afectan a los ecosistemas. Por ejemplo, las lluvias torrenciales de primavera pueden hacer que aumente la población de plantas por una temporada. Un gran incendio forestal, sin embargo, tiene efectos graves a largo plazo en un ecosistema. La **sucesión** se refiere a una serie de cambios que se producen en una comunidad. Con el tiempo, se desarrollan ecosistemas en la tierra dañada por el fuego. También se forman en tierras nuevas, en las que nunca hubo animales o plantas, como la tierra formada por los volcanes. Cuando las plantas y los animales empiezan a vivir en una tierra nueva, el proceso se denomina sucesión primaria. Cuando las plantas y los animales regresan a tierras perturbadas o dañadas, el proceso se denomina sucesión secundaria.

Incendio

Maleza, pasto y plantas con flor

0 años

Después de 1–4 años

Inferir ¿Cómo cambia la red alimentaria de la comunidad durante la sucesión secundaria? ¿Por qué?

_____

_____

_____

_____

_____

_____

_____

_____

Aplicar conceptos ¿Por qué los productores vuelven al ecosistema antes que los consumidores y descomponedores?

_____

_____

_____

_____

Arbustos, pinos, robles jóvenes y nogales

Bosque de robles maduros y nogales

después de 5–150 años

después de 150 años

Investigar la contaminación

La lenteja de agua es una planta de agua dulce que se vende en las tiendas de suministros para acuarios. Diseña un experimento para ver qué ocurre con las lentejas de agua cuando su ambiente se contamina con agua salada. Realiza tu experimento para descubrirlo.

Los ecosistemas estables

Los organismos solo pueden sobrevivir en los ecosistemas que satisfacen sus necesidades. Un ecosistema estable puede satisfacer las necesidades de varias especies, o tipos de organismos. La palabra **estable** significa constante, o sin cambios. Por ejemplo, un ecosistema de lago estable, como el de la foto, tiene condiciones similares entre un año y el siguiente.

La cantidad de individuos de cada especie en un ecosistema puede cambiar ligeramente con el tiempo a medida que las condiciones cambian levemente. Sin embargo, durante los cambios, el ecosistema se mantiene estable. Por ejemplo, durante una temporada específica, algunas especies pueden tener más individuos que durante otra. En el verano, la cantidad de plantas acuáticas en un lago puede ser mucho mayor que la cantidad de individuos de una especie de pez que las comen. En invierno, sin embargo, la cantidad de plantas acuáticas puede disminuir, pero la cantidad de especies de peces se mantiene aproximadamente igual. Cada año, el ciclo se repite. El ecosistema es estable.

Describir Si un ecosistema cambia, ¿es poco saludable?

_____

_____

_____

_____

Misión Conexión

Describe los cambios de ecosistema que tu animal experimenta de manera regular. Di cómo reacciona tu animal a los cambios.

_____

_____

_____

Los riesgos para los ecosistemas

En cualquier ecosistema, los organismos compiten. La **competencia** se produce cuando los organismos de un ecosistema necesitan los mismos recursos. La competencia no es un problema a menos que algo haga que se desequilibre. Por ejemplo, si se introduce una nueva especie de planta en un ecosistema estable, la nueva planta compite con las demás por la luz solar y el agua. Puede desplazar a las demás especies y expandirse a lo largo del ecosistema. Tarde o temprano podría cubrir a las demás plantas, que podrían morir.

INTERACTIVITY

Completa una actividad acerca de los cambios de los ecosistemas.

Características de los ecosistemas saludables	Riesgos para los ecosistemas saludables
• refugio adecuado y lugares para anidar	• pérdida de hábitat por acción humana y eventos naturales, como incendios forestales
• equilibrio de descomponedores, productores y consumidores	• introducción de especies que dejan sin lugar a las demás especies
• diversidad de especies	• crecimiento rápido de la población humana
• suministro adecuado de aire puro, agua y nutrientes	• pesca o cosecha desmedidas
	• contaminación
	• sequía

☑ Lección 3: Revisión

1. **Resumir** ¿Cuáles son dos características de un ecosistema saludable?

_____

_____

_____

_____

2. **Explicar** ¿Cómo puede afectar negativamente a un ecosistema la introducción de una nueva especie?

_____

_____

_____

Misión Control Lab

¿Cómo afectan los cambios a los organismos de un ecosistema?

Materiales

- papa cortada en discos de 1 cm
- agua del grifo
- agua salada
- vasos de papel
- balanza
- toallas de papel

Para entender a tu animal, debes saber cómo reaccionaría ante cambios en el medio ambiente. ¿Cómo puedes representar la forma en que un pez de agua dulce reaccionaría si es expuesto a agua salada?

 No te lleves elementos a la boca.

Procedimiento

☐ **1.** Predice lo que ocurriría con un pez de agua dulce en agua salada.

_____

_____

> **Práctica de ciencias**
>
> Los científicos usan modelos para investigar los procesos naturales.

☐ **2.** Mira la lista de materiales. Identifica el material que podrías usar para representar las células del cuerpo de un pez.

_____

☐ **3.** Escribe un plan para poner a prueba tu predicción. Asegúrate de controlar las variables y de hacer varias pruebas. Muestra tu plan a tu maestro antes de empezar.

☐ **4.** Dibuja una tabla de datos para anotar tus mediciones y observaciones.

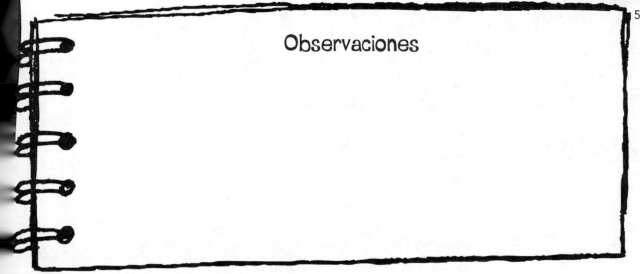

Observaciones

Analizar e interpretar datos

5. **Resumir** ¿Cómo te ayudó tu modelo a aprender acerca de la reacción de los peces de agua dulce en agua salada? ¿Qué diferencia hay entre tu modelo y un pez de agua dulce?

_____

_____

_____

_____

6. **Usar evidencia** ¿Respaldan tu predicción las observaciones? ¿Qué evidencia reuniste?

_____

_____

_____

_____

7. **Inferir** ¿Qué puedes inferir a partir de esta investigación acerca de cómo podrían afectar a tu animal los cambios de los ecosistemas?

_____

_____

_____

Materia y transferencia de energía en los ecosistemas

Puedo...

Representar el movimiento de la materia entre organismos y el medio ambiente.

5-LS2-1

Destreza de lectura
Usar características del texto

Vocabulario académico
ciclo

 VIDEO

Ve un video sobre la transferencia de materia y energía en los ecosistemas.

INGENIERÍA › Conexión

Cuando descargas un inodoro, el agua gira y los desechos del inodoro desaparecen. ¿Qué pasa con esos desechos una vez que los descargas? Los materiales del inodoro fluyen a través de tuberías subterráneas hasta una planta de tratamiento. Allí, los desechos fluyen hacia grandes tanques, en los que los desechos sólidos se hunden. De esta manera, los líquidos se separan de los sólidos.

Las aguas residuales se bombean hacia un tanque lleno de pequeños descomponedores. Los descomponedores degradan cualquier partícula de desechos sólidos que quede en el agua. Luego, el agua se filtra con arena. El agua limpia resultante se devuelve a ríos o lagos cercanos, o al océano.

Los desechos sólidos se recogen en contenedores y se llevan a plantas de fertilizantes. Quedan algunos nutrientes en los desechos. Esos nutrientes pueden usarse para ayudar a las plantas a crecer mejor.

📓 **Escríbelo** Todos los organismos producen desechos. En tu cuaderno de ciencias, escribe acerca de cómo los desechos recolectados contribuyen a los ecosistemas.

tú Investigas Lab

¿Cómo se **mueve** la materia a través de un **ecosistema**?

Los científicos usan modelos para ayudar a desarrollar explicaciones de los procesos naturales. ¿Cómo puedes representar el movimiento de la materia en un ecosistema?

Materiales
- 40 bloques para construir de juguete

Procedimiento

☐ **1.** ¿Cómo puedes representar el movimiento de la materia a través de un ecosistema? Usa los bloques para representar plantas, animales, descomponedores y nutrientes del suelo.

☐ **2.** Haz una lluvia de ideas para un plan. Escoge una idea para desarrollar en una presentación para tus compañeros. Dibuja tu plan y luego haz tu modelo.

Práctica de ciencias

Los científicos usan modelos para ayudar a explicar los procesos naturales.

☐ **3.** Presenta tu modelo a tus compañeros.

Analizar e interpretar datos

4. Interpretar ¿Cómo mostró tu modelo el movimiento de la materia a través de un ecosistema?

_____

_____

_____

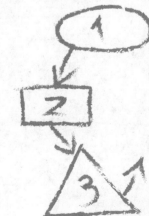

Investigar ciclos

Los humanos dependen de ciclos, tal como las plantas y los animales. ¿Dónde van tus productos reciclables? ¿Cómo se convierten en otros productos? Investiga cómo se reciclan materiales en tu comunidad.

El flujo de materia en los ecosistemas

La materia debe entrar a los organismos vivos y salir para que puedan obtener los nutrientes que necesitan. Un **ciclo** es "un movimiento a través de una serie de pasos que se repiten". La materia se mueve en ciclos entre el aire, el agua y el suelo, y entre las plantas, los animales y los microbios, a medida que esos organismos viven y mueren. Los organismos toman materia del medio ambiente y liberan desechos en el medio ambiente.

El primer paso en el ciclo de la materia se produce cuando los productores toman materia del aire, el suelo y el agua. La materia viaja a través de los consumidores cuando comen plantas u animales. Los descomponedores degradan los cuerpos muertos y los desechos que producen los organismos. La materia descompuesta puede volver al suelo. Las nuevas plantas usarán esos nutrientes cuando crezcan.

Explicar ¿Por qué es importante el ciclo de la materia?

_____

_____

_____

2 Los hongos descomponen el árbol. Devuelven la materia al suelo, incluidos los nutrientes.

3 Brotan nuevas plantas en el suelo rico en nutrientes.

1 El árbol muerto almacena materia.

¡Planéalo!

Supón que quieres hacer un modelo vivo para observar el proceso de descomposición en un ecosistema. Haz un dibujo de la configuración que usarías. Incluye rótulos en tu dibujo.

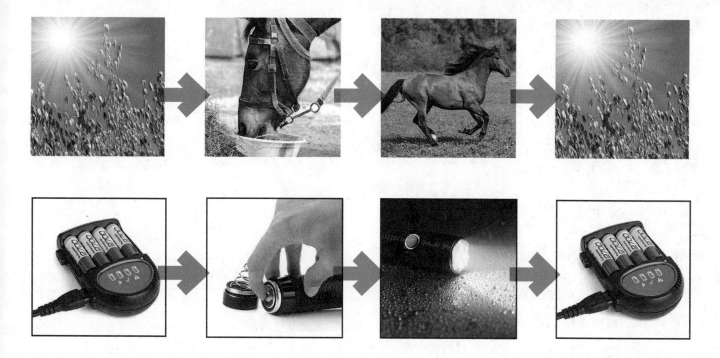

El flujo de energía en los ecosistemas

Cuando enciendes una linterna, las pilas de la linterna suministran la energía que hace que la bombilla brille. Si la linterna queda encendida, tarde o temprano las pilas ya no tendrían energía para encender la bombilla. Sería necesario recargar las pilas para ganar energía. En los ecosistemas se da un proceso similar.

Muy poca de la energía que hay en los alimentos que comen los organismos se almacena en su cuerpo. La energía se usa a medida que los organismos realizan distintas actividades: moverse, digerir alimento, pensar, respirar, hablar y otras. A menos que la energía de un organismo se recargue, el organismo no podría seguir desarrollando los procesos vitales. Podría morir. Por eso, todos los organismos necesitan alimento para recargar su suministro de energía.

☑ **REVISAR LA LECTURA** **Comparar y contrastar** ¿En qué se parecen la energía de un organismo y la energía de una pila?

_____

_____

_____

_____

¿Cómo fluye el carbono a través de los ecosistemas?

El carbono se mueve a través de los ecosistemas siguiendo un ciclo. Repasa el diagrama para aprender acerca de los ciclos del carbono.

Cuando la vaca respira, libera el gas dióxido de carbono. El carbono de ese gas viene del pasto que la vaca come.

El pasto toma el dióxido de carbono del aire. Usa el carbono para producir azúcares y para desarrollar las hojas y las demás partes de la planta. Cuando la vaca come el pasto, toma ese carbono.

Interpretar diagramas ¿Qué factores bióticos y abióticos de la comunidad de la granja participan del ciclo del carbono?

Los árboles toman el dióxido de carbono del aire y lo usan para producir azúcares, madera y otros tipos de materia orgánica. El carbono del dióxido de carbono se convierte en parte de la materia que forma el árbol.

Una rama caída se degrada. Los descomponedores descomponen su materia orgánica. El carbono almacenado en la materia es liberado como dióxido de carbono.

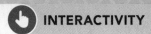

INTERACTIVITY

Completa una actividad acerca de la materia y la transferencia de energía.

Lectura
▸**Herramientas**

Usar características del texto
Prepara una infografía usando términos de esta lección para informar al público sobre un riesgo para el ciclo de la materia de los ecosistemas.

Los ciclos de la materia

El carbono solo es uno de los muchos tipos de materia que se mueve en ciclos una y otra vez. La materia que forma todas las cosas de la Tierra ha estado en un ciclo constante durante la mayor parte de la historia del planeta. El aire que respiras contiene materia que fue reciclada muchas, muchas veces. El ciclo de la materia es posible gracias a la interacción de seres vivos entre sí y con su medio ambiente. A medida que la materia recorre el ciclo, se combina y se recombina de muchas maneras distintas.

Inferir Describe de qué manera el alimento que comes se produjo con materiales de un ciclo.

_____

_____

_____

_____

_____

_____

☑ Lección 4: Revisión

1. **Hacer modelos** Haz un diagrama que muestre el ciclo del carbono.

2. **Causa y efecto** ¿Qué le pasaría con el tiempo a la materia si desaparecieran los descomponedores de un ecosistema?

_____

_____

Materia y energía en movimiento

Entender el papel que cumple tu animal en el ciclo de la materia y la energía te ayudará a explicar al público por qué es importante.

☐ **1.** ¿Cómo obtiene materia y energía tu animal?

_____

_____

_____

☐ **2.** ¿Qué organismos dependen de tu animal para obtener materia y energía?

_____

_____

_____

☐ **3.** ¿Qué cambios crees que habría si el flujo de materia y energía en el ecosistema del animal desapareciera?

_____

_____

_____

_____

tú, Ingeniero — Hacer modelos — STEM

Ecosistemas en una caja

Biósfera 2 es una instalación de investigación de Arizona, en la que los científicos estudian grandes modelos de los ecosistemas de la Tierra. Biósfera 2 contiene un pequeño océano, un humedal y un bosque lluvioso. El bosque lluvioso de Biósfera 2 es más cálido que la mayoría de los bosques tropicales. ¡Es exactamente lo que quieren los científicos! Usan el bosque lluvioso de Biósfera 2 para representar cómo serían los bosques lluviosos si la temperatura de la Tierra aumentara en el futuro. El dióxido de carbono del aire hace que la temperatura de la Tierra aumente. En Biósfera 2, los científicos pueden cambiar la cantidad de carbono que hay en el aire del bosque lluvioso. Luego, observan cómo ese cambio afecta al ecosistema.

Haz un modelo

Supón que tu trabajo en una instalación de investigación es diseñar un biodomo que funcione para un desierto.

1. Haz una lista de los componentes bióticos que incluirás en tu biodomo.

_____

_____

_____

2. Haz una lista de los componentes abióticos que incluirás en tu biodomo.

_____

_____

_____

3. ¿Qué información acerca de un ecosistema de desierto te gustaría estudiar en el biodomo?

_____

_____

_____

4. Haz un dibujo de tu biodomo.

INTERACTIVITY

Completa actividades que te ayuden con tu consigna de relaciones públicas.

STEM ¡Relaciones públicas para **animales salvajes!**

¿Cómo podemos mejorar la imagen de los animales que son importantes pero desagradables?

Comunicar

Es hora de hacer un video de relaciones públicas acerca de tu animal. En las relaciones públicas, la comunicación debe ser clara y convincente. Escoge evidencia, fotos y diagramas que ayuden a las personas a entender por qué tu animal es importante en su ecosistema. ¡Conviértete en el mayor defensor de tu animal!

Haz una lista de información, fotos y diagramas que quieras incluir en tu video.

Ideas / Fotos y diagramas

_____ _____
_____ _____
_____ _____
_____ _____
_____ _____

Explicar

¿Qué dato clave acerca de tu animal es el que más chances tiene de cambiar la opinión pública? ¿Por qué?

_____

_____

_____

Comunicar ¡Haz tu video! Asegúrate de resaltar el dato clave que hayas escogido acerca de tu animal. Muestra el video a tus compañeros y pregúntales si cambiaron de opinión sobre tu animal.

Zoólogo

Los zoólogos son científicos de la vida que estudian los animales en contextos silvestres o en un laboratorio. Investigan las características, los comportamientos, las interacciones y las enfermedades de los animales. Los zoólogos trabajan en parques de vida silvestre, universidades o grupos de conservación. Para hacer sus investigaciones, pueden viajar a lugares muy lejanos o enfrentarse a climas muy duros. Los zoólogos a menudo usan modelos para investigar cómo podrían responder los animales a un cambio en el ambiente. También pasan tiempo analizando datos y comunicando lo que descubren a otros científicos y al público.

Los zoólogos viajaron 14,500 kilómetros (9,000 millas) para estudiar las aves del paraíso en Papúa Nueva Guinea. Para observar las aves, atravesaron bosques espesos y construyeron plataformas cerca de la copa de los árboles. Usaron cámaras para filmar el hermoso plumaje de las aves y sus complejos rituales de cortejo. De vuelta en la universidad, los zoólogos escribieron trabajos científicos acerca de las interacciones del ecosistema de las aves. También produjeron videos para educar a los estudiantes acerca de las aves y de la experiencia de investigar en el bosque lluvioso.

Compara En tu cuaderno de ciencias, escribe en qué te pareces a un zoólogo al crear el video de relaciones públicas de tu animal.

1. **Identificar** Un árbol produce su propio alimento usando materia del aire y del suelo. Un árbol es un

   A. descomponedor.

   B. productor.

   C. consumidor.

   D. productor y consumidor.

2. **Identificar** Usa la foto de la nutria para responder la pregunta 2. Algunos de los factores abióticos del ecosistema de la nutria son

   A. aire y agua.

   B. aire, agua y luz solar.

   C. kelp y cangrejos.

   D. agua y kelp.

3. **Explicar** ¿Qué conexión hay entre un ecosistema saludable y la estabilidad?

   _____

   _____

   _____

   _____

   _____

4. **Secuencia** El monte St. Helens entra en erupción. Las laderas del volcán quedan cubiertas de ceniza durante varios meses. Numera las fotografías para mostrar la sucesión tras la erupción.

5. Usar diagramas ¿Por qué son los cactus, como el saguaro y el nopal, importantes para el ecosistema del desierto?

_____

_____

_____

_____

_____

_____

6. En los ecosistemas, los microbios y otros descomponedores

    A. producen su propio alimento.

    B. compiten con las plantas.

    C. devuelven materia a los reservorios.

    D. causan enfermedades.

Pregunta esencial *¿Cómo puedes hacer un modelo de la interacción entre los seres vivos de un ecosistema?*

Muestra lo que aprendiste

Los diagramas, las analogías y las estructuras diseñadas pueden usarse para representar sistemas naturales. ¿Cuáles son dos maneras de representar la interacción de tu animal con otros organismos de su ecosistema?

_____

_____

_____

_____

_____

_____

_____

_____

_____

_____

_____

_____

Lee el escenario y responde las preguntas 1 a 5.

Muchas personas temen a los tiburones, pero los tiburones tienen un papel muy importante en zonas costeras. Los tiburones comen a otros grandes consumidores, como las focas y las rayas, que comen peces, calamares y crustáceos. La cantidad de tiburones está bajando en muchas partes del mundo. Los humanos cazan tiburones por sus aletas y por su carne. Los zoólogos están preocupados por cómo podría afectar a las comunidades costeras la pérdida de tiburones. Reunieron datos acerca de la cantidad de tiburones, rayas y vieiras en la costa para investigar. Estudia los gráficos de los datos que reunieron y responde las siguientes preguntas.

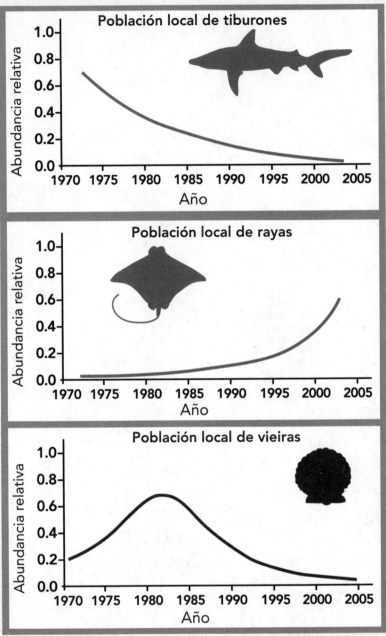

1. **Inferir** ¿Cuál de las siguientes opciones es una de las cadenas alimentarias del ecosistema costero?

   A. tiburones ➜ vieiras ➜ rayas

   B. rayas ➜ vieiras ➜ tiburones

   C. vieiras ➜ rayas ➜ tiburones

   D. tiburones ➜ rayas ➜ vieiras

2. **Causa y efecto** ¿Qué enunciado explica mejor lo que pasa con las vieiras cuando baja la cantidad de tiburones?

   A. La población de vieiras baja, porque aumenta la cantidad de rayas.

   B. La población de vieiras aumenta, porque baja la cantidad de rayas.

   C. La población de vieiras baja, porque baja la cantidad de rayas.

   D. La población de vieiras no cambia a medida que cambian las cantidades de tiburones y rayas.

3. Aplicar conceptos ¿Qué dos animales compiten entre sí?

    A. tiburones y vieiras

    B. rayas y focas

    C. vieiras y focas

    D. tiburones y focas

4. Usar evidencia ¿Qué evidencia sugiere que los tiburones ayudan a estabilizar otras poblaciones animales en el ecosistema de la costa?

_____

_____

_____

_____

_____

5. Defender una afirmación Usa evidencia del texto y los gráficos para defender la siguiente afirmación:

Los humanos son el consumidor que está en la cima de la cadena alimentaria de la costa.

_____

_____

_____

_____

_____

¿Cómo puedes hacer un **modelo** de los **ciclos** de la materia en el **sistema** de la Tierra?

Materiales
- 0.5 L de agua
- recipientes de plástico de un cuarto de galón
- embudo
- 1 filtro de papel para embudo
- 8 vasos de plástico (9 oz)
- 1 esponja

La Tierra es un ecosistema. La materia sigue un ciclo a través de los componentes abióticos y bióticos de la Tierra. ¿Cómo puedes usar un modelo para explicar el ciclo del carbono?

⚠ Ten cuidado cuando manipules materiales.

Diseñar el modelo

☐ 1. Usa los materiales para diseñar un modelo de cómo se mueve el carbono a través del sistema de la Tierra. Identifica qué materiales representarán las partes bióticas y abióticas del sistema.

☐ 2. Dibuja un diagrama con rótulos de tu diseño de modelo. Muestra el diseño a tu maestro antes de construir tu modelo.

Práctica de ciencias

Los científicos **usan modelos** para explicar los procesos naturales.

☐ 3. Pon a prueba tu modelo mostrándolo a otro estudiante de tu clase, sin explicaciones. Pide al estudiante que identifique las partes de tu modelo.

Evaluar el modelo

4. Examinar Usa la lista de la tarjeta para evaluar tu modelo. ¿Construiste un modelo eficaz respetando todas las limitaciones?

_____

_____

_____

✓ El modelo usa todos los materiales.

✓ La materia se mueve a través del modelo.

✓ Otro estudiante pudo identificar las partes del modelo sin rótulos ni explicaciones.

5. Analizar ¿Cómo afecta al modelo la cantidad inicial de agua?

_____

_____

_____

_____

_____

6. Mejorar el diseño Si tuvieras que construir un segundo modelo, ¿qué cambiarías? ¿Cómo imitarías mejor el ciclo de la materia a través del sistema de la Tierra? Explica tus decisiones.

_____

_____

_____

_____

_____

_____

7. Aplicar Identifica los organismos de la foto. Luego, explica cómo estaría representado cada uno en tu modelo mejorado.

_____

_____

_____

Prácticas de ciencias

Hacer preguntas

La ciencia es el estudio del mundo natural mediante el uso de herramientas y métodos científicos. El mundo natural incluye cosas como la materia, la energía, los planetas y los seres vivos. No incluye cosas como opiniones sobre arte o música.

Un científico hace preguntas y luego trata de responderlas. Por ejemplo, un científico podría preguntarse de qué manera una ballena grande encuentra su alimento en las profundidades del océano. El científico puede estudiar primero lo que otros han descubierto sobre el tema. Luego, el científico puede investigar las preguntas que aún no tienen respuesta. Las preguntas podrían ser: "¿Cómo puede una ballena contener la respiración bajo el agua cuando nada en las profundidades?" o "¿De qué manera una ballena encuentra alimento en la oscuridad del océano profundo?".

Hacer preguntas ¿Qué pregunta harías sobre el animal de la fotografía?

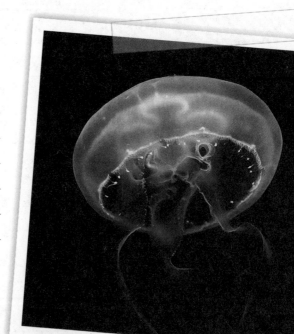

_____

_____

_____

_____

_____

_____

_____

_____

SEP.1 Hacer preguntas y definir problemas
SEP.3 Planear y realizar investigaciones
SEP.4 Analizar e interpretar datos

Realizar investigaciones

Los científicos usan investigaciones y experimentos para hacer su trabajo. Parte de una investigación consiste en observar el mundo natural para aprender cómo funciona. Cuando los científicos hacen observaciones, no cambian nada. Los científicos reúnen datos de sus observaciones. Los datos cuantitativos se expresan en números. Los datos cualitativos describen algo, por ejemplo, cómo huele o de qué color es.

Los científicos también usan experimentos para investigar el mundo. En un experimento, los científicos hacen un cambio al objeto o proceso que están observando. Por ejemplo, la cantidad de sal disuelta en el agua del océano no es igual en todas partes. Para descubrir qué tan rápido se disuelve la sal en el agua a diferentes temperaturas, un científico podría colocar cantidades idénticas de sal y agua en varios recipientes a diferentes temperaturas. El científico cambia la temperatura de los recipientes y mide el tiempo que tarda la sal en disolverse en cada uno. La parte del experimento que el científico cambia se llama variable independiente. La parte que cambia como resultado se llama variable dependiente. En este caso, la variable independiente es la temperatura, y la variable dependiente es el tiempo que tarda la sal en disolverse. Todas las investigaciones científicas incluyen la recopilación de datos, es decir, en todas se reúnen datos.

Planear una investigación Un científico está investigando de qué manera la cantidad de sal en el agua afecta el crecimiento de peces jóvenes. ¿Qué datos cuantitativos puede registrar el científico?

_____

_____

_____

Prácticas de ciencias

Herramientas de ciencias

Los científicos usan herramientas para tomar medidas cuando reúnen datos. También usan herramientas como ayuda para hacer observaciones sobre el mundo natural. Las herramientas científicas expanden el tipo de observaciones que se pueden hacer.

Las herramientas para medir abarcan reglas para medir la longitud, determinados recipientes de vidrio para medir el volumen, termómetros para medir la temperatura y balanzas para medir la masa. Se necesitan diferentes tipos de herramientas para tomar medidas muy pequeñas o muy grandes. Es importante usar la herramienta adecuada para la medida que se debe tomar.

Las herramientas que expanden lo que podemos detectar y medir reúnen los microscopios y telescopios. Estas herramientas permiten a las personas observar cosas que son demasiado pequeñas o demasiado lejanas.

Causa y efecto Las mareas rojas ocurren cuando crece la población de algas diminutas. Estos organismos pueden producir sustancias tóxicas que dañan la vida silvestre y contaminan el agua que las personas consumen. ¿Cómo usarían los científicos un microscopio al estudiar una marea roja?

_____

_____

Herramientas digitales

Muchas herramientas modernas operan usando microprocesadores o computadoras. Estos objetos son herramientas digitales. Las herramientas digitales incluyen herramientas de medición como las balanzas digitales y los termómetros. También incluyen herramientas que los científicos usan para registrar y analizar datos. Muchos instrumentos científicos tienen una computadora que guía la recopilación de datos y registra los resultados. Las cámaras digitales suelen ser una parte importante de telescopios, microscopios y otras herramientas que se usan para hacer observaciones.

Un panel solar aporta energía para los instrumentos digitales y la computadora de esta boya. Los instrumentos pueden medir los cambios en el océano.

Las computadoras y otros aparatos digitales hacen que la recopilación de datos sea más rápida. Los procesadores pueden responder a los cambios y registrar datos mucho más rápido que un observador humano. Las computadoras también son importantes para llevar registros y analizar grandes cantidades de datos. Las computadoras y otros aparatos digitales son una parte importante de las redes de comunicación que permiten a los científicos compartir datos y resultados.

Comunicar Los científicos comunican de diferentes maneras. ¿Cómo podría un científico usar una computadora para comunicarse con otro científico?

_____

_____

Prácticas de ciencias

Analizar e interpretar datos

Los científicos usan la evidencia empírica cuando estudian la naturaleza. La evidencia empírica es información que se puede observar y medir. Las conclusiones científicas siempre se basan en evidencia que se puede poner a prueba. Estas observaciones y medidas son datos que se pueden usar para explicar el mundo natural.

Las medidas y las observaciones aportan evidencia de los cambios a los científicos. Por ejemplo, cuando un sistema natural cambia, el cambio puede afectar a los organismos del sistema. Los científicos pueden observar y registrar los cambios, por ejemplo, cuántos organismos viven en un área en un momento en comparación con otro momento. Luego, los científicos pueden analizar esos datos para hacer predicciones sobre los efectos de otros cambios.

Los científicos analizan medidas y observaciones para responder preguntas científicas. Analizar las medidas de los cambios en un ecosistema puede aportar información sobre cómo trabajan juntas las diferentes partes de un sistema natural.

Medir La temperatura del agua afecta las corrientes oceánicas y los hábitats marinos. ¿Cómo podrían los científicos obtener evidencia empírica sobre la temperatura del agua? ¿Por qué esto es evidencia empírica?

_____

_____

Usar las matemáticas

Se necesitan medidas cuidadosas para reunir datos confiables. Los científicos toman medidas varias veces para asegurarse de que los resultados se pueden repetir. En general, los científicos usan instrumentos digitales para reunir datos cuantitativos.

Los científicos usan las matemáticas para analizar datos cuantitativos. Registran medidas y las comparan para descubrir qué cambia y qué permanece igual. Se pueden comparar varias medidas para mostrar si algo cambia con el tiempo. Los análisis matemáticos también pueden mostrar qué tan rápido ocurre un cambio.

Cuando un científico hace una afirmación basada en la evidencia, otros científicos pueden verificar la afirmación. Cuando otros científicos verifican la afirmación y encuentran resultados semejantes, la afirmación o los hallazgos están respaldados por evidencia semejante.

Evaluar ¿De qué manera los datos numéricos de las medidas facilitan la comparación de los resultados en una investigación?

_____

_____

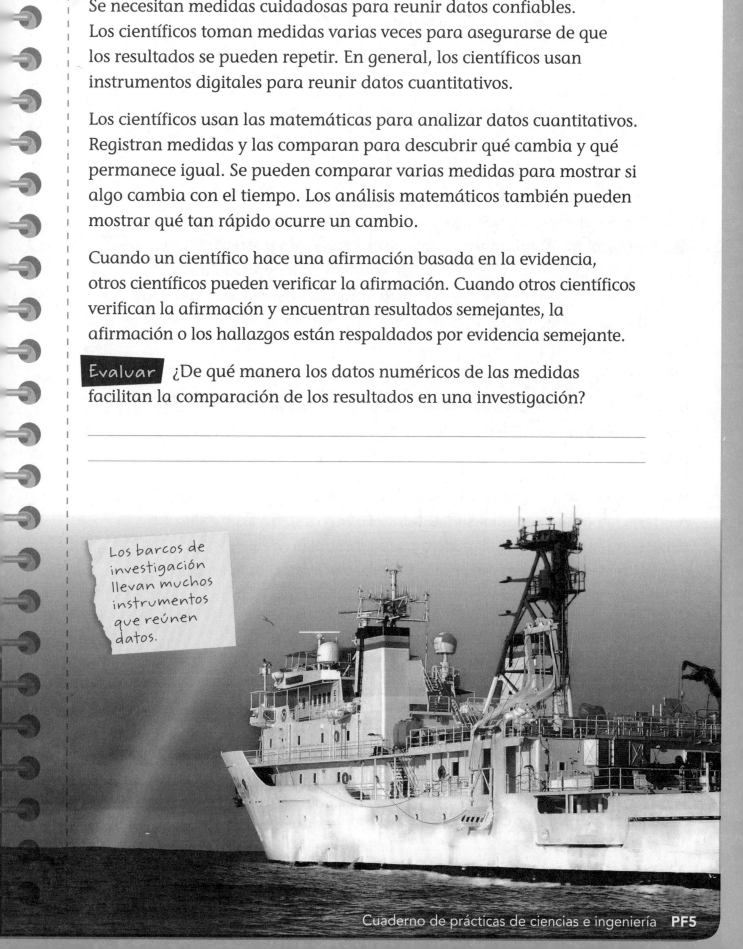

Los barcos de investigación llevan muchos instrumentos que reúnen datos.

Prácticas de ciencias

Crear explicaciones

Después de analizar datos, los científicos, usan sus resultados para crear explicaciones de fenómenos naturales. Una explicación científica a menudo usa el cambio en las variables para relacionar un cambio con otro. Por ejemplo, a medida que las condiciones en los ecosistemas marinos cambian, los organismos que viven en el agua podrían cambiar como respuesta. Los científicos observan cambios en los ecosistemas y estudian poblaciones de organismos para aprender sobre los efectos de los cambios. Luego crean explicaciones sobre los organismos.

Desarrollar y usar modelos

Los científicos a menudo usan modelos como ayuda para entender algo. Los modelos son objetos o ideas que representan otras cosas. Un modelo solo muestra parte de aquello que representa.

Los científicos también usan computadoras para hacer modelos. Puedes mirar en la pantalla de una computadora cómo cambian las condiciones del océano con el tiempo. El modelo puede mostrarte cómo se ven afectadas las poblaciones de plantas y animales. Incluso puedes usar palabras para hacer un modelo. Cuando describes algo, estás haciendo un modelo verbal del objeto. Los demás pueden aprender sobre el objeto a partir de tu modelo verbal.

Evaluar ¿Cómo podrías hacer un modelo para explicar cómo sobrevive una langosta en el suelo oceánico?

_____

_____

_____

Plantear argumentos a partir de la evidencia

Las observaciones científicas son diferentes de las opiniones. Una opinión es una creencia personal y no siempre está basada en los hechos. Un ejemplo de una opinión es que el atún sabe mejor que el salmón. No hay hechos que respalden esa opinión. Un ejemplo de un hecho es que el salmón pone sus huevos en el agua dulce. Este enunciado se puede respaldar con la observación.

Los científicos usan evidencia para respaldar sus conclusiones. Por ejemplo, la conclusión de que las ballenas migran está basada en la evidencia. Se pueden ver ballenas en algunas áreas pero no en otras, según la época del año. Los científicos también pueden rastrear ballenas individuales para ver hacia dónde van.

Cuando un científico hace una afirmación o plantea un argumento, otros científicos pueden verificar la evidencia en la que la afirmación está basada. Diferentes personas que hacen la misma observación encontrarán la misma evidencia. Las explicaciones científicas siempre están basadas en la evidencia empírica.

Explicar Nadie ha visto un calamar gigante que mida 20 metros de longitud. ¿Cómo podrían los científicos usar evidencia para decidir si estos animales existen?

_____

_____

_____

_____

_____

Prácticas de ciencias

Hábitos de la mente

Los científicos deben ser creativos cuando diseñan experimentos. La ciencia se ocupa de responder nuevas preguntas. Eso significa, muchas veces, que los científicos tienen que inventar nuevas maneras de responder preguntas. Para diseñar un buen experimento, tienen que pensar en nuevas maneras de resolver problemas. Tienen que pensar en lo que podría salir mal y cómo solucionarlo. Por ejemplo, un científico que estudia organismos diminutos del océano y quiere contarlos podría usar una máquina con la que se cuentan células de la sangre en medicina.

Cuando los científicos desarrollan nuevos métodos, los evalúan para estar seguros de que están reuniendo los datos correctos para responder la pregunta. Una vez que han analizado los datos y han llegado a una conclusión, los científicos comparten los resultados. Luego, otros científicos revisan y evalúan los métodos y las conclusiones. Este proceso de revisión por colegas ayuda a confirmar que las investigaciones se diseñaron correctamente. Otros científicos también pueden repetir la investigación para confirmar que obtienen los mismos resultados.

Planear una investigación Los erizos de mar comen mucho kelp, un organismo subacuático. Una científica llega a la conclusión de que las crecientes poblaciones de nutrias marinas ayudarían a recuperar los bosques de kelp porque las nutrias comen erizos de mar. ¿Cómo podrían otros científicos confirmar esta conclusión?

_____

_____

_____

_____

Comunicar información

Los científicos se comunican con otros para compartir lo que aprendieron. Las palabras que usan los científicos a veces tienen significados distintos de los que tienen esas palabras en el lenguaje cotidiano. *Corriente, calor* y *energía* son ejemplos de palabras que tienen un significado específico en ciencias. En ciencias, por ejemplo, *calor* puede referirse al flujo de energía térmica. En el uso cotidiano, calor puede referirse a la temperatura de un día caluroso.

Los científicos de todo el mundo comunican y evalúan resultados.

Los científicos no hacen una sola observación o experimento y luego sacan una conclusión. Repiten los experimentos y reúnen el mismo tipo de información. Si los resultados no se pueden repetir, entonces alguna de las observaciones puede tener un error. También es importante que otros investigadores puedan repetir las observaciones científicas. A veces, otros investigadores no pueden llegar al mismo resultado. Entonces los científicos comparan sus métodos para averiguar cuál es la diferencia. Es posible que haya habido un error en alguno de los métodos.

El hecho de que los resultados puedan repetirse hace que la conclusión sea más confiable; por lo tanto, la comunicación entre los científicos es importante. Los científicos comunican sus métodos y resultados para que otros científicos puedan repetirlos y luego compararlos.

Evaluar Un científico repite un experimento y obtiene un resultado diferente. ¿Qué debería hacer el científico a continuación?

_____

_____

Prácticas de ingeniería

Definir problemas

Los científicos estudian el mundo natural. Los ingenieros aplican el conocimiento científico para resolver problemas. El primer paso del proceso de ingeniería es enunciar un problema bien definido. El problema de ingeniería enuncia exactamente lo que la solución del problema debería cumplir. Los ingenieros hacen preguntas para definir problemas que se deben resolver. Por ejemplo, un ingeniero podría querer construir una sonda para tomar muestras en las profundidades del océano. El ingeniero podría comenzar preguntando "¿Qué tipos de herramientas pueden hacer ese trabajo específico?". Los ingenieros usan el conocimiento y los principios científicos para resolver el problema.

Antes de diseñar una solución, los ingenieros identifican los criterios y las restricciones del problema. Los criterios son aquellos que la solución debe cumplir. Por ejemplo, un criterio a la hora de construir un submarino de investigación es que debe funcionar bien bajo la gran presión del océano profundo. Las restricciones son las limitaciones de la solución. Una restricción podría ser que una solución no supere un costo determinado.

Evaluar Un compañero de clase dice que el costo de un proyecto ambiental no debería considerarse una restricción. ¿Estás de acuerdo? ¿Por qué?

_____

_____

_____

_____

SEP.1 Hacer preguntas (para ciencias) y definir problemas (para ingeniería)
SEP.6 Crear explicaciones (para ciencias) y diseñar soluciones (para ingeniería)
SEP.8 Obtener, evaluar y comunicar información

Diseñar soluciones

Antes de diseñar una solución, los ingenieros identifican los criterios y las restricciones del problema. Por ejemplo, un criterio de una solución para reconstruir un puerto podría ser que se recupere un hábitat para determinados animales. Una restricción de la recuperación del puerto podría ser que no cueste demasiado dinero.

Los ingenieros usan los criterios y las restricciones para desarrollar una solución para el problema. Pueden pensar en diferentes maneras de resolver el problema de ingeniería, y luego decidir cuál es la manera que mejor se ajusta a los criterios y las restricciones.

Una vez que deciden una solución, los ingenieros construyen la solución y la ponen a prueba. Pueden usar varias ideas de diseño diferentes y evaluar cada una. A menudo pueden combinar las mejores características de cada una para llegar a una solución de diseño final.

Diseñar soluciones Cuando los barcos descargan agua de lugares distantes, pueden introducir especies invasoras. ¿Qué tipo de solución de ingeniería ayudaría a prevenir la propagación de especies invasivas?

_____

_____

_____

_____

_____

_____

Prácticas de ingeniería

Usar modelos y prototipos

Como los científicos, los ingenieros suelen usar modelos para diseñar soluciones. Los modelos de ingeniería pueden ser aparatos funcionales reales de una solución propuesta. A veces estos aparatos representan la solución final pero quizás a una escala

más pequeña. Puede que solo representen una parte de la solución. Otros modelos son aparatos reales a escala real y representan todas las partes de la solución. Este tipo de modelo se llama prototipo. Los ingenieros usan prototipos para reunir datos que pueden ayudarlos a evaluar el diseño.

Los ingenieros pueden usar otros tipos de modelos, como dibujos o modelos computarizados. Un modelo computarizado puede comparar partes de una solución muy compleja. Permite a los ingenieros hacer cambios y observar qué sucede sin invertir una gran cantidad de tiempo o recursos para construir la solución. Por ejemplo, un ingeniero que investiga las maneras de recuperar un ecosistema dañado podría usar una computadora para representar cambios al sistema. La computadora podría representar los efectos de los cambios antes de que el ingeniero decida qué cambios hacer en un área grande.

Inferir ¿Por qué un modelo computarizado del diseño de un nuevo barco podría ahorrar tiempo o dinero durante la construcción del barco?

_____

_____

_____

SEP.2 Desarrollar y usar modelos
SEP.3 Planear y realizar investigaciones
SEP.5 Usar matemáticas y razonamiento computacional
SEP.7 Plantear argumentos a partir de la evidencia

Optimizar soluciones

La ingeniería se ocupa de resolver problemas. Una solución exitosa debe cumplir con todos los criterios y las restricciones. Incluso si una solución es exitosa, también es posible que haya una solución mejor. Cuando se pone a prueba el diseño, los ingenieros pueden pensar en nuevas ideas que podrían funcionar. Los criterios o las restricciones también pueden cambiar durante el proceso.

Los ingenieros usan dibujos detallados y prototipos de un diseño para hacer mejoras antes de completar la solución final.

Incluso después de resuelto el problema de diseño, los ingenieros continúan trabajando en la solución para optimizarla, es decir, mejorarla. Evalúan los resultados y consideran maneras de mejorarlos. Luego pueden hacer un nuevo prototipo para determinar si es una solución mejor. Como los científicos, los ingenieros hacen un cambio y luego observan o miden los resultados del cambio. Después de analizar y evaluar sus datos, los ingenieros pueden cambiar la solución o desarrollar un nuevo problema de ingeniería.

Optimizar soluciones Un ingeniero diseña un proyecto para recuperar un bosque después de un proyecto de minería. Una vez que el diseño está completo, hay más fondos disponibles. ¿Cómo podría el ingeniero optimizar la solución de diseño?

_____

_____

_____

_____

_____

Glosario

abiótico partes inertes de un ecosistema

acuífero fuente subterránea de agua

aparente cómo se ve algo

asteroide pedazos de roca que orbitan alrededor del Sol

atmósfera capa formada por distintos gases que rodea la Tierra

átomo parte más pequeña de un elemento que mantiene las propiedades de ese elemento

biósfera sistema de la Tierra que incluye todos los seres vivos, incluidos los seres humanos

biótico partes vivas de un ecosistema

cadena alimentaria modelo que muestra cómo la materia y la energía fluyen desde un organismo hacia otro

cambio físico cambio de algunas propiedades de la materia que no genera un nuevo tipo de materia

cambio químico cambio que produce una o más sustancias nuevas

característica rasgo que puede ayudar a identificar algo

carnívoro animal que se alimenta de animales o de productos animales

ciclo del agua movimiento continuo del agua en la Tierra

ciclo movimiento a través de una serie de pasos que se repiten

circulación movimiento circulatorio

clasificar organizar en grupos basándose en un sistema

clorofila sustancia verde que absorbe la energía de la luz solar y ayuda a la planta en el proceso de la fotosíntesis

cometa pedazos de hielo y polvo o roca que describen órbitas muy alargadas alrededor del Sol

competencia cuando dos o más organismos de un ecosistema necesitan de los mismos recursos limitados para sobrevivir

componente parte

compuesto tipo de materia formado por dos o más elementos

comunidad todos los organismos que viven juntos en un ecosistema

concluir usar datos y hechos para hacer una afirmación

condensación proceso por el cual un gas se enfría y se convierte en agua líquida

conservación de la materia ley científica que plantea que en todo cambio químico o físico, la masa total de la materia no cambia

conservación práctica de proteger y cuidar el medio ambiente y utilizar los recursos naturales con cuidado

constelación grupo de estrellas que parecen formar una figura

consumidor organismo que necesita comer otros organismos para sobrevivir

contaminación presencia de sustancias en el medio ambiente que son dañinas para los seres humanos u otros organismos

descomponedor organismo que descompone el cuerpo de otros organismos después de que mueren

describir hablar sobre las propiedades de un objeto

diferenciar identificar las diferencias entre dos o más objetos

distinguir ver o mostrar claramente las diferencias entre dos objetos

distribuir repartir

ecosistema todos los componentes vivos e inertes de una zona determinada

ectotermo animal que depende de la temperatura del medio ambiente para calentar su cuerpo

efecto cambio que ocurre a causa de algún tipo de acción

efecto invernadero proceso por el cual el calor de los gases queda atrapado en la atmósfera

eficiente capaz de producir el efecto deseado sin desperdiciar tiempo o energía

eje línea imaginaria que atraviesa el centro de un objeto

ejercer aplicar fuerza sobre otro objeto

embalse lugar donde se recoge y se almacena agua

endotermo animal que usa la energía almacenada en su cuerpo para mantener su temperatura dentro de un rango normal

energía hidroeléctrica energía que proviene del movimiento del agua

estable constante, sin cambios

establecer demostrar una idea

estrella bola enorme de materia muy caliente que despide energía

Glosario

evaporación proceso por el cual el agua pasa de ser agua líquida a ser vapor de agua

fotosíntesis proceso en el que las plantas usan dióxido de carbono, agua y luz para producir glucosa y liberar oxígeno

gas forma de materia sin forma ni volumen definidos

gas natural mezcla de gas metano y otros gases que se forman bajo tierra y que se usa para generar energía

geósfera sistema de la Tierra que incluye las rocas, el suelo y los sedimentos

glaciar masa de hielo que se mueve lentamente sobre la tierra

gravedad fuerza de atracción entre dos objetos

herbívoro animal que solo como plantas

hidrósfera sistema que contiene toda el agua de la Tierra

interactuar cuando dos cosas se afectan entre sí

interdependiente relación donde cada parte depende de las demás

líquido sustancia con volumen definido, pero sin forma definida

litósfera parte de la geósfera que incluye la corteza y la parte exterior y rígida del manto

luna satélite hecho de roca y hielo que orbita alrededor de un planeta

mantener hacer que algo sea estable y constante

marea patrón de subidas y bajadas del mar debido a la fuerza de gravedad

masa cantidad de materia en una sustancia

medir comparar algo con una unidad o un valor estándar

metabolismo conjunto de procesos químicos que usan los animales para descomponer y fabricar moléculas

mezcla sustancia en la que se juntan distintos materiales pero cada material mantiene sus propiedades

microbio organismo que es tan pequeño que no se puede ver

mineral sólido inerte natural de la corteza terrestre

molécula partícula más pequeña de un compuesto que mantiene las propiedades de ese compuesto

observar usar los sentidos para reunir información

obtener recibir

omnívoro animal que come tanto plantas como animales

órbita el recorrido curvo de un objeto alrededor de una estrella, un planeta o una luna

organizar ordenar o clasificar algo para hacer que sea más fácil de entender

patrón grupo de objetos o sucesos que se repiten en el mismo orden

planetas exteriores los cuatro planetas grandes que están más lejos del Sol y que están formados por hielo y gases

planetas interiores los cuatro planetas que se están más cerca del Sol

precipitación agua que cae como lluvia, nieve, aguanieve o granizo

primario original o más importante

productor organismo que produce su propio alimento usando materia no alimentaria y energía del Sol

reacción química proceso por el cual una o más sustancias se convierten en una o más sustancias nuevas

recurso natural material que proviene de la naturaleza y que usan los seres humanos y otros organismos

recurso no renovable recurso que no se forma con suficiente rapidez para reemplazar lo que se usa

recurso renovable recurso que la naturaleza produce por lo menos con la misma rapidez con la que las personas lo usan

red alimentaria conjunto de cadenas alimentarias interconectadas

relacionado conectado

respaldar apoyar

roca sustancia natural compuesta por uno o más minerales

rotación movimiento giratorio de la Tierra y de otros cuerpos en el espacio sobre sus ejes

salinidad cantidad de sal disuelta en el agua

sistema colección de partes que funcionan juntas para completar una tarea

Glosario

sistema solar sistema formado por planetas, asteroides y cometas, además de lunas, que orbitan alrededor del Sol

sólido materia con forma y volumen definidos

solubilidad propiedad de un material que se refiere a qué tan bien se disuelve este en otro material, como en el agua

solución mezcla en la que las sustancias se distribuyen de manera pareja y no bajan hasta el fondo del recipiente

sombra área o forma oscura que se produce cuando un objeto bloquea una fuente de luz

sucesión serie de cambios que se producen en una comunidad de un ecosistema

temperatura indicador de qué tan rápido se mueven las partículas

teoría atómica la idea de que todo está hecho de pequeñas partículas

transformar convertir, cambiar de forma

traslación movimiento de un objeto alrededor de otro objeto

volumen cantidad de espacio que ocupa un objeto

Índice

*Los números de página de tablas, gráficas, mapas e imágenes están en *itálicas*.

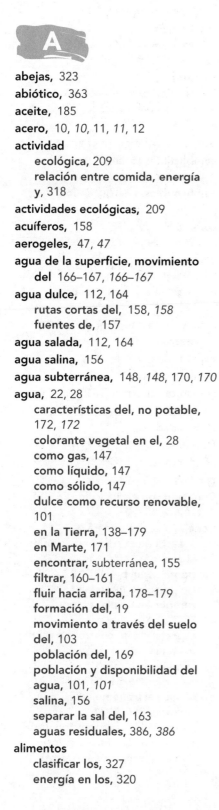

Índice

Índice

Índice

Índice

Índice

Ilustraciones

Articulate Graphics/IllustrationOnline.com; Aaron Ashley Illustration; Peter Bull Art Studio; Dan Crisp/The Bright Agency; Stuart Holmes/Illustration Inc.; Melissa Manwill/Shannon Associates, LLC; Mapping Specialists, Ltd.; Bojan Orešković; Pronk Media Inc.; Rob Schuster; Geoffrey P. Smith; Jim Steck/Steck Figures; Symmetry Creative Productions; Sam Valentino/Bumblecat Design & Illustration, LLC; Ralph Voltz/IllustrationOnline.com

Fotografías

Photo locators denoted as follows: Top (T), Center (C), Bottom (B), Left (L), Right (R), Background (Bkgd)

Portada: Anatol Pietryczuk/Shutterstock;
Contraportada: Marinello/DigitalVision Vectors/Getty Images;

Páginas preliminares

iv: Clari Massimiliano/Shutterstock; vi: Number 76219/Shutterstock; vii: A and N photography/Shutterstock; viii: Opla/iStock/Getty Images; ix: Monkey Business Images/Shutterstock; x: Mark Edward Atkinson/Tracey Lee/Blend Images/Getty Images; xi: Wavebreakmedia/Shutterstock; xii: Kurhan/Fotolia; xiii: Samuel Borges Photography/Shutterstock; xiv: SnowWhiteimages/Shutterstock; xv: Pearson Education; xvi B: Lakov Kalinin/Fotolia; xvi TR: Barry Tuck/Shutterstock; xvii B: Pearson Education; xvii T: Pearson Education

Tema 1

000: Grace Caldwell/EyeEm/Getty Images; 002: Number 76219/Shutterstock; 005 CR: Christophe Launay/Getty Images; 005 R: Tbradford/iStock/Getty Images; 006 B: Adisa/iStock/Getty Images; 006 BL: Matt Grant/Shutterstock; 008: Oktay Ortakcioglu/E+/Getty Images; 009: Richard Megna/Fundamental Photographs; 012 BL: Belchonock/123RF; 012 TL: Indianstockimages/Shutterstock; 013 C: ESB Professional/Shutterstock; 013 CR: Svetlana Foote/Shutterstock; 014: ESB Professional/Shutterstock; 015 B: Syda Productions/Shutterstock; 015 TR: Couperfield/Shutterstock; 016 B: Apiguide/Shutterstock; 016 BR: Mark Baigent Life/Alamy Stock Photo; 018 B: Kinn Deacon/Alamy Stock Photo; 018 BL: Alexey V Smirnov/Shutterstock; 019 BC: ESB Professional/Shutterstock; 019 C: Molekuul/123RF; 022: Photo5963_shutter/Shutterstock; 023 BR: Alexeysun/Shutterstock; 023 T: ESB Professional/Shutterstock; 024 BC: Ociacia/Shutterstock; 024 BR: Baloncici/Shutterstock; 024 CL: 123RF; 026: Schankz/Shutterstock; 027 BCR: Lineartestpilot/Shutterstock; 027 BR: BeatWalk/Shutterstock; 029 BR: Education Images/Universal Images Group North America LLC/Alamy Stock Photo; 029 TR: Goss Images/Alamy Stock Photo; 030: ESB Professional/Shutterstock; 031 CR: Aksenenko Olga/Shutterstock; 031 TR: Dmitr1ch/Fotolia; 032 BR: Viktor1/Shutterstock; 032 T: ESB Professional/Shutterstock; 034: Skodonnell/iStock/Getty Images; 035 B: SasinTipchai/Shutterstock; 035 TR: Suwin/Shutterstock; 037: R. Gino Santa Maria/Shutterstock; 040: Elina Li/Shutterstock

Tema 2

042: Milosz Maslanka/Shutterstock; 044: A and N photography/Shutterstock; 046: Irmun/Shutterstock; 047 CR: U.S. Department of Energy/Science Source; 047 R: Leonid Ikan/Fotolia; 048: Antantarctic/Fotolia; 052 B: Antonina Sotnykova/Shutterstock; 052 BR: Aukarawatcyber/Shutterstock; 052 CL: Tim UR/Shutterstock; 053 BC: A and N photography/Shutterstock; 053 R: Sara Winter/Fotolia; 054: Calek/Shutterstock; 055 TL: A and N photography/Shutterstock; 055 TR: Anne Gilbert/Alamy Stock Photo; 056: Cyran/Shutterstock; 058 CR: A and N photography/Shutterstock; 058 TL: Lersan Moomueansri/123RF; 059 B: Nati Harnik/AP Images; 059 TR: David Taylor/Science Source; 060 B: Santiparp Wattanaporn/Shutterstsock; 060 BL: Foto Images/Fotolia; 060 CL: Kichigin/Shutterstock; 062 B: Tibet Saisema/Shutterstock; 062 TL: A and N photography/Shutterstock; 063 B: Jeff Smith/Alamy Stock Photo; 063 CR: Njnightsky/123RF; 064: Lukas Gojda/Fotolia; 065: Natasha Pankina/Shutterstock; 067 C: galichstudio/Fotolia; 067 CL: galichstudio/Fotolia; 069 BC: A and N photography/Shutterstock; 069 CR: Ahavelaar/Fotolia; 069 TR: Mexrix/Shutterstock; 072 BC: Magnago/Shutterstock; 072 BCL: Ajt/Shutterstock; 072 Bkgrd: Mushy/Fotolia; 072 BL: Lizard/Shutterstock; 072 BR: Daxiao Productions/Shutterstock; 073 TCR: Andrew Kurcan/EyeEm/Getty Images; 073 TR: Steve Carroll/123RF; 074 BCR: Scott Bolster/Shutterstock; 074 BR: Pearson Education; 074 TR: A and N photography/Shutterstock; 075: GlebTv/Shutterstock; 076 BL: Dod/Fotolia; 076 BR: Jay Beaumont/Fotolia; 076 C: Barry Tuck/Shutterstock; 076 CL: RGtimeline/Shutterstock; 078: Joannawnuk/Shutterstock; 080 CL: Hemera Technologies/PhotoObjects.net/Getty Images Plus/Getty Images; 080 TL: Slava_Kovtun/Shutterstock; 081 B: Sergieiev/Shutterstock; 081 BC: A and N photography/Shutterstock; 084: Richard Megna/Fundamental Photographs; 085: Donfiore/Shutterstock; 086 Bkgrd: Severija/Shutterstock; 086 TC: A and N photography/Shutterstock; 088 Bkgrd: Yatra/Shutterstock; 088 TR: A and N photography/Shutterstock; 089 B: JeanMarie Guyon/123RF; 089 CR: Jiri Hera/Fotolia; 089 TR: Nd3000/Fotolia; 091 BCL: Aleksandar Grozdanovski/Shutterstock; 091 BL: Mark Prytherch/Shutterstock; 091 TCL: Gudz Sofiya/Shutterstock; 091 TL: HUANG Zheng/Shutterstock; 095: Nine Homes/Shutterstock

Tema 3

096: Seaphotoart/Shutterstock; 098: Opla/iStock/Getty Images; 100: Rvector/Shutterstock; 101 Bkgrd: Aurora Photos/Alamy Stock Photo; 101 TR: Nick Brundle Photograph/Moment/Getty Images; 102: Oticki/Shutterstock; 104 BL: Jon Manjeot; 104 BR: EpicStockMedia/Shutterstock; 104 TL: Hadot/123RF; 104 TR: Vladimir Mucibabic/Shutterstock; 105 BC: Opla/iStock/Getty Images; 105 Bkgrd: George H.H. Huey/Alamy Stock Photo; 109 B: William Chapman/Alamy Stock Photo; 109 TL: Opla/iStock/Getty Images; 110: Antema/E+/Getty Images; 111: Hchjjl/Shutterstock; 114: Opla/iStock/Getty Images; 115: NASA Archive/Alamy Stock Photo; 116: Opla/iStock/Getty Images; 117: Hadot/123RF; 118 BR: Harald Toepfer/Shutterstock; 118 C: Marcin Rogozinski/Alamy Stock Photo; 118 CL: Boule/Shutterstock; 120: Chris Agnousiotis/EyeEm/Getty Images; 121: Macrovector/Shutterstock; 122: Bridge Community Project/Alamy Stock Photo; 123: Corridor91/iStock/Getty Images; 126 BL: USDA Photo/Alamy Stock

Photo; 126 BR: Opla/iStock/Getty Images; 126 TL: Zeljko Radojko; 127: LukaKikina/Shutterstock; 128 BL: Jon Manjeot; 128 BR: EpicStockMedia/Shutterstock; 128 T: Opla/iStock/Getty Images; 128 TL: Hadot/123RF; 128 TR: Vladimir Mucibabic/Shutterstock; 129: Larry Lindell/Shutterstock; 130 Bkgrd: Bartosz Szmigiero/EyeEm/Getty Images; 130 TR: Opla/iStock/Getty Images; 131 B: Mihtiander/123RF; 131 TR: Opla/E+/Getty Images; 136: Mariyana M/Shutterstock; 137: Pensiri/Shutterstosck

Tema 4

138: Durk Talsma/Shutterstock; 140: Monkey Business Images/Shutterstock; 143 BR: NASA Earth Observatory images/U.S. Geological Survey; 143 CR: NASA Earth Observatory images/U.S. Geological Survey; 143 R: NASA Earth Observatory images/U.S. Geological Survey; 144: Vbaleha/Fotolia; 146: Bonita R. Cheshier; 150: Monkey Business Images/Shutterstock; 151: Monkey Business Images/Shutterstock; 152 B: Alexander/Fotolia; 152 CL: Kavram/iStock/Getty Images; 152 CR: Mariusz_prusaczyk/iStock/Getty Images; 154: Chicago History Museum/Archive Photos/Getty Images; 158 B: Scott London/Alamy Stock Photo; 158 BR: Monkey Business Images/Shutterstock; 162: Sergey Nivens/Shutterstock; 164 BL: Somchai Som/Shutterstock; 164 CR: Monkey Business Images/Shutterstock; 169: Avalon/Photoshot License/Alamy Stock Photo; 170: Monkey Business Images/Shutterstock; 171 B: B.A.E. Inc./Alamy Stock Photo; 171 TR: Tristan3D/Alamy Stock Photo; 172 Bkgrd: Aronaze/iStock/Getty Images; 172 TR: Monkey Business Images/Shutterstock; 173 B: Starman963/Fotolia; 173 TR: Hero Images/Getty Images

Tema 5

180: MShieldsPhotos/Alamy Stock Photo; 182: Mark Edward Atkinson/Tracey Lee/Blend Images/Getty Images; 185 R: Markus Gann/123RF; 185 TR: Soonthorn Wongsaita/Shutterstosck; 186: Reuters/Alamy Stock Photo; 187: Elina Li/Shutterstock; 188: Mark Edward Atkinson/Tracey Lee/Blend Images/Getty Images; 190 B: Alberto Fresco/Alamy Stock Photo; 190 CL: 164272/Shutterstock; 192: Will & Deni McIntyre/Science Source; 193: Mark Edward Atkinson/Tracey Lee/Blend Images/Getty Images; 194 BR: 123RF; 194 C: Otmar Smit/Shutterstock; 194 CL: Thepphanom Leeprakhon/Shutterstock; 196: Tunart/iStock/Getty Images; 197: Elina Li/ Shutterstock; 198 L: Jim Boardman/123RF; 198 TL: Nuttapong Wongcheronkit/Shutterstock; 199 B: 938875/Shutterstock; 199 BC: Mark Edward Atkinson/Tracey Lee/Blend Images/Getty Images; 202: Alan Gignoux/Alamy Stock Photo; 203 TL: Mark Edward Atkinson/Tracey Lee/Blend Images/Getty Images; 203 TR: Olivierl/123RF; 204: steinphoto/E+/Getty Images; 208 BR: Mark Edward Atkinson/Tracey Lee/Blend Images/Getty Images; 208 L: Phototreat/iStock/Getty Images Plus/Getty Images; 209: Verena Matthew/123RF; 210: Mark Edward Atkinson/Tracey Lee/Blend Images/Getty Images; 212: Chase Dekker/Shuterstock; 214 BL: Westend61/Getty Images; 214 T: Alexandre Seigi Gushi/EyeEm/Getty Images; 215: Hero Images/Getty Images; 218 BL: Radist/123RF; 218 BR: Mark Edward Atkinson/Tracey Lee/Blend Images/Getty Images; 219 C: Nerthuz/123RF; 219 TR: IncDesigns/Shutterstock; 220 BR: HamsterMan/Shutterstock; 220 CR: Iakov Filimonov/Shutterstock; 220 TR: Akiyoko/Shutterstock; 221:

SpaceX/Alamy Stock Photo; 222 Bkgrd: Sean Xu/Shutterstock; 222 TR: Mark Edward Atkinson/Tracey Lee/Blend Images/Getty Images; 223 B: Erik Isakson/Blend Images/Getty Images; 223 TR: Photodiem/Shutterstock; 225 BCL: Majeczka/Shutterstock; 225 BL: Golddc/Shutterstock; 225 TCL: Ahmad Faizal Yahya/Shutterstock; 225 TL: Umberto Agnello/123RF; 229: Fremme/Shutterstock

Tema 6

230: Vadim Sadovski/Shutterstock; 232 BR: Triff/Shutterstock; 232 TR: Wavebreakmedia/Shutterstock; 235 R: ESA/NASA; 235 TR: National Geographic Creative/Alamy Stock Photo; 236: Engel Ching/Alamy Stock Photo; 238: Yuriy Kulik/Shutterstock; 239 BC: Wavebreakmedia/Shutterstock; 239 Bkgrd: Paul Fleet/Shutterstock; 243 B: Triff/Shutterstock; 243 TL: Wavebreakmedia/Shutterstock; 244 B: Egyptian Studio/Shutterstock; 244 CR: Alex Tudorica/Shutterstock; 244 TCR: Taborsky/Shutterstock; 246: Krista Long/Moment Open/Getty Images; 247: MisterElements/Shutterstock; 250 BR: Wavebreakmedia/Shutterstock; 250 C: Science Source; 251: Dedek/Shutterstock; 252: Wavebreakmedia/Shutterstock; 254: Lebrecht Music and Arts Photo Library/Alamy Stock Photo; 255: Raquel Lonas/Moment Open/Getty Images; 256: Wavebreakmedia/Shutterstock; 257 BR: Imagenavi/Fotolia; 257 TR: Vadim Sadovski/Shutterstock; 260: 123RF; 261 CR: Science Source; 261 TR: 123RF; 262: Wavebreakmedia/Shutterstock; 262: Worker/Shutterstock; 264 Bkgrd: Mezzotint_alamy/Alamy Stock Photo; 264 TR: Wavebreakmedia/Shutterstock; 265 B: Science Source; 265 TR: Monty Rakusen/Cultura/Getty Images; 267: 123RF

Tema 7

272: NASA Photo/Alamy Stock Photo; 274: Kurhan/Fotolia; 277 R: Ben Robson Hull Photography/Moment/Getty Images; 277 T: Vasilii Gubskii/Shutterstock; 278: Jose Antonio Perez/Shutterstock; 280: Danshutter/Shutterstock; 282: Kurhan/Fotolia; 283: Kurhan/Fotolia; 284: Hibrida/Shutterstock; 286: xtock/Shutterstock; 287 BC: Kurhan/Fotolia; 291 CR: Mspoli/iStock/Getty Images; 291 TR: Evgeny Lvov/EyeEm/Getty Images; 292: Kurhan/Fotolia; 293: 3dsculptor/Fotolia; 294: CostinT/E+/Getty Images; 297: Imaake/Shutterstock; 300: Kurhan/Fotolia; 302: Vasilii Gubskii/Shutterstock; 303: Kurhan/Fotolia; 304 BL: Mclek/Shutterstock; 304 TR: ImageBroker/Alamy Stock Photo; 306 Bkgrd: IMPhoto/Shutterstock; 306 TR: Kurhan/Fotolia; 307 B: Johnny Stockshooter/Alamy Stock Photo; 307 TR: Stolk/iStock/Getty Images; 313: Yusuke Okada/a.collectionRF/Getty Images

Tema 8

314: Anup Shah/DigitalVision/Getty Images; 316: Samuel Borges Photography/Shutterstock; 319 R: Solarseven/Shutterstock; 319 TR: Victor Habbick Visions/Science Source; 320: Bcfc/Shutterstock; 322 B: Andrey Tiyk/Shutterstock; 322 BL: Joelt/iStock/Getty Images; 323 BC: Samuel Borges Photography/Shutterstock; 323 BR: Denis Tabler/Shutterstock; 323 CR: ImageBROKER/Alamy Stock Photo; 323 TR: Mchin/Shutterstock; 327 B: Jane Rix/123RF; 327 TR: Samuel Borges Photography/Shutterstock; 328 BL: Laboratory/Alamy Stock Photo; 328 BR: National Geographic Creative/Alamy Stock Photo; 330: Panther Media GmbH/Alamy Stock Photo; 331 B: Jil Photo/Shutterstock; 331 CR: 123RF;

332 Bkgrd: Jon Manjeot/Shutterstock; 332 BR: Samuel Borges Photography/Shutterstock; 334: Samuel Borges Photography/Shutterstock; 336 B: Edhar/Shutterstock; 336 BC: Loops7/iStock/Getty Images; 338: Marlenka/iStock/Getty Images; 340: Bruce MacQuee/123RF; 341 BR: Erikgauger/iStock/Getty Images; 341 CR: Rick & Nora Bowers/Alamy Stock Photo; 342 CR: Samuel Borges Photography/Shutterstock; 342 T: Zahoor Salmi/Moment/Getty Images; 343: Claudia Paulussen/Shutterstock; 344 BR: Shadowmac/Shutterstock; 344 CR: Panuruangjan/123RF; 344 TL: Samuel Borges Photography/Shutterstock; 344 TR: 848443/Shutterstock; 345 B: C.O. Harris/Science Source; 345 TR: Birdiegal/Shutterstock; 346 Bkgrd: Carlosgaw/E+/Getty Images; 346 TR: Samuel Borges Photography/Shutterstock; 347 B: George Nazmi Bebawi/Shutterstock; 347 TR: Chih Yuan Ronnie Wu/Alamy Stock Photo; 348 BL: Tom Brakefield/DigitalVision/Getty Images; 348 CL: Nattanan726/Shutterstock; 351 TL: Kosam/Shutterstock; 351 TR: Don Mammoser/Shutterstock; 353: Maria Beatrice Missere/EyeEm/Getty Images

Tema 9

354: Scott Linstead/Science Source; 356: SnowWhiteimages/Shutterstock; 359 C: Ljupco Smokovski/Shutterstock; 359 R: ChiccoDodiFC/Shutterstock; 360: Oliveromg/Shutterstock; 362 BR: SnowWhiteimages/Shutterstock; 362 CL: Francesco Tomasinelli/Science Source; 362 L: ImageBROKER/Alamy Stock Photo; 362 TC: Anneka/Shutterstock; 366 CL: Vadym Zaitsev/Shutterstock; 366 T: Vadym Zaitsev/Shutterstock; 367 CR: Jakit17/Shutterstock; 367 TL: SnowWhiteimages/Shutterstock; 367 TR: Gjm123/Shutterstock; 368: Wesley Bocxe/Science Source; 370: Clint Farlinger/Alamy Stock Photo; 371 BR: Jolanda Aalbers/Shutterstock; 371 CR: Candus Camera/Shutterstock; 374 BCL: Scenics & Science/Alamy Stock Photo; 374 BL: FLPA/Alamy Stock Photo; 374 BR: SnowWhiteimages/Shutterstock; 374 TCL: Naturepix/Alamy Stock Photo; 374 TL: Nature Picture Library/Alamy Stock Photo; 374 TR: Reinhard Dirscherl/Alamy Stock Photo; 375: Ondrej Prosicky/Shutterstock; 376: SnowWhiteimages/Shutterstock; 377 B: James Hobbs/Moment/Getty Images; 377 TR: Edo Schmidt/Alamy Stock Photo; 378 B: Ruvanboshoff/E+/Getty Images; 378 BL: Chris Alcock/Shutterstock; 379: Marish/Shutterstock; 382 BR: SnowWhiteimages/Shutterstock; 382 CL: Spondylolithesis/iStock/Getty Images; 383: Kozlik_Mozlik/iStock /Getty Images; 384 BR: Rokopix/Shutterstock; 384 TR: SnowWhiteimages/Shutterstock; 386: Kekyalyaynen/Shutterstock; 387: Bioraven/Shutterstock; 388: Jane Rix/Shutterstock; 389 BCL: Artpixelgraphy Studio/Shutterstock; 389 BCR: Nevodka/iStock/Getty Images; 389 BR: Tatiana Popova/Shutterstock; 389 TCL: Vasilkovv/123RF; 389 TCR: Horsemen/Shutterstock; 389 TL: Vaclav Volrab/123RF; 392: Rocky33/Shutterstock; 393 TL: SnowWhiteimages/Shutterstock; 393 TR: Merlin D. Tuttle/Science Source; 394 B: Nikitsin. Smugmug/Shutterstock; 394 CR: Caroline Schiff/Blend Images/Getty Images; 396 Bkgrd: Robyn Mackenzie/Shutterstock; 396 TR: SnowWhiteimages/Shutterstock; 397 B: Herianus/iStock/Getty Images; 397 TR: Christopher Kimmel/Getty Images; 398 BCR: InterNetwork Media/DigitalVision/Getty Images; 398 BR: CPC Collection/Alamy Stock Photo; 398 C: Roman Khomlyak/Shutterstock; 398 CL: All Canada Photos/Alamy Stock Photo; 403: Kavram/123RF

Páginas finales

PF0: Aleksey StPFmer/Shutterstock; PF1: SergeUWPhoto/Shutterstock; PF2 Bkgrd: Don Paulson/Purestock/Alamy Stock Photo; PF2 BR: Rattiya Thongdumhyu/Shutterstock; PF3: Suzanne Long/Alamy Stock Photo; PF5: National Oceanic and Atmospheric Administration (NOAA), U.S. Department of Commerce.; PF6: Fotosearch/Getty Images; PF7: M. Timothy O'Keefe/Alamy Stock Photo; PF9: Hero Images Inc./Alamy Stock Photo; PF11: CANARAN/Shutterstock; PF12: Vandrage Artist/Shutterstock; PF13: Stephen Barnes/Alamy Stock Photo

Mis notas y diseños

Dibuja, escribe, crea

Mis notas y diseños

Dibuja, escribe, crea

Mis notas y diseños

Dibuja, escribe, crea

Mis notas y diseños

Dibuja, escribe, crea